21世纪高等学校
经济管理类规划教材
高校系列

RITUALS FOR COLLEGE STUDENTS

大学生礼仪

韩冬 主编
苗品佳 王剑飞 副主编

ECONOMICS AND MANAGEMENT

人民邮电出版社
北京

图书在版编目（C I P）数据

大学生礼仪 / 韩冬主编. -- 北京 : 人民邮电出版社, 2014.9(2019.9重印)
21世纪高等学校经济管理类规划教材. 高校系列
ISBN 978-7-115-36186-8

Ⅰ. ①大… Ⅱ. ①韩… Ⅲ. ①大学生－礼仪－高等学校－教材 Ⅳ. ①G645.5

中国版本图书馆CIP数据核字(2014)第182778号

内 容 提 要

本书结合当前高等学校礼仪教育的现状，深入、全面地介绍了日常生活与工作中的礼仪知识，内容广泛涉及仪表仪态、通信沟通、社交活动、求职办公、涉外礼仪等诸多方面。书中既有对理论的深入阐述，又有切合大学生特点的能力训练和操作方法。每章的“名言警句”、“阅读材料”、“重要提示”和“案例分析”，以及结尾处的小结、思考与练习、活动与探索，都有很强的启迪性、可读性和可操作性。本书在内容编排上遵从先总后分的原则，从基础礼仪到各场合的具体礼仪，由浅入深，使学生更容易进入角色。全新的编写理念、巧妙的编排顺序、独特的透视角度、充实的内容、生动的表达方式，都将使同学们在通往礼仪殿堂的道路上大步前行！

本书可作为本科院校大学生礼仪课程的通识教育教材，也可作为高等职业院校、成人高校、民办高校的人文素质教育教材；也可供社会从业人员参考。

◆ 主　　编　韩　冬
副 主 编　苗品佳　王剑飞
责任编辑　武恩玉
执行编辑　刘向荣
责任印制　彭志环　焦志炜
◆ 人民邮电出版社出版发行　　北京市丰台区成寿寺路 11 号
邮编　100164　　电子邮件　315@ptpress.com.cn
网址　http://www.ptpress.com.cn
固安县铭成印刷有限公司印刷
◆ 开本：787×1092　1/16
印张：14　　　　2014 年 9 月第 1 版
字数：312　千字　　　　2019 年 9 月河北第 5 次印刷

定价：32.00 元

读者服务热线：(010)81055256　印装质量热线：(010)81055316
反盗版热线：(010)81055315

前言 FOREWORD

礼仪，是中华传统美德宝库中的一颗璀璨明珠，是中国古代文化的精髓。身居礼仪之邦，应为礼仪之民。知书达理，待人以礼，应当是当代大学生的基本素养。但是由于国内外形势的变化、市场经济的冲击、家庭环境的影响、个人素质修养的差异及学校礼仪教育的不足等因素，在大学校园仍有不知礼、不守礼、不文明的行为，还存在着与大学生的礼仪修养要求、与精神文明建设的目标不相适应的现象。

当前，我国正全面推进素质教育，而大学生礼仪教育正是素质教育的必要内容。礼仪教育有利于强化大学生的文明行为，提高文明素质，也有利于促进大学生的健康成长，是大学生建立良好人际关系、提高社会心理承受力的有效途径。因此可见，对大学生进行礼仪教育具有十分重要的现实意义和长远的社会意义。

本书针对当前大学生礼仪教育中存在的问题，从礼仪概述、仪容仪表礼仪、仪态礼仪、语言沟通礼仪、见面礼仪、访送礼仪、宴请礼仪、求职礼仪、办公室礼仪、通信礼仪、推销礼仪、商务仪式礼仪、舞会礼仪、涉外礼仪等方面系统而全面地讲述了当代大学生应该掌握的礼仪知识和技能，内容贴近当代大学生的生活。

与目前市场上的其他同类书籍相比，本书具有以下特点。

（1）在理念上，本书本着“想学生所想，写学生所用，答学生所疑”的实用性原则进行编写，使学生在本书中获取更多更实用的知识。

（2）在框架上，本书遵从由浅入深的模式。在开篇部分介绍了“礼仪概述”和“个人仪表仪态”等最基本的礼仪知识，使学生能对大学生礼仪有个初步的认识，之后分别介绍了各个场合的礼仪，以及不同环境下的礼仪重点。

（3）在内容上，本书紧紧抓住实用性第一的基本原则，在对知识内容的讲述中相对较多地增加了阅读材料、案例分析、重要提示 3 个板块的内容篇幅；每章后的小结、思考与练习、活动与探索，更增加了可读性和可操作性，使本书新颖别致、生动活泼。

建议学时分配表

内　容	讲授课时
第 1 章　礼仪概述	1
第 2 章　仪容仪表礼仪	3
第 3 章　仪态礼仪	3

续表

内　　容	讲授课时
第4章　语言沟通礼仪	3
第5章　见面礼仪	2
第6章　访送礼仪	1
第7章　宴请礼仪	3
第8章　求职礼仪	2
第9章　办公室礼仪	1
第10章　通信礼仪	2
第11章　推销礼仪	2
第12章　商务仪式礼仪	1
第13章　舞会礼仪	1
第14章　涉外礼仪	2
总学时	27

本书由韩冬任主编，苗品佳、王剑飞任副主编，李万龙、刘凤利、张建光参加编写。

本书在编写过程中，参考了大量相关书籍资料，在此谨向这些资料的有关作者表示衷心的感谢！

由于时间仓促和编者水平有限，书中难免存在不足之处，恳请广大读者给予批评指正。

编者

2014年7月

目录 CONTENTS

第1章 礼仪概述

本章简要介绍礼仪的含义及发展历程，并在此基础上探讨了现代礼仪的特点。针对目前大学生礼仪现状，指出了大学生加强礼仪知识学习的重要性和必要性。

名言警句

不学礼，无以立。

——《史记·孔子世家》

能以礼让为国乎，何有？不能以礼让为国，如礼何。

——《论语·里仁》

1.1 礼 仪 概 述

礼仪作为人类历史发展中形成的一种丰厚的文化，不仅是社会生活的要求，也是个人乃至民族文明程度的体现。我国自古就是一个讲究礼仪的国家，礼仪文化源远流长，素有“礼仪之邦”的美称。

1.1.1 礼仪的起源与发展

礼仪作为社会生活的行为规范，是与人类社会同时产生、同步发展的。每个阶段都会形成与之相适应的礼仪。每种礼仪形式，都有一个从无到有、从低级到高级、从局部到整体的演变过程。

1. 礼仪的起源

了解礼仪的起源，有利于认识礼仪的本质，自觉地按照礼仪的规范要求进行社交活动。对于礼仪的起源，研究者们有各种的观点，可大致归纳为以下几种。

有一种观点认为，礼仪起源于祭祀。东汉许慎的《说文解字》对“礼”字的解释是这样的：“履也，所以事神致福也”。意思是实践约定的事情，用来给神灵看，以求得赐福。“礼”

字是会意字，“履”（发 ji 音）指祭祀时盛祭品的器皿，从中可以分析出，“礼”字与古代祭祀神灵的仪式有关。古时祭祀活动不是随意进行的，它是严格地按照一定的程序、一定的方式进行的。郭沫若在《十批判书》中指出：“礼之起，起于祀神，其后扩展而为人，更其后而为吉、凶、军、宾、嘉等多种仪制。”这里讲到了礼仪的起源以及礼仪的发展过程。

有一种观点认为，礼仪起源于法庭的规定。在西方，“礼仪”一词源于法语的“Etiguette”，原意是“法庭上的通行证”。古代法国为了保证法庭中活动的秩序，将印有法庭纪律的说明文件发给进入法庭的每个人，作为遵守的规矩和行为准则。后来“Etiguette”一词进入英文，演变为“礼仪”的含义，成为人们交往中应遵循的规矩和准则。

另外还有一种观点认为，礼仪起源于风俗习惯。人是不能离开社会和群体的，人与人在长期的交往活动中，渐渐地产生了一些约定俗成的习惯，久而久之这些习惯成为人与人交际的规范，当这些交往习惯以文字的形式被记录并同时被人们自觉地遵守后，就逐渐成为了人们交际交往固定的礼仪。遵守礼仪，不仅使人们的社会交往活动变得有序，有章可循，同时也能使人与人在交往中更具有亲和力。1922 年美国学者埃米莉·波斯特的《西方礼仪集萃》一书问世，开篇中这样写道：“表面上礼仪有无数的清规戒律，但其根本目的在于使世界成为一个充满生活乐趣的地方，使人变得平易近人。”

从礼仪的起源可以看出，礼仪是在人们的社会活动中，为了维护一种稳定的秩序，为了保持一种交际的和谐应运而生的。一直到今天，礼仪依然体现着这种本质特点与独特的功能。

2．我国礼仪的发展

（1）萌芽

我国素有“礼仪之邦”的美誉，礼仪文化源远流长。“礼”最早出现在金文里面。在人类发展的最初期，人们对火山、地震、电闪雷鸣等自然现象无法解释，也无法知道为什么。从而认为天地间有神的力量，有鬼的存在。出于对天地鬼神的惧怕、敬仰，人们就会举行一些仪式，用物品来祭拜，这从“礼”字的繁体“禮”可以看出（如图 1-1 所示）。北京的“天坛”、“地坛”就是古代国君用来祭天祭地的建筑。这就是礼的萌芽。

图 1-1　礼

阅读材料

天　坛

天坛（Temple of Heaven），地处北京，在原北京外城的东南部。位于故宫正南偏东的城南，正阳门外东侧。始建于明朝永乐十八年（1420 年），是中国古代明、清两朝历代皇帝祭天的地方。

天坛被两重坛墙分隔成内坛和外坛，形似“回”字。两重坛墙的南侧转角皆为直角，北侧转角皆为圆弧形，象征着“天圆地方”。外坛墙周长 6 553 米，内坛墙周长 4 152 米。天坛的主要建筑都集中在内坛，南有圜丘坛和皇穹宇，北有祈年殿和皇乾殿，两部分之间有隔墙相隔，并用一座长 360 米、宽 28 米、高 2.5 米的“丹陛桥”（砖砌甬道）连接圜丘坛和祈谷坛，构成了内坛的南北轴线。圜丘坛内主要建筑有圜丘坛、皇穹宇等，祈谷坛内主要建筑有祈年殿、皇乾殿、祈年门等。

圜丘坛建于明嘉靖九年。每年冬至在台上举行“祀天大典”，又称祭天台。圜丘的尺度和构件的数量集中并反复使用“九”这个数字，用来象征“天”和强调与“天”的联系。皇穹宇的正殿和配殿都被一堵圆形围墙环绕，墙高 3.72 米，直径 61.5 米，周长 193 米。内侧墙面平整、坚硬、光洁，是声波的良好反射体，又因圆周曲率精确，声波可沿墙内面连续反射，而且回音悠长，故称“回音壁”。

祈年殿建于明永乐十八年（1420 年），初名“大祀殿”，是一个矩形大殿。祈年殿高 38.2 米，直径 24.2 米，里面分别寓意四季、十二月、十二时辰以及周天星宿，是古代明堂式建筑仅存的一列。

1961 年，国务院公布天坛为“全国重点文物保护单位”。1998 年天坛被联合国教科文组织确认为“世界文化遗产”。

（2）发展

古代尧舜时期，已经有了成文的礼仪制度，即“五礼”：祭祀之事为吉礼，冠婚之事为嘉礼，宾客之事为宾礼，军事之事为军礼，丧葬之事为凶礼。

尧舜时期制定的礼仪经过夏、商、周这 3 个时代 1 000 余年的总结、推广而日趋完善。周朝前期历经文王、武王、成王 3 个君主，重新“兴正礼乐，度制于是政，而民和睦，颂声兴”。周公还在朝廷设置礼官，专门掌管天下礼仪，使礼仪臻于完备。在这个时期，礼仪被打上了阶级的烙印。为了维护自己的统治地位，奴隶主开始将原始的宗教礼仪发展为符合奴隶社会政治需要的“礼制”，并将礼仪制度化，形成了典章制度和刑典法律。

春秋战国时期，诸子百家争鸣，礼仪也产生了分化。礼仪制度国礼，民众交往的礼俗逐渐成为家礼。《管子・牧民》中有“大礼”和“小礼”之说，注释为“礼这大者在国家典章制度，其小者在平民日用居处行为之间。”以孔子、孟子为主的儒家学者系统地阐述了礼制的起源、本质和功能，第一次在理论上全面而深刻地论述了社会等级秩序划分及其意义。

从秦汉到清末，纵观封建社会的发展历程，可以说历代统治者都十分重视礼仪，自秦汉以后的历代统治都推崇儒家的“社治”。汉武帝时期，“废黜百家，独尊儒术”的治国方略确定之后，礼仪作为社会道德、行为标准、精神支柱，其重要性提高到了前所未有的高度。统治者根据自己的统治需要，在演习周礼的基础上，不断对礼制加以修改、补充、完善。“导之以德，齐之以礼”，让人们以“礼”为准绳，不得逾越。这种“以礼治国”的做法，对于稳定当时的社会秩序起到了重要作用。统治者还在朝廷设置掌管天下礼仪的官僚机构，如汉代的大鸿胪、尚书礼曹，魏晋时的祠部（北魏又称仪曹），隋唐以后的礼部尚书（清末改为典礼院）等。

纵观封建社会的礼仪，内容大致有涉及国家政治的礼制和家庭伦理两类。礼制的核心思想已从奴隶社会的“尊君”观念发展为“君权神授”的理论体系，所以“天不变，道亦不变”，这里的“道”指的就是封建的“三纲五常”，“三纲”即“君为臣纲，父为子纲，夫为妻纲”，“五常”即“仁、义、礼、智、信”，形成了完整的封建礼仪道德规范。到了宋代，封建礼制有了进一步的发展，产生了封建理学理论，并把道德和行为规范作为封建礼制的中心，“三从”、“四德”就是这一时期女子道德礼仪的标准。封建礼仪中的“君权神授”夸大、神化了帝王的权力，

“三纲五常”、“三从”、“四德”压抑了人们的个性发展，限制了人们之间的平等交往。

近代以来，西方侵略者的入侵，使中国在进入半殖民地半封建社会的同时，也受到了西方政治、经济、文化以及资本主义的道德礼仪的影响。西方文明和文化对中国传统伦理秩序产生了巨大的冲击。由于西方文化体现了“自由、民主、平等、尊重”等思想，所以深受中国进步阶层的欢迎，并逐步推广到各个阶层和社会生活的各个方面。资本主义礼仪规范在中国的推广和实施，简化了中国传统礼仪的繁文缛节，客观上促进了世界各国礼仪道德文化之间的交流和相互之间的取长补短。

（3）新生

新中国成立后，我国逐渐确立了以平等相处、友好往来、相互帮助、团结友爱为主要原则的具有中国特色的新型社会关系和人际关系。新中国的“五讲四美三热爱”给予那个时代强有力的精神支持。改革开放以来，随着中国与世界的交往日趋频繁，西方一些先进的礼仪、礼节陆续传入我国，同我国的传统礼仪一道融入社会生活的各个方面，构成了社会主义礼仪的基本框架。许多礼仪从内容到形式都在不断变革，对传统礼仪文化的扬弃不断进行，现代礼仪的发展进入了全新的发展时期。中共中央在 2001 年 9 月 20 日印发了《公民道德建设实施纲要》，如图 1-2 所示。以“八荣八耻”（见图 1-3）为主要内容的社会主义荣辱观作为社会主义核心价值体系的重要组成部分，体现了社会主义的价值导向，是引领社会风尚的一面旗帜。人们学习礼仪知识的热情空前高涨，讲文明、讲礼貌蔚然成风。今后，随着社会的进步、科技的发展和国际交往的增多，礼仪必将得到新的完善和发展。

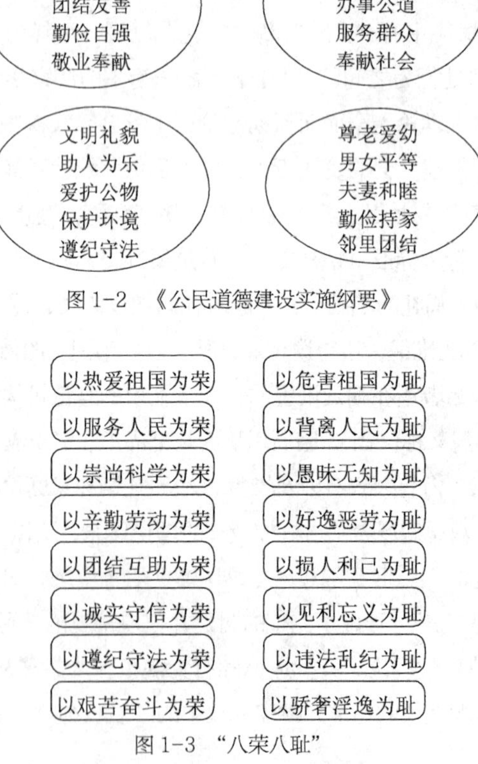

图 1-2　《公民道德建设实施纲要》

图 1-3　“八荣八耻”

1.1.2 礼仪的概念与含义

礼仪作为人类交际的表现形式之一，同其他绘画、文字等文明表现形式一样，是人类不断摆脱愚昧、野蛮，逐渐走向文明、开化的标志和见证。因此，了解礼仪的概念和含义有助于我们对人类文明的发展有一个更清晰的认识。

1．礼仪的概念

礼仪是指人们在社会交往中受历史传统、风俗习惯、宗教信仰、时代潮流等因素而形成的，既为人们所认同，又为人们所遵守，是以建立和谐关系为目的的各种符合交往要求的行为准则和规范的总和。总而言之，礼仪就是人们在社会交往活动中应共同遵守的行为规范和准则。

从个人修养的角度来看，礼仪可以说是一个人内在思想水平、文化修养及交际能力等的外在表现。

从交际的角度来看，礼仪可以说是人际交往中适用的一种艺术，一种交际方式或交际方法。礼仪是人际交往中约定俗成的示人以尊重、友好的习惯做法。

从传播的角度来看，礼仪可以说是在人际交往中进行相互沟通的技巧。

2．礼仪的含义

那些旨在维护森严的封建等级制度的礼仪制度，尤其是那些落后的繁文缛节，新的社会制度和价值体系非但无法接纳，而且必须坚决予以抛弃。自辛亥革命彻底否定了几千年的封建制度之后，伴随着社会价值观的根本改变，礼仪也被赋予了全新的现代意义。

如果说传统意义上的礼仪是一种涵盖一切制度、法律和道德的社会行为规范的话，那么今天的所谓礼仪则仅仅是礼貌、礼节等相关活动的形式。

礼仪属于道德范畴，是礼节和仪式的总称，是在人际交往中，以一定的、约定俗成的程序、方式来表现的律己、敬人的过程。礼仪的本质就是通过规范化行为表示人际间的相互尊重、友善和包容。

重要提示

礼仪涉及穿着、交往、沟通、情商等内容。可大致分为社交礼仪、政务礼仪、商务礼仪、服务礼仪、涉外礼仪五大分支。礼仪是综合性的学科，所谓五大分支，仅是相对而言，各分支礼仪内容都是相互交融的。

阅读材料

高明的《礼学新探》提出礼的意义

据高明的《礼学新探》提出礼的意义有三：

1．“是宜乎履行的”。如说文训为履，荀子云“礼者，人之所履也”《荀子·大略》。这可用当代西方哲学所谓实践（Praixis）一词来了解。

2. “是合乎道理的”。如《礼记·仲尼燕居》云：“礼也者，理也，君子无理不动”。荀子：“礼也者，理之不可易者”。这是指礼的实践是依于普遍道理而行，这一普遍道理用当代西方哲学，可通过哈贝玛斯的“共识”论来了解。

3. “是舍乎人情的”。如《礼记·坊记》：“礼者，因人之情，而为之节文，以为民坊者也”。《礼记·礼运》：“故圣人之所以治人七情，舍何以治之？”这是指礼是调节人生各种情怀的表现，可通过西方哲学如舍勒的“情之现象学”，及孔汉斯之全球伦理来了解。

1.1.3 现代礼仪的特征与原则

礼仪发展演变至今，成为现代交际礼仪，归属道德范畴。现代礼仪具有道德的一般特点，但作为道德的一个特殊方面，又有着自身的特点和原则。

1. 现代礼仪的特征

（1）规范性

礼仪和道德、法律一起被称为人类社会的三大规范。礼仪规范是约定俗成，相沿成习的，其对人们在交际场所的约束性，使人们自觉不自觉地在遵守礼仪规范。人们也都在用礼仪规范来衡量和判断他人，所以礼仪的规范性是客观存在。

（2）共同性

所谓共同性是全社会的约定俗成，是全社会共同认可、普遍遵守的准则。一般来说，礼仪代表一个国家、一个民族、一个地区的文化习俗特征。但我们也看到不少礼仪是全世界通用的，具有全人类的共同性。例如：问候、打招呼、礼貌用语、各种庆典仪式、签字仪式等，大多是世界通用的。礼仪的共同性，主要源于共同的经济生活和文化生活。经济的共同性必然导致礼仪的变化。比如，现代经济的快节奏、高效率，使现代礼仪向简洁、务实方向发展。共同的文化涵育了共同的礼仪。

（3）传承性

礼仪的形成和完善，是历史发展的产物，任何国家的现代礼仪都是本国古代礼仪的继承和发展。礼仪经历不同的发展阶段，经过不同时期的“过滤”，逐渐形成相对固定的内容，而且一旦形成，通常会世代相传，经久不衰。礼仪的继承性是选择性的继承，任何礼仪的形成与发展都不是食古不化、全盘沿用，而是取其精华、去其糟粕的传承发展。

（4）差异性

“十里不同风，百里不同俗”。不同的国家和民族，因其历史与文化背景的不同，其礼仪的表现形式和思想观念也各不相同。这种民族差异性使得不同国家、不同民族的礼仪文化各具特色、丰富多彩，如东方民族的含蓄、深沉，西方文化的坦率、开放。东方人见面习惯拱手、鞠躬、握手，如图 1-4 所示；西方人见面习惯亲吻和拥抱。

图 1-4　握手

（5）时代性

世界上任何事物都是发展变化的，礼仪虽然有较强的相对独立性和稳定性，但它也毫不例外地随着时代的发展而发展变化。礼仪具有时代性，同一国家，同一民族的礼仪文化在不同时代的发展过程中，都会被打上时代的烙印。如中国古代礼仪的“礼不下庶人”，而现代礼仪则讲究礼仪面前人人平等。又如社会交往的扩大，各国的礼仪文化都会互相渗透，尤其是西方礼仪文化引入中国，使中华礼仪在保持传统民族特色的基础上，发生了更文明、更简洁、更实用的变化。

2．现代礼仪的基本原则

（1）遵守

在社会生活中，每一位参与者都必须自觉、自愿地遵守礼仪，用礼仪去规范自己在交际活动中的一言一行，一举一动。遵守的原则，就是对行为主体提出的基本要求，更是人格素质的基本体现。遵守礼仪规范，才能赢得他人的尊重，确保交际活动达到预期的目标。

（2）尊重

尊重是礼仪的情感基础，人与人之间彼此尊重，才能保持和谐愉快的人际关系。尊重原则是指在自尊自爱的基础上，尊重他人的人格、劳动、价值和感情。孔子曾经对礼仪的核心思想有过一次高度的概括，子曰：“礼者，敬人也”。所谓尊重的原则，就是要求人们在交际活动中，与交往对象既要互谦互让，互尊互敬，友好相待，和睦共处，更要将对交往对象的重视、恭敬、友好放在第一位。在礼仪的两大构成部分中，有关对待他人做法的这一部分，比对待个人的要求更为重要，这一部分实际上是礼仪的重点与核心。而对待他人的诸多做法之中最重要的一条，就是要常存敬人之心，处处不可失敬于人，不可伤害他人的个人尊严，更不能侮辱对方的人格。

（3）真诚

真诚是对人对事的一种实事求是的态度，是待人真心实意的友善表现。真诚表现为人与人之间信息传递、情感交流、思想沟通的交际过程中，诚信无欺，言行一致，表里如一，待人以诚，对人不说谎、不虚伪、不骗人、不侮辱人等。

（4）平等

平等是人与人交往时建立情感的基础，是保持良好的人际关系的诀窍。现代礼仪是在平等的基础上形成的，是一种平等的、彼此间的相互对等关系的体现。即对任何交往对象，都必须以礼相待，一视同仁，给予同等程度的礼遇。表现为不骄狂，不我行我素，不自以为是，不厚此薄彼，不傲视一切，目空一切，更不能以貌取人，或以职业、地位、权势压人，而应该时时处处平等谦虚待人。

（5）适度

礼仪是一种程序规定，而程序自身就是一种“度”，没有“度”，施礼就可能进入误区。交往应把握礼仪分寸，得体适度，根据具体情况、具体情境而行使相应的礼仪。如在与人交往时，既要彬彬有礼，又不能低三下四；既要热情大方，又不能轻浮谄谀；要自尊却不能自负；要坦诚但不能粗鲁；要信人但不能轻信；要活泼但不能轻浮；要谦虚但不能拘谨；要老练持重，但又不能圆滑世故。

（6）宽容

宽容原则的基本含义，是要求人们在交际活动中运用礼仪时，既要严于律已，更要宽以待人。要多容忍他人，多体谅他人，多理解他人，而千万不要求全责备，斤斤计较，过分苛求，咄咄逼人。在人际交往中，要容许他人有个人行动和独立进行自我判断的自由。对不同于己、不同于众的行为耐心容忍，不必要求其他人处处效法自身，与自己完全保持一致，实际上也是尊重对方的一个主要表现。

（7）从俗

从俗就是指交往各方都应尊重相互之间的风俗、习惯，了解并尊重各自的禁忌。如果不注意禁忌，就会在交际中引起障碍和麻烦。由于国情、民族、文化背景的不同，在人际交往中，实际上存在着非常大的地域文化差异。对这一客观现实要有正确的认识，不要唯我独尊，简单否定其他人不同于己的做法。必须坚持入乡随俗，与绝大多数人的习惯做法保持一致，切勿随意批评、否定其他人。遵守从俗原则，会使对礼仪的应用更加得心应手，更加有助于人际交往。

1.2 加强大学生礼仪教育

中国近代史上著名的政治活动家、教育家、史学家梁启超有一句名言："少年知礼则国家壮大"，这句话放在当下依然适用。大学生应重视礼仪修养，以更好地自如应对日益激烈的国内外竞争，承担起建设祖国、强盛国家的重任。

1.2.1 大学生礼仪概述

讲究礼仪，遵从礼仪规范，可以有效地展现一个人的教养、风度与魅力，更好地体现一个人对他人和社会的认知水平和尊重程度，从而使个人的学识，修养和价值得到社会的认可和尊重。适度、恰当的礼仪不仅能给公众以可亲可敬、可合作、可交往的信任和欲望，而且会使与公众的合作过程充满和谐与成功。

大学生是知识层次较高的群体，也是中国明日发展的引领者、顶梁柱，在道德水准上，在礼仪修养方面应当有更高的要求。一个优秀人才，不仅应当有高水平的专业知识，还必须有良好的道德品质修养和礼仪修养。礼仪是良好品德修养的表现形式，也是良好道德品质养成重要途径之一，良好的道德品质需用彬彬有礼的方式去体现。一个知书不达礼，知识水准和道德水准严重不协调的学生，不可能成为一个优秀人才。追求个性是当代年轻人的特点，在追求突出个性过程中，却有一些大学生把丑陋当成了个性，许多不文明、不礼貌，甚至丑陋、陈腐、粗俗的东西都被当做了"新潮"、"潇洒"，在现在的大学校园里面，经常可以看到衣冠不整者、行为不端者、张口骂人者、随地吐痰者，其他的不讲礼、不懂仪的现象亦不鲜见，如关门之时声震如雷、打电话从不自我介绍、不再礼让教师、端着饭盒边走边吃等，这些不良现象已经不再是个别，而且有着愈加普遍的趋势。

造成一些大学生礼仪素养低下的原因是多方面的。首先，应试教育对学生的行为习惯产生一定程度的影响。在这个层面上，家长、教师，乃至整个教育体系都负有不可推卸的责任。高考的指挥棒的魔力使中小学的教育成为以“分数”和“考试”为中心的教育，德育和美育长期受到不应该的冷落。这种教育只用学习成绩的名次来衡量学生的优劣，只在教学上下工夫而在塑造孩子的灵魂方面却很少花费时间和精力。其次是社会的转型。当社会处于价值的转型，作为社会一部分的大学生，也是难做到“出淤泥而不染，濯清涟而不妖”。大学已非伊甸园般的净土。作为一个典型的亚文化圈，大学必然要受到社会大文化的影响和侵蚀。在商品化和传媒化的社会里，不食人间烟火的象牙塔早已不复存在。当代的中国正面临着相似的社会文化背景，中国的大学生正经历着一个痛苦的“断奶”历程，如何判断真、善、美，是他们急待弥补的课程。再者是社会不良风气的影响，例如校园里的学术抄袭、课桌文学、厕所文学等，都影响着青年学生的思想和灵魂。

1.2.2 大学生中开展礼仪教育的必要性

礼仪是人类文明进步的重要标志，是适应时代发展、促进个人进步和成功的重要途径。我国历来是“礼仪之邦”，但从当代大学生礼仪素质的现状来看，确实存在着许多不尽人意的地方，因此必须重视和加强大学生的礼仪教育。

1．礼仪是促进社会主义精神文明建设的需要

礼仪教育是社会主义精神文明教育体系中最基础的内容。讲文明、讲礼貌是人们精神文明程度的实际体现，普及和应用礼仪知识则是加强社会主义精神文明建设的需要。社交礼仪教育让大学生明确言谈、举止、仪表和服饰能反映出一个人的思想修养、文明程度和精神面貌。而且每个人的文明程度不仅关系到自己的形象，同时也影响着整个学校的精神面貌乃至整个社会的精神文明。

2．礼仪是大学生提高思想政治素质的需要

目前，许多高校存在着这样的现象：学生接受的是高层次教育，而其实际行为却连基本道德水平也达不到，这在很大程度上与缺乏必要的礼仪教育有关。礼仪是一种非法律社会规范，主要包括道德规范、宗教规范、习俗、共同生活准则等，是调整社会成员行为的基本准则。对大学生进行系统的礼仪教育，使其掌握基本的行为准则，不仅可以丰富礼仪知识，掌握符合社会主义道德要求的礼仪规范，懂得在实际生活中按照礼仪规范表现自己的行为，而且可以做到把内在的道德品质和外在的礼仪形式有机地统一起来，成为名副其实的、有较高道德素养的现代文明人。

3．礼仪是大学生建立良好人际关系的需要

大学期间能否与他人建立良好的人际关系，对大学生的成长和学习有着十分重要的影响。美国华盛顿大学心理学家约翰·戈特曼的研究结果显示，那些懂得以适当的方式解决身边问题和处理生活中烦心事的孩子，其身心更加健康，而且更会关心他人，更富有同情心，朋友更多，学习成绩更好。美国著名的人际关系学大师、西方现代人际关系教育的奠基人戴尔·卡耐基的《成功之路》及吉米·道南（吉米·道南【英】成功取得了从航天工程到全球市场营销的转变，他是网络二十一国际企业的创办人及总裁）与约翰·麦克斯韦尔（约翰·麦克斯韦尔是享誉美国的领导力和人际关系大师，20 多年来一直致力于帮助人们发挥领导力潜能）合著的《成功的策略》都导出同一条公式："个人成功 = 15%的专业技能 + 85%的人际关系和处世技巧"。因此，通过人际交往活动，在交往中获得友谊，是大学生适应新的生活环境的迫切需要，是从"依赖于人"的人发展成"独立"的人的迫切需要，也是建立良好的人际关系、成功地走向社会的迫切需要。

4．礼仪是大学生完成成长课题的需要

大学生成为人格完善的"社会人"，不断提高心理健康水平和心理承受能力是成长的重要课题。大学生堪称"准社会人"，还不是真正的社会人。他们有一种强烈地走向社会的需要，同时又普遍存在一些心理困惑。比如，走上工作岗位后如何与领导、同事打交道，如何建立良好的人际关系，如何进行自我形象设计，如何尽快地适应社会生活等社会交往问题。一个具有良好的心理承受力的人，在交际活动中遇到各种情况和困难时，都能始终保持沉着稳定的心理状态，根据所掌握的信息，迅速采取最合理的行为方式，化险为夷，争取主动。相反，一些缺乏良好心理承受力的人，在参加重大交际活动前，常会出现惊慌恐惧，心神不定，坐卧不安的状况，有的在交际活动开始后，甚至会出现心跳加快，四肢颤抖，说话声调不正常的现象。对大学生进行礼仪教育，让大学生掌握符合社会要求的各种行为规范，不仅能够满足大学生走向社会的需要，还可培养大学生适应社会生活的能力，提高心理健康水平和心理承受力。

身居礼仪之邦，应为礼仪之民。知书达理，待人以礼，应当是当代大学生的一个基本素养。对大学生进行礼仪教育具有跨时代的特殊意义，不仅是教育的必需，也是社会文明进步的强烈要求。

重要提示

礼仪修养的最佳途径：了解自己；坚定信念；控制情绪；有理想；进取；诚实；正直；认真；做好自己的事。

小　结

本章共讲述了 4 方面的内容，开篇的礼仪的起源与发展，通过礼仪的一步步演变可以给学生一个初步的印象，第二部分礼仪的概念和含义，帮助学生加深对它的理解，而现代礼仪的特征与原则是以现代礼仪为重点，结合第四部分的大学生中开展礼仪教育的必要性，使同学们懂得现代礼仪的重要性以及大学生学习礼仪知识的意义，从总体上给大家一个概念，使得同学们在学习过程中有目标、有动力。

本章的重点是礼仪的概念与现代礼仪特点，旨在提高学生对礼仪重要性的认识，加强礼仪知识学习的自觉性。

思考与练习

1. 你是如何看待礼仪随时代发展而变化的？
2. 礼仪对构建和谐社会有哪些作用？
3. 现代礼仪的特点有哪些？

活动与探索

1. 和同学一起讨论如何做一名“知书达理”的大学生。
2. 收集一两则关于中国古代礼仪的佳话，并向同学宣讲。

第2章 仪容仪表礼仪

本章讲述仪容仪表修饰的途径，并介绍护肤、化妆、西装、学生服饰、饰物佩戴等知识和原则。

仪容是人的容貌长相；仪表是综合人的外表，它包括人的形体、健康状况、姿态、服饰、风度等方面，是人举止风度的外在体现。一个人的仪容美和仪表美体现了其对他人、对社会的尊重，表现出一个人的精神状态和对生活的热爱。仪容美和仪表美是自然美与社会美、静态美与动态美协调统一的整体美。

2.1 仪　容

仪容修饰的基本要素是貌美、发美、肌肤美。美好的仪容一定能让人感觉到其五官构成彼此和谐并富于表情；发质健康发型适合使其英俊潇洒、容光焕发；肌肤健美使其充满生命的活力，给人以健康自然、鲜明和谐、富有个性的深刻印象。每个人的先天容貌是无法改变的，每一个人都应愉悦地接纳自己，但后天的修饰可以弥补不足，使一个长相普通的人变得楚楚动人，使一个五官平凡的人变得气质出众。可以通过努力学习，不断提高个人的文化、艺术素养和思想、道德水准，培养出自己高雅的气质与美丽的心灵，这不仅是个人对美的追求，也是对社会交往需要的满足。

2.1.1 仪容基本要求

1．整洁

整洁是仪容的首要要求。一个人即使面容姣好、穿着高档，但如若汗臭扑鼻、头发肮脏，无疑会大煞风景。整洁，即整齐洁净、清爽。要勤洗澡，每日洗脸、洗脚，脖颈、手、指甲都应干干净净。指甲要常剪，头发按时理，并经常注意去除眼角、口角及鼻孔的分泌物。要经常剃须、修剪鼻毛与耳毛、遮掩腋毛、掩饰腿毛。要勤换衣袜，消除身体异味，有狐臭要搽药品或及早治疗。要注意口腔卫生，早晚刷牙，饭后漱口，吃过大葱、蒜、韭菜等异味食物后应立即去除异味，必要时可以含一点茶叶或嚼口香糖。

2．自然

几千年以来，随着时代的变迁、文明礼仪和文化的进步，人类对美的向往与追求不断前行，但自然，依然是美的最高境界。自然美原意是指不用修饰，自然而然的美，是事物本质的外观呈现。而如今，高超的化妆技术也可使人看起来像没有经过修饰一样，自然散发出个人气质和个性。自然美，是一种感觉，健康的皮肤，带笑的脸，清爽的发型，干净、整洁、具有亲和力的感觉，都是自然美的体现。自然美离不开心灵美，自然美，可以通过内在修养透出来，也就变成了外在美。美，要发自内心，不标新立异，不矫揉造作的，就是自然的美。

3．端庄

端庄指端平正直，庄严大方。是神气充足，道德淳厚而显露于外的自然征象，是美的一种特殊表现。端庄不是简单的仪容修饰，而是修养和气质的自然流露，端庄的修养必须从行为上做起，如待人忠厚宽容，襟怀坦白，说话心口如一，言而有信，光明正大等。仪容庄重大方，斯文雅气，不仅会给人以美感，而且易于使自己赢得他人的信任。

2.1.2 护肤

1．皮肤分类

护肤首先要从了解我们的皮肤开始。目前，一般将皮肤分为干性、油性、中性、混合型和敏感性 5 类。

（1）干性皮肤

表现特征：皮肤水分、油分均不正常，干燥、粗糙，缺乏弹性，皮肤的 pH 值不正常，毛孔细小，脸部皮肤较薄，易敏感。面部肌肤暗淡、没有光泽，易破裂、起皮屑、长斑，不易上妆。但外观比较干净，皮丘平坦，皮沟呈直线走向。皮肤松弛、容易产生皱纹和老化现象。干性皮肤又可分为缺油性和缺水性两种。

保养重点：多做按摩护理，促进血液循环，注意使用滋润、美白、活性的修护霜和营养霜。要注意补充肌肤的水分与营养成分、调节水油平衡的护理。

护肤品选择：多喝水，多吃水果、蔬菜，不要过于频繁地沐浴及过度使用洁面乳，注意每周护理及使用保持营养型的产品，选择非泡沫型、碱性度较低的清洁产品、带保湿的化妆水等。

（2）油性皮肤

表现特征：油脂分泌旺盛、T 部位油光明显、毛孔粗大、触摸有黑头、皮质厚硬不光滑、皮纹较深；外观暗黄，肤色较深、皮肤偏碱性，弹性较佳，不容易起皱纹、衰老，对外界刺激不敏感。皮肤易吸收紫外线，容易变黑、易脱妆、易产生粉刺、暗疮。

保养重点：随时保持皮肤洁净清爽，少吃糖、咖啡等刺激性食物，多吃维生素 B2 或 B6 以增加肌肤抵抗力，注意补水及皮肤的深层清洁，控制油脂的过度分泌，调节皮肤的平衡。

护肤品选择：使用油分较少、清爽性、抑制皮脂分泌、收敛作用较强的护肤品。白天用温水洗面，选用适合油性皮肤的洗面奶，保持毛孔的畅通和皮肤清洁。暗疮处不可以化妆，不可使用油性护肤品，化妆用具应该经常地清洗或更换，尤其要注意适度的保湿。

（3）中性皮肤

表现特征：水分、油分适中，皮肤酸碱度适中，皮肤光滑细嫩柔软，富于弹性，红润而有光泽，毛孔细小，无任何瑕疵，纹路排列整齐，皮沟纵横走向，是最理想漂亮的皮肤。中性皮肤多数出现在小孩当中，通常以 14 岁以下发育前的少女为多。年纪轻的人尤其青春期过后仍保持中性皮肤的很少。这种皮肤一般炎夏易偏油，冬季易偏干。

保养重点：注意清洁、爽肤、润肤以及按摩的周护理。注意补水、调节水油平衡的日护理。

护肤品选择：依据皮肤年龄、季节选择，夏天选亲水性产品，冬天选滋润性产品，选择范围较广。

（4）混合性皮肤

表现特征：一种皮肤呈现出两种或两种以上的外观（同时具有油性和干性皮肤的特征）。多见为面孔 T 区部位易出油，其余部分则干燥，并时有粉刺发生，男性约 80%是混合性皮肤。混合性皮肤多发生于 20～35 岁。

保养重点：按偏油性、偏干性、偏中性皮肤分别侧重处理，在使用护肤品时，首先要滋润较干的部位，再在其他部位用剩余量擦拭。注意适时补水、补充营养成分、调节皮肤的平衡。

护肤品选择：夏天参考油性皮肤的选择，冬天参考干性皮肤的选择。

（5）敏感性皮肤

表现特征：皮肤较敏感，皮脂膜薄，皮肤自身保护能力较弱，皮肤易出现红、肿、刺、痒、痛、脱皮和脱水现象。

保养重点：经常对皮肤进行保养；洗脸时水不可以过热过冷，要使用温和的洗面奶洗脸。早晨，可选用防晒霜，以避免日光伤害皮肤；晚间可用营养型化装水增加皮肤的水分。在饮食方面要特别注意易引起过敏的食物。皮肤出现过敏后，要立即停止使用任何化妆品，对皮肤进行观察和保养护理。

护肤品选择：应先进行适应性试验，在无反应的情况下方可使用。切忌使用劣质化妆品或同时使用多重化妆品，并注意不要频繁更换化妆品。另外，含香料过多及过酸过碱的护肤品不能用，而应选择适用于敏感性皮肤的化妆品。

阅读材料

皮肤颜色反应肝脏状况

1. 黄色。中国最早的医书《黄帝内经》曾这样描述“湿热相交，民病疸也”。即今天所谓的肝炎及胆囊炎。

传统中医学还将黄疸分为阳黄和阴黄。阳黄指黄色鲜明如橘子色，病程较短，属于热证、实证；阴黄则指黄色晦暗，病程较长者，属于寒证、虚证。不同的黄色揭示了疾病的不同阶段并采用不同的治疗法则。从未患过肝炎的人，在畏寒、发热、恶心、呕吐、肝痛、极度乏力后，忽然出现眼睛和皮肤发黄，表明患了急性黄疸型肝炎。慢性肝炎患者若出现黄疸，表明病情加重，肝炎处于活动期，这时肝功能和转氨酶一般都会不正常，肝细胞损害严重。病人这时一定要积极治疗、充分休息和注意营养。

2. 红色。人体产生的雌激素主要由肝脏灭活。雌激素有扩张血管的作用。体内雌激素积蓄，严重时可使皮肤上出现一个形状像蜘蛛的红色血管痣。部分慢性肝炎和肝硬化患者的面、颈、肩、上胸和背部会出现成片的毛细血管扩张，使这些部位泛出丝丝红色。还有些慢性肝炎和肝硬化患者手掌和脚掌出现红色的斑点和斑块，医学上称为肝掌，也是体内雌激素积蓄的结果。肝炎患者肤色变红，表明肝脏功能受到长期严重损害。

3. 黑色。皮肤颜色黝黑，面部眼睛周围发黑，是慢性肝炎、肝硬化和肝癌患者肝功能严重损害的一个重要特征。

张仲景在《金匮要略》又将黄疸分为黄疸、谷疸、女劳疸、酒疸和黑疸 5 类，黑疸最为严重，晋代名医葛洪说："疗黄疸，变成黑疸者多死"。意思是黄疸尚可治疗，但若变成黑疸，就只有等死，当然这只是在当时的医术条件下决定的。因此，若出现皮肤颜色异常，切不可等闲视之，应立即检查，弄清病情，并积极治疗。

2．一般护肤程序

护肤包括深层护肤和表层护肤两种，这两种方式的护肤品功效是不一样的。前者的主要功能是为皮肤提供营养，其重点在于营养的吸收。后者的主要功能是为皮肤增加一层保护膜，防止外界不良环境对皮肤的侵害，因此对营养吸收的要求比较少。正确的方法是先进行深层洁肤，保证肌肤能够吸收充足的营养，接着涂上具有保湿、滋润效果的护肤品，然后再做外部保护。

在使用护肤品时要注意，按照分子越小越先用的原则，如爽肤水、精华液、眼霜、乳液、乳霜、膏状护肤品，质地越清爽、越稀越先用，这样更有利于各种营养的充分吸收。

我们以一般护肤步骤为例进行说明。

（1）清洁

每天早晚各一次的清洁工作，可以温和并彻底地卸除脸上的化妆品、表面油脂及污垢。

如果白天用过隔离或防晒产品，则首先要卸妆，其方法是在面部涂适量清洁霜，与表面污垢充分接触，然后用化妆棉轻轻拭去。眼部和唇部格外娇嫩，需要专门的眼部和唇部卸妆产品清除眼线、睫毛膏、唇膏等化妆品。卸妆后要使用洗面奶清洗面部，并用指腹由内往外轻揉清洗，不要用力搓，最后用温水冲净。

阅读材料

洁面的注意事项

1. 洁面产品的好坏，主要决定于"清洁成分"本身，而不是那些添加物。例如，某洗面奶成分写的仅是"高效保湿因子，维生素 E"，则基本上无法从这两种成分判断这支洗面奶的好坏。

2. 表面活性剂决定了整支洗面奶的好坏。氨基酸表面活性剂以天然成分为原料制造，成分本身可调为弱酸性，所以对皮肤刺激性很小，亲肤性又特别好。它是目前高级洗面奶清洁成分的主流，价格也较为昂贵。长期使用，也不会对皮肤造成伤害。

3. 不少洗面奶都伤皮肤，抗衰老必须用氨基酸洗面奶。最关键是温和、没有刺激，不但对皮肤没有刺激，对眼睛也没有刺激。另外，洁面产品需要清洁能力强还要容易洗干净，残留极少，而且要保证残留物对皮肤没有伤害。

4. 好的洁面产品除了肤感舒适、涂抹轻柔、泡沫细软、不能有拉丝和啫喱状的感觉之外，还要有营养和保湿的功效，清洗后皮肤清爽而不紧绷。

5. 使用洗面奶或洁面凝露时一般应使用温水洗脸，水温应在 37℃左右。因为当皮肤有一定温度和湿度时，护肤品的吸收最好。用冷水清洁皮肤后，护肤品吸收会变慢，而用过热的水清洁皮肤会造成一定的损伤。

6. 自来水含氯气伤害皮肤。清洁时建议用纯净水或蒸馏水。油性皮肤、黑头、痤疮皮肤建议用洗面奶按摩 1 分钟左右。有红血丝的皮肤洗脸时注意水温不要过高，否则会使血丝加重。

7. 选择纯净水或蒸馏水清洁皮肤费用不菲，简易方法是将水静置 8 小时以上即可使用，或者将自来水烧开 5 分钟后再放凉也行，这样也可以有效消除水中的氯气。

8. 不要频繁地更换你所使用的洗面奶品牌，除非你觉得使用中的洗面奶并不适合你。因为各种品牌的洗面奶的酸碱值不同，每换一次皮肤就必须经历一个适应期，如果酸碱度反差太大，甚至会出现皮肤疼痛或脱皮的现象。

（2）爽肤

爽肤的过程可再次清洁肌肤，软化角质、平衡 pH 值，帮助收缩毛孔，增加肌肤的柔软感。用化妆棉沾湿爽肤水或柔肤水，轻拍脸部及颈部，重复擦拭，直到化妆棉上没有污垢及残留化妆的痕迹为止。需注意的是爽肤的过程一定要避开眼部。

（3）营养

应针对皮肤的类别和特点，选用适合自己的护肤产品。例如，润肤水、润肤乳、润肤液、润肤霜、精华液等，给皮肤补充必需的水分和养分，充分滋润皮肤，保持皮肤的柔润光滑。为达到最佳效果，使用保养品时一定要用指腹轻轻地以朝上和朝外的方式涂抹。眼部的护理一般使用眼部专用护肤品，眼霜、眼部精华液等。

（4）防护

如果省略防护步骤，空气中有许多有害物质会附着在皮肤表面，为保护皮肤避免环境中有害物质的伤害，通常使用隔离霜、防护霜等给予皮肤以保护，并可调整肤色，为彩妆做基础。使用时用指腹或海绵轻轻地将隔离向外推开、推匀。要特别注意的是下巴、发际等交接处，做到颜色要融合。夜间不需要进行皮肤防护。

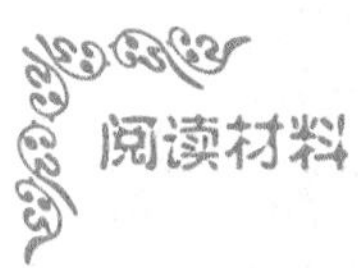

日常习惯护好肤

1. 补充水分

秋天到来后，由于空气开始变得非常干燥，加之早晚温差大，天气逐渐变冷，引起皮肤毛孔收缩，皮肤表面的皮脂腺与汗腺分泌减少，从而使得皮肤表面很容易丧失水分。而皮肤衰老的最大原因正是水分不足，加之秋季皮肤新陈代谢缓慢，所以秋风一起，许多人的脸上便起了皱纹或色斑、粉刺。原有的蝴蝶斑、褐斑也会加深，皮肤变得干燥，皮下脂肪增厚，皮肤紧绷，甚至起皮掉屑。因此，秋季护养肌肤要注意合理饮水，弥补夏季丧失的水分，并防秋燥对体液的消耗。每天都要饮用足够的水，使之渗透于组织细胞间，维护人体的酸碱平衡，保证机体新陈代谢的正常运行，并有效地将人体废物排出体外，从而保持皮肤的清洁与活力。饮水可饮白开水、果汁、矿泉水等。其中白开水是最好的“天然饮料”，应该首选。中国人喜饮的绿茶有清热泻火的作用，经常饮用，能够预防某些皮肤疾病，如青春痘、粉刺等的发生。一般来说，每天饮 6～8 杯水，即能满足皮肤内部的需要。

2. 均衡营养

营养不良会使人的皮肤干、粗、皱、硬。如果过多地摄取动物脂肪，则皮肤会表现出油亮或脱屑，这样易发生痤疮等皮肤病。因此，平时应注意饮食的多样性、营养的合理性，多食能转化皮肤角质层、使皮肤光滑的维生素 A（动物的肝、肾、心、瘦肉等），多吃新鲜的蔬菜、水果，少吃含饱和脂肪酸较高的动物性食物。此外，天气干燥，嘴唇容易干裂，既影响美观又增加不适感。要解决这个问题，除了用温水洗唇涂上护唇油外，平时应多吃富含维生素的食物，如动物肝、牛奶、鸡蛋、红白萝卜、苹果、香蕉和梨等。

3. 注重洁肤

秋季空气中的污染物极易阻塞毛孔，从而引起皮肤疾病。另外，入秋后，角质层大量脱落，不及时清洁皮肤也会造成严重干燥、粗糙。所以，不论化妆与否，每天早晚用洗面奶仔细清除污垢，应是一项必做的工作。洁肤应选用杀菌力强、清洁效果好的洗面奶（弱酸性产品）；可适当在洗脸、洗浴水中加入少量食醋，也能达到清洁效果。

4. 睡前护肤

睡前护肤十分重要，因为面部细胞的分裂次数比白天高得多（10 倍以上），新生的细胞需要更加细腻的呵护。针对秋天干燥的气候，还应经常使用滋润乳液，同时用化妆水擦拭额头、鼻翼、下巴等皮脂分泌旺盛的部位。

5. 特殊护理

（1）去角质

我们的肌肤每天都会自行新陈代谢，由基底层产生的细胞会慢慢地到达肌肤的表面，然后成为角质层，一般也称为角化。皮肤的角化周期通常约为 28 天。如果新陈代谢正常，老旧的角质细胞就会自然脱落。不过由于环境、季节、紫外线、作息不正常等因素，有时会使新陈代谢变得缓慢。所以我们的皮肤表面角质层越堆越厚，角质过度的堆积，就会容易让肌肤感觉没有透明感，也失去原本的弹性，所以固定且适当的去角质，可以将皮屑去除，让肌肤更晶莹剔透。去角质可到专业的美容院，更方便的方法是到商场购买适合自己的去角质产品在家自己制作。

（2）保湿

水是生命的重要组成部分。我们的皮肤有天然保湿系统，在理想的状态下，这种天然保湿系统可以给皮肤提供足够的水分。但风吹、日晒、空调这些外界因素都会加快皮肤水分的流失，在这些因素的影响下肌肤自身的保湿系统就不能完全满足肌肤对水分的需求。但美白、防晒、控油等恰恰都是在补水保湿的基础上完成，很多问题皮肤的最主要原因就是由于缺水造成的，所以补水保湿是解决问题的关键。因此，每天你必须给你肌肤提供足够的水分，增强肌肤对外界的抵御能力。保湿要补充体内足够的水分，多吃水果和蔬菜，使用适合自己的保湿产品，定期做保湿面膜，避免风吹日晒，不用过热的水洗脸。

（3）防晒

当皮肤接受紫外线过度暴晒后，会损伤表皮细胞；活化酪胺酸酶，加速色素合成，破坏皮肤的保湿功能，使皮肤变得干燥，让真皮层中的弹力纤维受损，使细纹产生。在强烈照射下，还会造成肌肤发炎、灼伤。有异常情形时，则会变成色素性的皮肤癌等，防晒在我们的生活中必不可少。伞、帽子、墨镜、衣服是必不可少的防晒物品，都是物理防晒品。防晒霜有物理防晒和化学防晒两种原理。使用防晒霜要确保 SPF≥15，并且能同时抵抗 UVA 和 UVB。出门时，不要以为戴着帽子或置身于阴凉处就能避开紫外线，反射光中还有超过 1/3 的部分为紫外线。同样，冬天和阴天也要做好防晒，因为露天处中还有超过 1/3 的部分为紫外线。在夏日早 10 时至午后 4 时阳光最强的时候，不要在室外活动和工作。如果外出时间在 10 点～13 点，面部裸晒半个小时以上，应该重新洗面、洁面，涂抹防晒霜。

阅读材料

UVA UVB UVC

人们口中的“紫外线”实际上还可细分为长波长的UVA、中波长的UVB及短波长的UVC。其中UVC在进入大气层时，已在臭氧层的防护下被隔离，能辐射到地面的只剩UVA和UVB了。UVB又称“户外紫外线”，只要适当地遮掩即可隔离，它是引起皮肤泛红、发炎及晒伤的主因；UVA会折射进室内，又称为“室内紫外线”，其能深入真皮层，会对胶原、弹力纤维甚至纤维母细胞进行破坏，所以UVA不但是会激发色素合成而使肤色“变黑”，更是造成皮肤“老化”及细纹产生的主要祸首。

2.1.3 化妆

化妆是指运用化妆品和工具，采取合乎规则的步骤和技巧，对人的面部、五官及其他部位进行描画、渲染、整理，增强立体印象，调整形色，掩饰缺陷，表现神采，从而达到美容目的。化妆是一种历史悠久的女性美容术，在古代早有记载，现代的化妆因其实用而兴起，成为满足女性追求自身美的一种手段。化妆能表现出女性独有的天然丽质，增添魅力。成功的化妆能唤起女性心理和生理上的潜在活力，增强自信心，使人精神焕发，还有助于消除疲劳，延缓衰老。

1．化妆的分类

化妆可分为基础化妆和重点化妆。基础化妆是指整个脸面的基础敷色，包括：清洁、滋润、收敛、打底与扑粉等，具有护肤的功用。重点化妆是指眼、睫、眉、颊、唇等器官的细部化妆，包括：加眼影、画眼线、刷睫毛、涂鼻影、擦胭脂与涂唇膏等，能增加容颜的秀丽并呈立体感，化妆可随不同场合来变化，有晚宴妆、舞会状、新娘妆等分类。

化妆的方法有日常的一般化妆法，适应各种场合需要的特殊化妆法，以及简捷的速成化妆法等。

人体最全面的化妆分类为皮肤、毛发、指甲、牙齿、眼睛 5 个部分的化妆。其中皮肤包括嘴唇，毛发包括睫毛。

2．常用化妆品分类

（1）润肤类化妆品

润肤类化妆品的主要功能是护理面部、手臂、腿部及身体其他部位的皮肤，使之更加滋润、柔嫩。常见的有乳液、润肤蜜、雪花膏等。

（2）美发类化妆品

美发类化妆品的主要功能是保护头发，起到滋润、去屑、止痒、柔顺、造型等作用。比如发蜡、生发油、发乳、香波、摩丝、冷烫液等。

（3）修饰类化妆品

在化妆时用在适当部位起到着色、突出、晕染、修饰等作用，使得妆容更加自然协调，明艳动人。包括眼影、眉笔、睫毛膏、唇膏、指甲油、蜜粉等。

（4）芳香类化妆品

芳香类化妆品是通过本身的香气去除异味、增添芬芳。包括香水、花露水、香精、爽身粉等。

（5）药物类化妆品

它具有各种不同疗效，可以预防、消除美容缺陷，如粉刺霜、雀斑霜、减皱霜、人参霜等。

3．化妆步骤

化妆的内容和程序都有一定的规范，不同的妆容又有各自的要点，下面介绍一般化妆的简单步骤。

（1）洁面

化妆前首先要将脸洗净，用温水配合洗面奶去除脸部和颈部的汗水、油垢和灰尘。

（2）润肤

洁面后用化妆棉涂抹爽肤水或化妆水，然后涂抹润肤霜或是润肤露。这一步很关键，好的润肤霜会滋润皮肤的同时在涂粉底之前为化妆过程打下一个好底，使皮肤免受其他化妆品的刺激，而且可以使皮肤看上去晶莹剔透。

（3）隔离

使用隔离霜是保护皮肤、保护化妆的重要步骤，这一步很重要，但很多人在化妆时都省略这一步，这是非常错误的。使用隔离霜就是为了给皮肤提供一个清洁温和的环境，形成一个抵御外界侵袭的防备“前线”，如果不使用隔离霜就涂粉底，会因粉底堵住毛孔而伤害皮肤，也容易产生俗称“吃”粉底化妆品的脱落现象。

隔离霜的涂抹方法很简单，取用豆粒大小的隔离霜点在脸上，涂抹均匀就可以了。隔离霜不必用多。隔离霜有多种颜色，通常绿色和蓝色的隔离有好的遮盖作用，适合脸部有斑点或其他瑕疵的人用；紫色则比较适合东方人偏黄的皮肤；白色的比较适合透明妆使用。

（4）粉底

粉底可改善肤色、修饰脸型，化妆中打底就好像建大厦要打好地基一样，是化妆中重要的一步。在底色的型号与质地的选择上要接近个人肤色而不留痕迹，再利用底色的色彩差别打出立体感而不留界限。

打粉底时，取比隔离霜多一倍的量均匀地涂抹在脸部。要注意的是眼部，头发与额头的交界处一定要涂抹均匀。

针对脸上的斑点或痘痘，可在粉底的基础上使用遮瑕霜或者遮瑕液。用小刷子轻轻地刷在瑕疵及其周围区域。这样粉底不用打的太厚也可以盖住斑点、痘痘了。

（5）粉饼或散粉

根据肤质或妆容选择粉饼或散粉，要用粉扑轻轻拍打或粉刷扫匀，注意脸与颈部的交界处不留痕迹，达到提亮与定妆的效果。

（6）眼睛

首先是眉毛的修剪。按照脸型和个人喜好修剪出满意的眉形，必要时再用眉刷和眉粉修饰。眉型的塑造也不宜高挑、过于纤细，顺眉毛自然的走向稍加修整，恰到好处地展现出个人率真个性。

妆色的重点凝结在眼部。如何在平淡中捕捉光影，在生活中体现韵味，眼妆起着举足轻重的作用。用眼线笔或眼线液沿睫毛线内侧边缘轻轻画好眼线，可使眼睛看上去更加立体、有神。

眼影要根据不同的妆容和服装选择颜色的搭配。眼影的色彩适用是由浅到深地渐变，暗色与亮色的晕染要衔接自然，明暗过度合理。比如粉红色的眼影，就要先将整个眼眶都涂上一层淡粉，然后在接近睫毛的地方加深。完妆后要在眉骨鼻梁上扫上一层白色的散粉。可以达到突显立体感的效果。东方人面部较平，可在眼线内侧涂上较深的眼影，以衬托出鼻子的线条。

涂抹睫毛膏时，蘸取适量睫毛膏从睫毛根部轻轻向外刷，必要时可多刷几遍。不同睫毛膏具有防水、加长、加粗等不同功能，可根据场合和自身情况选取合适的。

（7）腮红

腮红能使整个脸部显得柔美自然，也能使颧骨显得突出。用刷子在颧骨处打圈往上画，向着太阳穴的位置，然后再用同色胭脂粉轻扫太阳穴部位，便可使面部色彩显得浓淡和谐。

（8）唇部

先用一块小化妆海绵沾少量粉底遮盖住原来的嘴唇轮廓，并涂在唇上，这样可以使唇膏上得更均匀，并能更持久。用唇线笔勾画出理想的唇线，再用唇刷将颜色涂在整个唇部。画完以后，用化妆纸吸干油脂，重复画一次会使唇妆比较持久。整个唇部化妆的过程中，保持唇部的放松，分开做微笑状。

更简单的方法是用唇膏或唇彩沿唇部轮廓内侧涂抹均匀，如果非正式也可在唇正中点上唇彩，再抿一下即可完成。

（9）修正

最后要检查化妆的效果，进行必要的修正、补充和矫正。还可根据场合喷洒合适的香水，化妆完成。

2.1.4 发型

美的发型能够衬托人的气质和个性，美的发型能使人增强自信，扮靓生活。发型可表现出庄重、喜庆、活泼、典雅等不同感觉，每个人可根据自身爱好、脸型、年龄和职业选择适合的发型。

1．头发的清洁与保养

美丽的发型离不开护理周到的发质。光泽、秀美的头发，不仅是健康体魄的体现，而且使人充满自信。生活中，由于头发上常有灰尘和汗水，细菌就会借体温的影响而繁殖，不仅破坏了毛囊，也影响头发的寿命。洗头能够将头皮屑和污垢有效地清除，使头发在一个健康的环境下生长。洗头的频率因发质和具体情况因人而异，通常油性发质或运动量大的人，最好天天清洗头发；发质干而运动量少的人，可两到三天清洗一次。头发洗得太勤，会将皮脂腺分泌滋润头发的油脂充全洗掉，这不仅不利于护发，反而会使头发发黄、变干，失去自然的光泽。洗头最重要的是选好洗发和护发用品，要综合考虑头发的粗细、软硬、形态、性质和条件，是属中性、干性还是油性等因素。有时，头发也会因气候、冷暖、污染、情绪、染发、烫伤等影响而受损，这就要做特别的护理。

阅读材料

洗头的学问

梳理：洗头应先梳理头发，以梳掉头发表面的灰尘和头皮屑，同时把凌乱的头发理顺，以便清洗。

水温：洗头的水温以 40℃～45℃为宜。水温低，不易把油脂等污物洗掉；而水温高，又会造成头皮表层细胞的坏死，使得头屑增多，卷发变直。

预洗：用温水将头发完全浸透，然后以冲洗的方式冲掉头发表面的脏物。如果头发很脏，就需要多冲几次，以便发挥洗发剂的作用。

清洗：将洗发剂倒在手上，然后均匀地抹在头上。要注意一是用量不宜过多，二是要边抹边做环形按摩，以利于香波起泡，发挥洁力。之后，一定要将头发彻底冲洗干净。如果头发较脏还需二次清洗，洗发剂的用量只需首次的一半，边洗边按摩。再次将头发彻底冲干净。洗头时要用指腹轻轻揉搓，而不是用手指甲或梳齿用力梳头，这样容易伤及头发和头皮，造成毛囊发炎、脱发等现象，另外不要用碱性较强的肥皂、洗衣粉等强碱性洗剂洗头，以免损伤头发的角质蛋白，使其变性、发脆、易折断，增加头皮屑。

护理：先用毛巾吸去头发上的水分，然后用适量的护发素抹于发上，停留片刻，最后用清水清洗干净。

擦干：要及时将头发擦干或吹干，可用毛巾包裹头发，以吸收水分，但不能用力搓。如使用吹风机，切忌让风筒靠得太近，这样会把头发吹焦。造成头皮的轻度烫伤。

2．发型与脸型

（1）长脸型

长脸型需要用优雅可爱的发式来缓解由于脸长而形成的严肃感。在发型的轮廓上，要压抑顶发的丰隆，顶部应平伏，前发宜下垂，使脸部显得圆一些，同时，还要使两侧的发容量增加，以弥补脸颊欠丰满的不足。对于脸型狭长的女性来说，将头发做成卷曲波浪式，可增加优雅的品味，因而应选择松动而飘逸，整齐中带点乱的发型。

（2）圆脸型

圆脸型应增加发顶的高度，使脸型稍稍拉长，给人以协调、自然的美感。在梳妆时要避免面颊两侧的头发隆起，否则会使颧骨部位显得更宽。宜侧分头缝，梳理垂直向下的发型，直发的纵向线条可以在视觉上减弱圆脸的宽度。

（3）方脸型

方脸型的梳妆要点是以圆破方，以柔克刚，使脸型的不足得到弥补。可将头发编成发辫盘在脑后，使人们的视觉由于线条的圆润而减弱对脸部方正线条的注意。前额不宜留齐整的刘海，也不宜全部暴露额部，可以用不对称的刘海修饰宽直的前额边缘线，同时又可增加纵长感。两耳边的头发不要有太大的变化，避免留齐至腮帮的直短发。

（4）菱形脸型

菱形脸型是整个脸型的上半部为正三角形形状，下半部为倒三角形形状。用发型矫正这种脸型时，上半部可按正三角脸型的方法处理，下半部则按倒三角脸型的方法处理。一般将额上部的头发拉宽，额下部的头发逐步紧缩，靠近颧骨处可设计一种大弯形的卷曲或波浪式的发束，以遮盖其凸出的缺点。

（5）三角形脸型

根据发型与脸型的比例关系，梳理时要将耳朵以上部分的发丝蓬松起来，用喷发胶或定型剂可以达到这种效果，这样能增加额部的宽度，从而使两腮的视觉宽度相应地减弱。

（6）倒三角形脸型

倒三角形脸型在梳理时要注意扬长避短，便可达到整洁、美观、大方的效果。适合选择侧分头缝的不对称发式，露出饱满的前额。

（7）椭圆形脸型

椭圆形脸型是女性中最完美的脸型，采用长发型和短发型都可以，但应注意尽可能把脸显现出来，突出这种脸型协调的美感，而不宜用头发把脸遮盖过多。

3．发型选择的原则

任何一个人在选定适合自己的发型时，都要考虑自身的发质、年龄、身材、职业、场合等因素，综合平衡后做出选择。一般情况下，男性发型首要的原则是简洁和清爽，不宜留长发；女性首要的原则是端庄，不宜崇尚过于华丽和美艳的发型。对学生而言，无论男女，都应简洁、利落，显示青春活力。公务员、教师等应选择稳重大方的发型；建筑工、纺织工、车工、医生、厨师、食品营业员等职业，出于安全生产和工作的需要，应戴工作帽，这就要求应留较短发型或将头发全部梳起。经常进行露天作业，发型应简单，头发也应短一些，这样能够使梳洗方便。

2.2 着　装

古往今来，着装从来都体现着一种社会文化，体现着一个人的文化修养和审美情趣，是一个人身份、气质和内在素质的外在流露。从某种意义上来说，服饰是一门艺术，它所传达的情感与意蕴甚至是语言不能替代的。恰当的着装与服饰会给人以良好印象，提高社交的成功率；反之会降低身份，损害形象。

2.2.1 TPO 原则

TPO 原则，即着装要考虑到时间（Time）、地点（Place）、场合（Occasion）。

TPO 原则，是有关服饰礼仪的基本原则之一。它的含义，是要求人们在选择服装、考虑其具体款式时，首先应当兼顾时间、地点、场合，并应力求使自己的着装及其具体款式与着装的时间、地点、场合协调一致。

1．时间

一年有春、夏、秋、冬四季的交替，一天有 24 小时变化，显而易见，在不同的时间里，着装的类别、式样、造型应随之有所变化。比如，冬天要穿保暖、御寒的冬装；夏天要穿通气、吸汗、凉爽的夏装。白天穿的衣服需要面对他人，应当合身、严谨；晚上穿的衣服不为外人所见，可适当宽大、随意等。

2．地点

从地点上讲，置身在室内或室外，驻足于闹市或乡村，停留在国内或国外，身处于单位或家中，在这些变化不同的地点，着装的款式理当有所不同，切不可以不变而应万变。例如，穿泳装出现在海滨、浴场，是人们司空见惯的；但若是穿着它去上班、逛街，则非令人哗然不可。在国内，一位少女只要愿意，随时可以穿小背心、超短裙，但她若是以这身行头出现在着装保守的阿拉伯国家，就有悖当地习俗，显得有些不尊重当地人了。

3．场合

衣着要与场合协调，着装应适应自己扮演的社会角色。与顾客会谈、参加正式会议等，衣着应庄重考究；听音乐会或看芭蕾舞，则应按惯例着正装；出席正式宴会时，则应穿中国的传统旗袍或西方的长裙晚礼服；而在朋友聚会、郊游等场合，着装应轻便舒适。另外要考虑到目的性，比如为了表达自己悲伤的心情，可以穿深色、灰色的衣服等。一个人身着款式庄重的服装前去应聘求职、洽谈生意，说明他郑重其事、渴望成功。而在这类场合，若选择款式暴露、性感的服装，则表示自视甚高，对求职、生意的重视，远远不及对其本人的重视。

2.2.2 着装搭配基本原则

1．整洁原则

整洁的原则指整齐干净，这是着装搭配最根本的原则。一个穿着整洁的人总能给人积极向上的感觉，总是受欢迎的，而一个穿着褴褛肮脏的人给人感觉总是消极颓废的。在社交场合，人们往往通过衣着是否整洁大方来判断来人对交往是否重视，是否文明有涵养等。整洁的原则并不意味着穿着高档时髦，只要保持服饰干净合体、全身整齐有致便可。

2．个性原则

个性原则指社交场合树立个人形象的要求。人人希望自己以一个独立的人被社会接纳与承认。要使打扮富有个性应注意两个问题，第一就是不要盲目赶时髦，最时髦的往往是最没有生命力的。第二就是穿出自己的个性。俗话说“世间没有两片完全相同的叶子”，“一样米养百样人”。不同的人由于年龄、性格、职业、文化素养等的不同，自然就会有不同的气质。故服饰选择应综合考虑，既要根据个人气质选择服饰，同时又要通过服饰更表现个性气质。为此，必须深入了解自我，让服装尽显自己的个性风采，一个盲目追求时髦的人必然会失去自我。可想而知，一个身为教师的女性穿着透明装和超短裙出现在讲台上，同一个粗腰壮腿的女士穿迷你裙招摇于街市一样的不可理解。服饰的个性原则，归根到底也是一个美的原则，服饰搭配技巧美的生命力就在于掩盖缺点，尽显人体优点。

3．和谐原则

所谓和谐原则指协调得体的原则，有两层含义，一是指着装应与自身体型相和谐，二是指着装应与年龄相符合。服饰本来是一种艺术，能遮盖体型的某些不足。借助于服饰，能创造出一种身材美妙的感觉。

不同的体型着装应有所区别。对于高大的人来说，在服装选择与搭配上，切忌穿太短的上装，款式不能太复杂，适宜穿横条或格子上装。服装色彩宜选择深色、单色为好，太亮太淡太花的色彩有一种扩张感，就显得更大了。对于身材娇小的人而言，上衣不要太长、太宽，裤子不能太短，裤腿不要太大，裤子宜盖着鞋面为好，服装色彩宜稍淡、明快柔和些为好，上下色彩一致可造成修长之感。服装款式宜简洁，忌穿横条纹的服装。

对于较胖的人而言，穿衣就要尽量让自己显得瘦一些，不能穿太紧身的衣服，以宽松随意些为好，衣领以低矮的“V”型领为最佳，不能用太夸张的腰带，这样容易显出粗大的腰围。在颜色上以冷色调为好，过于强烈的色调就更显胖了。忌穿横条纹、大格子或大花的衣服。对于偏瘦的人而言，要尽量穿得丰满些。不要穿太紧身的服饰，服装色彩尽量明亮柔和，太深太暗的色彩反而更显瘦弱。可选穿一些横条、方格、大花图案的服饰，以达到丰满的视觉效果。

着装除了与体型身材协调外，还应注意与年龄相吻合。不是所有的服装服饰搭配都适合同一个年龄。由于年龄的差异，从服装款式到色彩均有讲究。一般而言，年轻人可以穿得鲜亮、活泼随意一些，而中年人相对应穿得庄重严谨一些。但随着生活的发展，人们着装的观念发生了许多变化，一个很明显的趋势就是：年轻人穿得素雅，中老年人相对花哨，老年人希望通过服装来掩盖岁月的痕迹，年轻人试图通过服饰来强化自己的成熟期，这自然无可厚非。青春自有自己独特的魅力，而中老年人自然也有年轻人无法企及的成熟美，服饰的选择唯有适应这种美的呼应，方能创造出和谐与神韵。

2.2.3 大学生着装礼仪

1．重视大学生着装

大学生是社会生活中文化素质较高的一群，大学生的着装理应体现青年学生的精神风貌和良好素质。良好的着装与社会身份相一致，才能得到社会的认可，这不仅是行为，也是价值的体现。良好的着装也是大学生成才的需要，体现了大学生内在精神和修养，是迈向社会的必要准备。良好的着装可使大学生在交往、面试等社交场合赢得更多机会。

2．学生着装禁忌

大学生生活在校园中，着装以整洁、简单、舒适、轻便为原则。切忌穿着脏、乱、露、透、短、紧、艳、繁等。当代大学生生活在个性突出的时代，着装比以往有了更大的选择空间，但仍应将精力放在学习上，不宜在着装上求新求异，更不能有损学生形象，甚至影响自身身心健康。作为大学生，尊重自己，尊重他人，用大方、自然、简单的服饰诠释青春的色彩。

2.3 正　装

所谓正装，是指适用于严肃场合的正式服装，是正式场合的装束，而非娱乐和居家环境的装束，如西服、中山装、民族服饰等。

男士的正装穿着十分讲究。在西方国家，正装包括西装、燕尾礼服；在中国，正装则以西装为主，有时也可以穿着中山装，立领的中山装样式西服也属于正装范畴。最常见的男士正装，是我们常常在白领们身上看到的“衬衫+西服+领带+西裤+皮鞋”。实际上，在夏天只穿着衬衫和西裤也是正装的体现。女士正装以女士套裙和女士西装为主。正装是社交场合的重要穿着，不仅表现出个人的品位和气质，而且是自尊与尊重对方、体现自身修养，特别是礼仪修养的充分展现。

男士正装的7个原则

1. 三色原则

三色原则是在国外经典商务礼仪规范中被强调的，国内著名的礼仪专家也多次强调过这一原则，简单说来，就是男士身上的色系不应超过3种，很接近的色彩视为同一种。

2. 三一定律

鞋子、腰带、公文包三处保持一个颜色，黑色最佳。

3. 三大禁忌

左袖商标要拆掉；不能穿尼龙袜，不能穿白色袜；领带质地选择真丝和毛的，除非制服配套否则不用一拉得，颜色一般采用深色，短袖衬衫打领带只能是制服短袖衬衫，穿夹克不能打领带。

4. 有领原则

有领原则说的是，正装必须是有领的，无领的服装，比如T恤，运动衫一类不能成为正装。男士正装中的领通常体现为有领衬衫。

5. 纽扣原则

绝大部分情况下，正装应当是纽扣式的服装，拉链服装通常不能称为正装，即使某些比较庄重的夹克事实上也不能成为正装。

6. 皮带原则

男士的长裤必须是系皮带的，通过弹性松紧穿着的运动裤不能成为正装，牛仔裤自然也不算。即便是西裤，如果不系腰带就能很规矩，那也只能说明这条西裤腰围不适合你。

7. 皮鞋原则

正装离不开皮鞋，运动鞋和布鞋、拖鞋是不能称为正装的。最为经典的正装皮鞋是系带式的，不过随着潮流的改变，方便实用的懒式无带皮鞋也逐渐成为主流。

2.3.1　西装

西装又称“西服”、“洋装”。西装是一种“舶来文化”，在中国，人们多把有翻领和驳头（驳头指与西服领子连在一起，里襟上部向外翻折的部位）、3个衣兜、衣长在臀围线以下的上衣称作“西服”，这显然是中国人对于来自西方的服装的称谓。广义的西装指西式服装，是相对于“中式服装”而言的欧系服装。狭义的西装指西式上装或西式套装。西装通常是公司企业从业人员、政府机关从业人员在较为正式的场合男士着装的一个首选。西装之所以长盛不衰，很重要的原因是它拥有深厚的文化内涵，主流的西装文化常常被人们打上“有文化、有教养、有绅士风度、有权威感”等标签。

西装一直是男性服装王国的宠物，“西装革履”常用来形容文质彬彬的绅士俊男。西装的主要特点是外观挺括、线条流畅、穿着舒适，若配上领带或领结后，则更显得高雅典朴。另外，在日益开放的现代社会，西装作为一种衣着款式也进入到女性服装的行列，体现女性和男士一样的独立、自信。下面主要介绍男士西装有关搭配。

1. 西装的分类

（1）按穿着者分类

按穿着者的性别和年龄，西装可分为男西装、女西装和儿童西装3类。

（2）按场合分类

按穿着场合分类可以分为礼服和便服两种。

（3）按件数分类

按西装的件数来划分，分单件西装，两件套西装，三件套西装。西服套装，指的是上衣与裤子成套，其面料、色彩、款式一致，风格相互呼应。通常，西服套装，有两件套与三件套之分。两件套包括一衣和一裤，三件套则包括一衣，一裤和一件背心。按照人们的传统看法，三件套西装比两件套西装更显得正规一些。商界男士在正式的商务交往中所穿的西装，必须是西服套装，在参与高层次的商务活动时，以穿三件套的西服套装为佳。便装，单件西装，即一件与裤子不配套的西装上衣，仅适用于非正式场合。

（4）按纽扣分类

按西装上衣的纽扣排列来划分，分单排扣西装上衣与双排扣西装上衣。

单排扣的西装上衣，最常见的有一粒纽扣、两粒纽扣、三粒纽扣 3 种。一粒纽扣、三粒纽扣单排扣西装上衣穿起来较时髦，而两粒纽扣的单排扣西装上衣则显得更为正规一些。

双排扣的西装上衣，最常见的有两粒纽扣、四粒纽扣、六粒纽扣 3 种。两粒纽扣、六粒纽扣的双排扣西装上衣属于流行的款式，而四粒纽扣的双排扣西装上衣则明显具有传统风格。男子常穿的双排扣西装是六粒扣、枪驳领、方角下摆款。

至于西服后片开衩分为单开衩，双开衩和不开衩，单排扣西服可以选择三者其一，而双排扣西服则只能选择双开衩或不开衩。

（5）按版型分类

所谓版型，指的是西装的外观轮廓。严格地讲，西装有 4 大基本版型。

第一种版型，欧版西装。欧板西装实际上是在欧洲大陆，比如意大利、法国流行的。总体来讲，它们都叫欧版西装。最重要的代表品牌有杰尼亚、阿玛尼、费雷。欧版西装的基本轮廓是倒梯形，实际上就是肩宽收腰，这和欧洲男性比较高大魁梧的身材相吻合。

第二种版型，英版西装。它是欧版的一个变种。它是单排扣，但是领子比较狭长，和盎格鲁-撒克逊人有关。盎格鲁-撒克逊人的脸形比较长，所以他们的西装领子比较宽广，也比较狭长。英版西装，一般是三个扣子的居多，其基本轮廓也是倒梯形。

第三种版型，美版西装。它是指美国版的西装。美国版西装的基本轮廓特点是“O”型。它宽松肥大，适合于休闲场合穿。所以美版西装往往以单件者居多，一般都是休闲风格。美国人一般着装的基本特点可以用“宽衣大裤”4 个字来概括，强调舒适、随意是美国人的特点。

第四种版型，日版西装。日版西装的基本轮廓是“H”型的。它适合亚洲男人的身材，没有宽肩，也没有细腰。一般而言，它多是单排扣式，衣后不开衩。

2．西装的穿着

（1）合身

穿着西装最重要原则就是“合身”。在合身的前提下，综合脸型、身高和肩宽的比例，选一套适合自己体型的服装，是穿着西装的第一要素。

（2）平顺

西装所要求的就是平顺的线条，因此只要是在平顺之外凸出的部分，都是破坏西装外形的元凶，最常见的情况就是口袋里放置过多的物品。就整套西装来说，包括裤子的口袋在内，所有设计在外部的口袋都只是一种装饰，真正能够放置物品的只有上装的前胸暗袋。因此，一套新西装的口袋封口线，其实并没有拆除的必要。有些人常会在西装上衣外部口袋插钢笔或放置其他东西，其实这是很不礼貌的。

（3）纽扣

穿双排扣的西装一般应将纽扣都扣上。穿单排扣的西装，如是两粒扣的只扣上面的一粒，三粒扣的则扣中间的一粒。在一些非正式场合，可以不扣纽扣。

（4）插花眼

西装的驳领上通常有一只扣眼，这叫插花眼，是参加婚礼、葬礼或出席盛大宴会、典礼时用来插鲜花用的。在中国，人们一般无此习惯。

3．西装与衬衫

穿西装时，衬衫袖应比西装袖长出 1～2cm，衬衫领应高出西装领 1cm 左右。衬衫袖口的纽扣一定要扣上，下摆必须扎进裤内。若不系领带，衬衫的领口应敞开。在正式交际场合，衬衫的颜色最好是白色的。一般男士必备一件白色衬衫和一件蓝色衬衫。

在衬衫的选择上，有几个重要的细节。例如，可以打领带的衬衫应该具有硬领与有足够打领结的领台空间。一般来说，适合打领带的衬衫都比较正式，同时在领子上自领缘向内约 0.5cm 的位置处缉有白色的缝线，如果这个间距小，那就是偏向休闲款式的衬衫。另外，不能选择短袖衬衣搭配西装，一般来说，西装里面应该搭配长袖衬衫。

4．西装与领带

（1）搭配

领带是西装的灵魂。凡是参加正式交际活动，穿西装就应系领带。领带长度以到皮带扣处为宜。如穿马甲或毛衣时，领带应放在它们后面。领带夹一般夹在衬衫的第四、五个纽扣之间。

在领带的选择上，首先把注意力集中在领带与西服上衣的搭配上。从比较讲究的观点看，上衣的颜色应该成为领带的基础色。通常，衬衫的颜色应该与领带上次要颜色中的一种相配。领带的花纹或图案，也应以保守沉稳为宜，如斜纹、小圆点、小方块或规则重复的小图案等，都是不错的选择。无论同色系或是对比色彩的搭配，只要掌握领带具有画龙点睛的效果，整体造型就能十分突出，品味也就能立即展现（领带样式如图 2-1 所示）。

图 2-1　领带

（2）领带的打法

领带的打法，随着时代进步不断翻新和增多，这里介绍 10 种。

① 平结

平结为最多男士选用的领结打法之一，几乎适用于各种材质的领带。要诀：领结下方所形成的凹洞需让两边均匀且对称（如图 2-2 所示）。

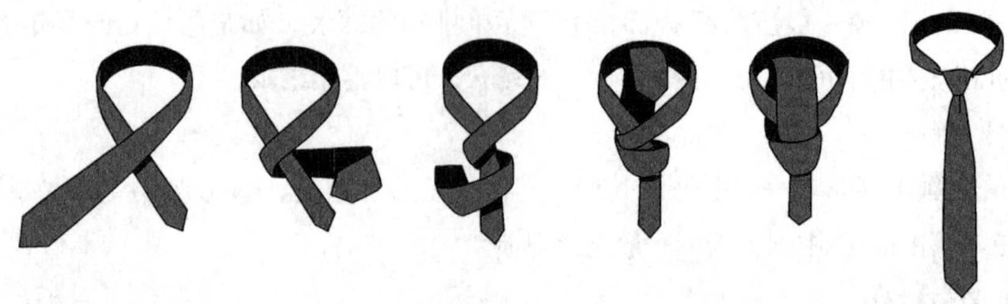

图 2-2　平结

② 交叉结

这是对于单色素雅质料且较薄领带适合选用的领结，对于喜欢展现流行感的男士不妨多加使用“交叉结”（如图 2-3 所示）。

图 2-3　交叉结

③ 双环结

一条质地细致的领带再搭配上双环结颇能营造时尚感，适合年轻的上班族选用。该领结完成的特色就是第一圈会稍露出于第二圈之外，不要刻意盖住（如图 2-4 所示）。

图 2-4　双环结

④ 温莎结

温莎结适合用于宽领型的衬衫，该领结应多往横向发展。应避免材质过厚的领带，领结也勿打得过大（如图 2-5 所示）。

图 2-5 温莎结

⑤ 双交叉结

这样的领结很容易让人有种高雅且隆重的感觉，适合正式之活动场合选用。该领结应多运用在素色且丝质领带上，若搭配大翻领的衬衫不但适合且有种尊贵感（如图 2-6 所示）。

图 2-6 双交叉结

⑥ 亚伯特王子结

亚伯特王子结适用于浪漫扣领及尖领系列衬衫，搭配浪漫质料柔软的细款领带。正确打法是在宽边先预留较长的空间，并在绕第二圈时尽量贴合在一起，即可完成此一完美结型（如图 2-7 所示）。

图 2-7 亚伯特王子结

⑦ 四手结

四手结（单结）是所有领结中最容易上手的，适用于各种款式的浪漫系列衬衫及领带（如图 2-8 所示）。

图 2-8 四手结

⑧ 浪漫结

浪漫结是一种完美的结型，所以适合用于各种浪漫系列的领口及衬衫。完成后可将领结下方的宽边缩小，窄边可左右移动调整位置，使其更显和谐美（如图 2-9 所示）。

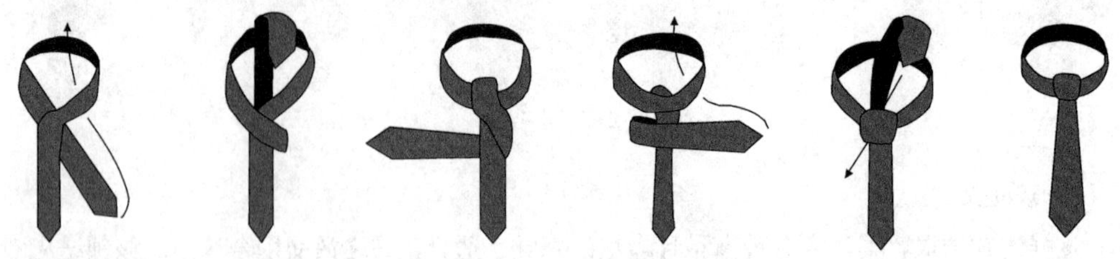

图 2-9　浪漫结

⑨ 简式结

简式结（马车夫结）是最常见的一种结型。适用于质料较厚的领带，适宜配合标准式以及扣式领口的衬衫。将领带的宽边由上往下翻转，并将折叠处隐藏在后面，待完成后再调整领带长度（如图 2-10 所示）。

图 2-10　简式结

⑩ 十字结

十字结（半温莎结）结型十分优雅及罕见，其打法亦较复杂，使用细款领带较容易上手，最适合搭配在浪漫的尖领及标准式领口系列衬衣（如图 2-11 所示）。

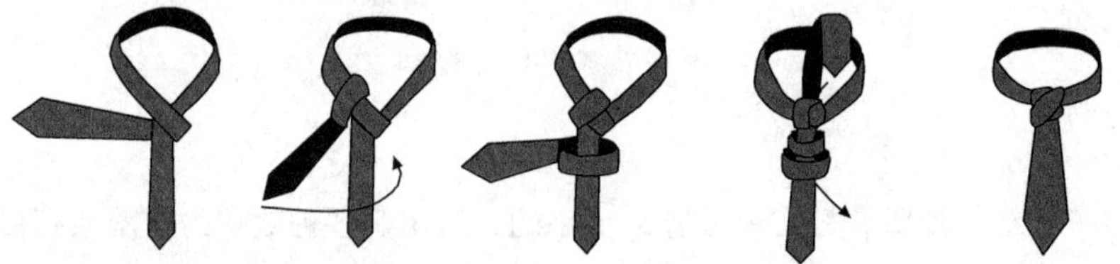

图 2-11　十字结

5．西装与鞋袜

穿西装时不宜穿布鞋、凉鞋或旅游鞋。庄重的西装要配深褐色或黑色的皮鞋。袜子的颜色应比西装深一些，花色要尽可能朴素大方。

2.3.2　女士西装

女士西装有上衣和长裤相配的套装，也有上衣和裙子搭配的套装。女士西装的式样也较多，领型有青果领、V 字领、披肩领等；款式有单排扣、双排扣；衣长有长至大腿，也有短至腰部；图案和拼接也有多种变化。

在社交场合无论是西服套装还是套裙都应简洁大方，给人以精明干练的感觉，要搭配正装鞋，颜色和款式都以简单为好。套裙应大小适度，裙子长度一般要达膝部，但最长不应超过小腿中部。要注意长筒袜颜色的搭配，还要注意不要穿钩丝、破洞的袜子，不要把袜口露在裙外。另外，要注意自身的举止和姿态，在行走或蹲坐时应轻缓。

女士套装

2.4 饰　　物

一般将帽子、围巾、腰带、眼镜、手袋、阳伞、发饰、挂件等统称为饰物。随着时代的进步和生活水平的提高，这些饰物越来越多地出现在日常生活，以靓丽的色彩和新颖的款式装点着我们的生活。饰品佩戴是服饰礼仪的重要组成部分。饰品不仅具有美化的功能，同时还能传播一定的信息，具有一定的象征意义。

2.4.1 饰物的佩戴原则

1. 简洁

饰物的佩戴一个最简单原则就是少而精，主题突出，忌讳把全部家当都佩戴到身上。选择饰物要做到恰到好处，画龙点睛，最好能够锦上添花，而决不能画蛇添足，过犹不及。比如，同时带 3 个以上的戒指，不仅不会带来美感，反而会使人感觉杂乱无章。

2. 场合

女士赴宴或参加舞会等，可以佩戴一些较大的胸针，以期达到富丽堂皇之效；而平日上班或在家休闲时，可以佩戴一些小巧精致、淡雅的胸针、项链、耳环等，不宜佩戴过于华丽的饰物。需强调的是，面试时最好不要佩戴饰物。

3. 协调

饰物佩戴应与服饰相配。一般领口较低的服饰必须配项链，而竖领上装可以不戴项链。项链色彩最好与衣服颜色相协调。穿运动服或工作服时可以不戴项链和耳环。

4. 适合

饰物要与佩戴者的体型、年龄相适合。比如脖子粗短者，不宜戴多串式项链，而应戴长项链。宽脸、圆脸型和戴眼镜的女士，少戴或不戴大耳环和圆形耳环。年轻女士可以戴一些夸张的无多大价值的工艺饰品；相反，年纪较大的妇女应戴一些较贵重的比较精致的饰物，这样显得庄重、高雅。

5. 色彩

佩戴饰物时，应力求同色，若同时佩戴两件或两件以上饰品，应使色彩一致或与主色调一致，比如选择同色系的手袋、鞋子和腰带，千万不要打扮得色彩斑斓，像棵“圣诞树”。

6. 季节

饰物佩戴还应考虑一年四季有别的原则。夏季以佩戴色彩鲜艳的工艺仿制品为好，可以体现夏日的热情；冬季则佩戴一些金、银、珍珠等饰品为好，可以显现庄重典雅。

2.4.2 饰物佩戴

1. 戒指

在西方，戒指是无声的语言。一般来说，戒指戴在左手手指上各有不同含义：戴在食指上表示未婚或求婚；中指上表示正处于热恋中；无名指上表示已订婚或结婚；小指上则表示独身；而大拇指上一般不戴戒指。右手戴戒指是一种装饰，没有特别的含义。

2. 项链

项链是最早出现的首饰之一。项链除了具有装饰功能之外，有些项链还具有特殊显示作用，如天主教徒的十字架链和佛教徒的念珠。佩戴项链必须讲究款式对路，尺寸适度，这样才可突出佩戴者的气质与个性，减少或弥补一个人脸型或颈脖的某些不足，创造出人意料的装饰效果。对于一般女性来说，短项链可使脸型在视觉上变宽、脖子变粗，因而方型脸、脖子较短的女适宜佩戴稍长些的项链，搭配穿着领口大一点、低一点的上衣，使项链充分显露出来，这样可以使人看起来脸型较瘦、脖子较长，从而增加美感。

3. 耳环

耳环又称耳坠，可以由金属、塑胶、玻璃、宝石等物料制成。有些是圈状的，有些是垂吊式的，有些是颗粒状。佩戴耳环要特别注意与脸型的搭配，避免与脸型相同的形状。

4. 手镯

佩戴手镯时对个数没有严格限制，可以戴一只，也可以戴两只、三只，甚至更多。如果只戴一只，应戴在左手而不应是在右手上；如果戴两只，则可以左右手各戴一只，或都戴在左手上；如果戴三只，就应都戴在左手上，不可以一手戴一只，另一手戴两只。戴三只以上手镯的情况比较少见，即使要戴也都应戴在左手上。不过在此应当指出，这种不平衡应通过与所穿服装的搭配来求得和谐，否则会因标新立异而破坏了手镯的装饰美。如果戴手镯又戴戒指时，则应当考虑两者在式样、质料、颜色等方面的协调与统一。

5. 手袋

手袋是我们日常生活中最熟悉、最常用的饰物。作为整体的一个重要部分，手袋的选择和花色都得花一番心思。手袋的选择应与场合、年龄、身材、身份相符合。身材高大的女士，不宜用太小的包；如你是较矮的女性，包不宜过大；公文包适用于女性管理人员、办事人员等，年轻女子手持很有韵味的公文包式手袋显得比较干练；手提式手袋适用于中老年人，显得沉稳端庄，斜肩背包则适用于青年活泼的女孩或学生。另外，选择手袋要考虑到衣服的颜色，最好与其他佩饰颜色一致或协调。

6．帽子

帽子有遮阳、装饰、增温和防护等作用，种类很多，选择亦有讲究。首先要根据脸型选择合适的帽子。圆脸戴圆顶帽，就显得脸型大、帽子小，如戴宽大的鸭舌帽就比较合适。尖脸的人戴了鸭舌帽就显得脸部上大下小，更显瘦削，因此戴圆顶帽比较合适。国字脸的人戴所有的帽子都比较合适。其次要根据自己的身材来选择帽子。身高的人帽子宜大不宜小，否则给人头轻脚重的感觉。身矮的人则相反。个子高的女性不宜戴高筒帽，否则给人的感觉是“又”长高了。个子矮的女性不宜戴平顶宽檐帽，会显得个子更矮。另外帽子的形式和颜色等必须和衣服、围巾、手套及鞋子等配套，才不会显得杂乱无章。

7．围巾

围巾不仅具有保暖功能，更具有装饰美化的效果。佩戴围巾时应注意与其他服饰相协调。男士一般在冬季室外佩戴围巾，面料多为纯毛、人造毛织物等。而女士佩戴围巾的时间和场合宽泛很多，春夏天佩戴真丝绸丝巾或是纯棉围巾，冬季佩戴毛、棉围巾和披肩。现在围巾的变化更多了，人们还将长围巾或是丝巾绑在头发或是腰间做装饰物，起到画龙点睛的作用。

8．眼镜

眼镜既是保护眼睛的工具，又是一种美容的装饰品。不同脸型选择适合的眼镜佩戴可改善脸部线条，给人以对称平和的感觉，增强美感。另外选择佩戴墨镜时，不仅要考虑其颜色、款式、质地，还要考虑自己的脸型和肤色等，尤其是它们的整体效果。提醒注意的是：室内活动不要戴墨镜，室外礼仪性的活动也不应戴墨镜。

9．腰带

如今腰带已经成为一种时尚，特别是男士，几乎每一个男士都要在裤子上系一根皮带。腰带的作用已经延展到了实用性之外，时尚搭配，甚至点缀的意义也日益凸显。腰带的颜色、款式、粗细不仅要与整体服装和饰物相协调，更要与佩戴的人相协调。比如矮胖的人不宜戴宽腰带，正式场合不宜戴嬉皮风格腰带。

案例分析

搭　　车

国外心理学家曾做过这样一个实验：分别让一位戴眼镜、手持文件夹的青年，一位打扮入时的漂亮女郎，一位拎着菜满脸疲惫的中年妇女，一位身着笔挺漂亮军服的军官，一位留着怪异头发、穿着邋遢的男青年分别站在马路边搭车。结果是：

漂亮女郎、军官、青年学者的搭车成功率高，中年妇女次之，搭车最困难的就是那位男青年。

分析：一个人的外表和形象在社会交往中起着怎样的作用？

小　结

本章开始便给出整洁、自然、端庄 3 个礼仪仪容的基本要求，之后分为皮肤、化妆、发型以及着装 4 个方面展开讲述，每个方面都介绍了其分类、常用保护步骤和方法，可以使学生对每个方面都有系统、详细、深入的认识。着装方面详细介绍了西装的分类、穿着与搭配，体现了西装在日常生活中的重要地位。最后介绍了饰物搭配。

本章的重点是护肤知识、西装搭配、饰物佩戴等，帮助大学生提高仪容仪表审美和操作能力。

思考与练习

1. 怎样理解仪容的基本要求？
2. 饰物佩戴的原则有哪些？

活动与探索

1. 和同学一起讨论大学生着装现状。
2. 动手试一试领带的打法。

第3章 仪态礼仪

本章带领大家了解仪态礼仪，介绍社交场合常用表情以及良好站姿、坐姿、走姿、蹲姿的标准要求，了解各种手势的含义和标准姿势。

仪态是指人在行为中的姿势和风度。姿势是指身体所呈现的样子，风度则属于内在气质的外化。每个人总是以一定的仪态出现在别人面前，一个人的仪态包括他的所有行为举止：一举一动、一颦一笑、站立的姿势、走路的步态、面部的表情等。良好的仪态是一种修养，是人内在品质、知识、能力等的真实流露。

名言警句

步从容，立端正，揖深圆，拜恭敬；勿践阈，勿跛倚，勿箕踞，勿摇髀；缓揭帘，勿有声，宽转弯，勿触棱。

——《弟子规》

3.1 重视仪态美的塑造

仪态在社交活动中有着特殊的作用。潇洒的风度、优雅的举止，常常令人赞叹不已，给人留下深刻的印象，受到人们的尊重。敬爱的周总理就是这样的典范。在与人交往中，我们可以通过一个人的仪态来判断他的品格、学识、能力，以及其他方面的修养程度。仪态的美是一种综合的美、完善的美，是身体各部分器官相互协调的整体表现，同时也包括了一个人内在素质与外在表现的和谐。容貌秀美，身材婀娜，是仪态美的基础条件，但有了这些条件并不等于就是仪态美。与容貌和身材的美相比，仪态美是一种深层次的美，更富有永久的魅力。

3.1.1 仪态是一种“无声的语言”

在日常交往中，人们能通过语言交流信息，但在说话的同时，你的面部表情、身材的姿态、手势和动作也在传递信息。对方在接受信息时，不仅是在“听其言”，而且也在“观其行”。仪态语言是一种极其丰富、极其复杂的语言。据研究者估计，世界上至少有 70 多万种可以用来表达思想意义的态势动作，这个数字远远超过当今世界上最完整的一部词典所收集的词汇数量。信息的传递与反馈，从表面上看，主要是嘴、耳、眼、手的运用。事实上，表情、姿态等所起的作用，却远远超过自然语言交流的本身。仪态是一种很广泛、很实用的语言，往往比有声语言更富有魅力，可以收到“此处无声胜有声”的效果。

3.1.2 仪态是内在素质的真实表露

仪态在表情达意方面也许不像有声语言那么明确和完善，但它在表露人的性格、气质、态度、心理活动方面却更真实可靠。一个人所说的话可能是真实的，也可能是虚假的，语言可以言不由衷，而人的仪态却总是真实的。也许你嘴上在说着欢迎客人到来的话语，可你的表情、手势、动作却流露出了你的厌倦、无奈，这才是你真实的态度。在社会交往中，仪态还是一种无形的“名片”，也许你没有随身带着档案、介绍信，但人们却可以通过你的一举一动、一笑一颦，判断出你的身份、地位、学识、能力，并因此而影响对你信任的程度、交往的深度等。只有那些受过良好教育并且在各方面都很出色的人，才可能举止得体、风度优雅。相比之下，穿着时髦、浓妆艳抹、矫揉造作、刻意表现出来的那种美就肤浅得多。

3.1.3 仪态的习惯性

仪态是人们在成长和交往的过程中逐步形成的，因而具有习惯性的特点。首先，仪态的习惯性是指人们对某一动作理解的习惯性。它一方面表现在某些动作表情达意的一致性，比如人们总是用笑容来表现欢乐、友好、喜欢等感情；另一方面也表现在同一动作由于地域和文化环境的不同而具有不同的含义。比如，点头在中国和西方人是表示肯定，而在印度、土耳其等国却是表示否定。其次，仪态的习惯性是指每个人的仪态都是在成长过程和生活环境中长期形成的，这种习惯性并不都是先天的，也可以通过后天的生活和训练形成，一旦形成，就很难改变。人们的仪容美会随着时间的流逝而失色，而仪态的美却能够随着年龄的增长而增添几分成熟、稳重、深刻的美。

总之，仪态美是一种更完善、更深刻的美，它不是可以通过外表的修饰打扮得到的，也不是单纯的动作、表情的模仿可以体现的。它有赖于内在素质的提高、自身修养的加强，有赖于性格、意志的陶冶和能力、学识的充实，仪态美更有赖于长期的训练和坚持，是长期培养磨炼的结果。

3.2 表　情

美国心理学家艾伯特·梅拉比安在一系列研究的基础上得出了一个公式：“信息的总效果 = 7%言词 + 38%语调 + 55%面部表情。”由此可见，面部表情在信息传达中起着十分重要的作用。面部表情指的是通过面部表情来交流情感、传递信息的语言，它主要包括眼神、眉语、微笑等。能够巧妙使用表情的人，才是善于塑造自我交际形象的人。

3.2.1 眼神

眼神又称目光语，是人们在交往中通过视线接触所传递的信息。眼睛是心灵的窗户，人的内心世界可通过眼神表达，目光的方向、眨眼的频率、眼球的转动都有其含义。中国的成语中有许多是描写眼睛和眼神的，如“眉目传情”、“瞠目结舌”、“暗送秋波”、“眉开眼笑”等。

1．眼神

眼神主要由注视的时间、视线的位置和瞳孔的变化 3 个方面组成。

（1）注视的时间

据有人调查研究，人们在交谈时，视线接触对方脸部的时间约占全部谈话时间的 30%～60%。超过这一平均值，可认为对谈话者本人比谈话内容更感兴趣；低于这一平均值，则表示对谈话内容和谈话者本人都不怎么感兴趣。在整个交谈过程中，与对方目光接触应该累计达到全部交谈过程的 50%～70%，其余 30%～50%的时间，可注视对方脸部以外 5～10 米处，这样比较自然、有礼貌。在社交过程中，与朋友会面或被介绍认识时，可凝视对方稍久一些，这既表示自信，也表示对对方的尊重。当然，必须考虑到文化背景，不同国家、民族的人常为多看几眼、少看几眼而引起误解。如在南欧，注视对方可能会造成冒犯；与黑人交谈时应避免直视对方的眼睛，而白人则认为不看他的眼睛是对自己的话题不感兴趣的表示；大多数朝鲜人在向对方提出请求时总是看着对方的眼睛来知悉对方的真实想法，这样在遭拒绝时就不会羞愧；而日本人却认为直视对方的眼睛是不礼貌的。

（2）视线的位置

人们在社会交往中，不同的场合和对象，目光所及之处也是有差别的，分为视线向上（见图 3-1）、视线向下（见图 3-2）、视线水平（见图 3-3）。有的人在与比较陌生的人打交道时，往往因为不知把目光怎样安置而窘迫不安；已被人注视而将视线移开的人，大多怀有相形见拙之感；仰视一般体现“尊敬、信任”的语义；斜视一般表示轻蔑等。双方交谈时，应注视对方的眼鼻之间，表示重视对方及对其发言感兴趣。当双方缄默不语时，就不要再看着对方，以免加剧因无话题本来就显得冷漠、不安的尴尬局面。当别人说了错话或显拘谨时，务请马上转移视线，以免对方把自己的眼光误认为是对其的嘲笑和讽刺。如果你参加辩论赛，并希望在争辩中获胜，那在双方对视中就千万不要移开目光，而应坚持对视，直到对方眼神转移为止。

图 3-1　视线向上

图 3-2　视线向下

图 3-3　视线水平

（3）瞳孔的变化

瞳孔的变化即视线接触时瞳孔的放大或缩小。心理学家往往用瞳孔变化大小的规律，来测定一个人对不同的事物的兴趣、爱好、动机等。兴奋时，人的瞳孔会扩张到平常的 4 倍大；相反，生气或悲哀时，消极的心情会使瞳孔收缩到很小，眼神必然黯然无光。所谓“脉脉含情”、“怒目而视”等都多与瞳孔的变化有关。

2．眼神礼仪

（1）注视区域

场合不同，注视的部位也有所不同。一般分为公务凝视、社交凝视和亲密凝视，如图 3-4 所示。

公务凝视区域：在洽谈、磋商、谈判等严肃场合中，目光要严肃认真，注视的部位应在以两眼为底线、额中为顶角所形成的三角区域内。

社交凝视区域：这是指在各种社交场合使用的注视方式。注视的位置应在以两眼为上线、唇心为下顶角所形成的倒三角区域内。

亲密凝视区域：这是亲人之间、恋人之间、家庭成员之间使用的注视方式。凝视的位置在对方双眼到胸部区域之间。

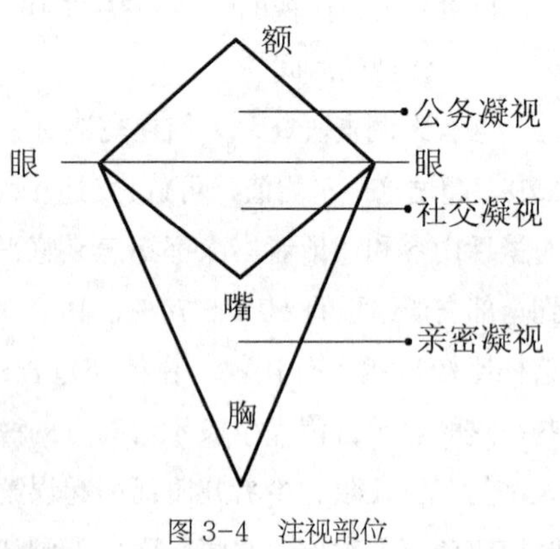

图 3-4　注视部位

（2）注视方式

无论是使用公务凝视、社交凝视或是亲密凝视，都要注意不可将视线长时间固定在所要注视的位置上。这是因为，人本能地认为，过分地被人凝视是在窥视自己内心深处的隐私。所以，双方交谈时，应适当地将视线从固定的位置上移动片刻。这样能使对方心理放松，感觉平等，易于交往。

当与人说话时，目光要集中注视对方；听人说话时，要看着对方眼睛，这是一种既讲礼貌又不易疲劳的方法。如果表示对谈话感兴趣，就要用柔和友善的目光正视对方的眼区；如果想要中断与对方的谈话，可以有意识地将目光稍稍转向他处。

眼睛转动的幅度与快慢都必须遵循一个“度”，不要太快或太慢，眼睛转动稍快表示聪明、有活力，但如果太快则表示不诚实、不成熟，给人轻浮、不庄重的印象，如“挤眉弄眼”、“贼眉鼠眼”指的就是这种情况。但是，眼睛也不能转得太慢，显得木讷迟钝。眼睛转动的范围也要适度，范围过大给人以白眼多的感觉；过小则显得拘谨、木讷。

3.2.2　微笑

微笑是最美妙的一种语言，是世界通用的体态语，它超越了民族和国界，超越了种族和文化，它消除隔阂，表达善意，沟通心灵。

古今中外，人们都重视微笑的力量。微笑是人际交往的润滑剂，是解脱痛苦的良方，是获利最多的投资。著名画家达·芬奇的杰作《蒙娜丽莎》是欧洲文艺复兴时期最出色的肖像作品之一，画中的微笑给人以美的享受，使人们充满对真善美的渴望，几百年来让人回味无穷，如图 3-5 所示。2008 年北京奥运会开幕式上，展示了来自世界各地 2 008 个孩子的笑脸，在美丽的夜空下，一个个笑脸竞相绽放，给人以心灵的感动和震撼，如图 3-6 所示。

图 3-5　蒙娜丽莎的微笑

图 3-6　2008 北京奥运会开幕式孩子的笑脸

1．微笑的内涵

（1）微笑是自信的象征

现实生活是丰富多彩的，既有风和日丽、鲜花盛开的坦途，也同样可能有风雪交加、百花凋谢的坎坷。但是，只要脸上充满微笑，就能够使我们从容面对。一个对自己和对未来均充满了自信的人，充分认识到自身存在的价值，重视强化自我形象，微笑常在。

（2）微笑是修养的展现

一个有知识、重礼仪、懂礼貌的人，必然十分尊重别人。即使是陌路相逢，也能做到毫不吝啬地把微笑当做礼物，慷慨地奉献给别人。

（3）微笑是心理健康的标志

一个心理健康的人，一定能够将美好的情操、愉快的心境、温暖的情谊、善良的心地化作由心底涌出的自然流露，变成世间最美好的微笑。

阅读材料

今天你微笑了吗？

全球旅馆大王希尔顿有一句名言："今天你微笑了吗？"

希尔顿于 1887 年生于美国新墨西哥州，其父去世时，只给年轻的希尔顿留下了 2 000 美元遗产。希尔顿加上自己的 3 000 美元，只身去德克萨斯州买下了他的第一家旅馆。凭借着精准的眼光与良好的管理，很快，希尔顿的资产就由 5 000 美元奇迹般地扩增到 5 100 万美元。他欣喜而又自豪地把这个好消息告诉了自己的母亲，可是，他的母亲却意味深长地对希尔顿说："照我看，你跟从前根本就没有什么两样，不同的只是你已把领带弄脏了一些而已。事实上，你必须把握比 5 100 万美元更值钱的东西，除了对顾客诚实之外，还要想办法使每一个住进希尔顿旅馆的人住过了还想再来住。你要想这样一种简单、容易、不花本钱而行之可久的办法去吸引顾客，这样你的旅馆才有前途！"

母亲的话让希尔顿猛然醒悟，自己的旅店确实面临着这样的问题，那么如何更好地吸引顾客呢？到底什么东西才比 5 100 万美元更值钱呢？

希尔顿想了又想，始终没有想到一个好的答案。于是，他每天都到商店和旅店里参观，以顾客的身份来感受一切，他终于得到了一个答案：微笑服务，只有微笑满足简单、容易、不花本钱而行之可久这 4 个要求，也只有微笑才能发挥如此大的影响力。

于是，希尔顿订出他经营旅馆的 4 大信条：微笑、信心、辛勤、眼光。他要求员工照此信条实践，他要求员工即使非常辛劳也必须对旅客保持微笑，就连他自己都随时保持微笑的姿态。

每天他至少要到一家希尔顿饭店与饭店的服务人员接触，向各级人员（从总经理到服务员）问得最多的一句话，必定是："你今天对客人微笑了没有？"1930 年，是美国经济萧条最严重的一年，全美国的旅馆倒闭了 80%，希尔顿的旅馆也是一家接着一家地亏损不堪，一度负债高达 50 万美元。但希尔顿并不灰心，他召集每一家旅馆的员工向他们特别表示："我请各位记住，希尔顿的礼仪万万不能忘。无论旅馆本身遭遇的困难如何之大，希尔顿旅馆服务员脸上的微笑永远是属于顾客的。"

经济萧条刚过，希尔顿旅馆系统就领先进入了新的繁荣期，从 1919 年到 1976 年，希尔顿旅馆从 1 家扩展到 70 家，遍布世界五大洲的各大城市，成为全球最大规模的旅馆之一。

2．微笑的训练

（1）对镜微笑训练法

这是一种常见、有效和最具形象趣味的训练方法。端坐镜前，衣装整洁，以轻松愉快的心情，调整呼吸自然顺畅。静心 3 秒钟，开始微笑，使嘴角微微翘起，面部肌肉舒展开来，同时注意眼神的配合，使之达到眉目舒展的微笑面容，如图 3-7 所示。自我对镜微笑训练时间长度随意。为了使效果明显，可在训练时播放背景音乐。

图 3-7　微笑

（2）手势微笑练习法

手势微笑顾名思义需要手和脸部的配合。首先将两手拇指和食指伸出，其余手指并拢弯曲，食指指尖对接，放在嘴前 15～20cm 处，如图 3-8 所示。然后让两食指尖以缓慢匀速分别向左右移动，使之拉开 5～10cm 的距离。同时嘴唇随两食指移动速度而同步加大唇角的展开度，并在意念中形成美丽的微笑，如图 3-9 所示。让微笑停留数秒钟，两食指再以缓慢匀速向中间靠拢，直至两食指相接；同时，微笑的唇角开始以两指移动的速度，同步缓缓收回。需要提示的是，训练微笑缓缓收住很重要，切忌不能让微笑突然停止。可如此反复开合训练 20～30 次。

图 3-8　手势微笑 1

图 3-9　手势微笑 2

（3）部分练习法

取一张厚纸遮住眼睛以下的部位，对着镜子，心里想着高兴地事情，使整个面部露出自然的微笑，让眼睛周围的肌肉也处于微笑的状态，这就是眼形笑，如图 3-10 所示。

用厚纸遮住眼睛，面部肌肉，嘴角两端向上略微提起，这就是脸形笑，如图 3–11 所示。

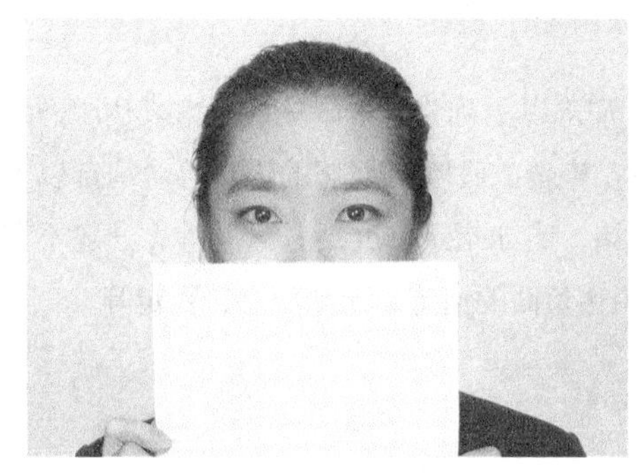
图 3-10　眼形笑

图 3-11　脸形笑

（4）含箸法

这是日式训练法。道具是选用一根洁净、光滑的圆柱形筷子（不宜用一次性的简易木筷，以防划破嘴唇），横放在嘴中，用牙轻轻咬住，露出 8 颗牙齿，如图 3-12 所示。

图 3-12　含箸微笑

无论哪种训练方法，都要牢记微笑要由心而生，表里如一，才能具有丰富而有力度的内涵，才能感染人，才能打动人。

3.3 手　　势

手势，是运用手指、手掌、拳头和手臂的动作变化，表达思想感情的一种体态语言。手是人体活动幅度最大、运用操作最自如的部分，手势形式和内涵都极为丰富。美国心理学家詹姆斯认为，在身体的各个部位中，手的表达能力仅次于脸。在社会交往中，手势有着不可低估的作用，生动形象的有声语言再配合准确、精彩的手势动作，会使交往更富有感染力、说服力和影响力。

3.3.1 手势的活动范围

手势的活动范围，分为上、中、下 3 个区域。肩部以上称为上区，一般用来表达激烈的情绪，比如胜利的喜悦、高度的赞扬、热切的盼望、申请的呼唤、愤怒的谴责等。肩部以下腰部以上称为中区，一般用来表达平和、平静的心绪，比如指示、介绍、鼓掌等，一般不带有浓厚的感情色彩。腰部以下称为下区，一般用来表达负面的情感，比如厌恶、否定等。

3.3.2 手势的分类与常用手势

1. 情意性手势

情意性手势主要用于带有强烈感情色彩的内容，表现方式极为丰富，感染力极强。比如，双手合起高于胸前表示隆重的谢意、承让等；右手放于左胸前表示忠诚、信念等；鼓掌，表示欢迎、喝彩、友好等含义；握拳振臂，表示强烈的信念、必胜的力量、喜悦的欢呼等。

2. 指示性手势

指示性手势主要用于指示具体的事物、数量、位置等，特点是动作简单，表达专一，一般不带感情色彩。

（1）引领指示

各种交往场合都离不开引领指示手势，这是一种手与臂的协调动作，更是一种礼仪，主要有以下形式。

① 横摆式

五指伸直并拢，手臂向外侧横向摆动，手与地面呈 45°，手心向斜上方，指尖指向被引导或指示的方向，如图 3-13 所示。

② 直臂式

五指伸直并拢，掌心朝上，手臂伸直在一条直线上与肩平齐，指尖指向物品或方向，如图 3-14 所示。用直臂式为他人指引方向后，手臂不可马上放下，要保持手势顺势送出几步，表示对他人的尊敬和关怀。

图 3-13　横摆式

图 3-14　直臂式

③ 曲臂式

五指伸直并拢，手臂从身体的侧前方抬起，以肘关节为轴，由体侧向体前摆动，手与身体相距 20cm 处停止，手臂高度保持在胸部以下，如图 3-15 所示。

④ 斜臂式

五指伸直并拢，手臂抬起，以肘关节为轴，手臂有上向下摆动，适用于请人入座，如图 3-16 所示。

图 3-15　曲臂式

图 3-16　斜臂式

（2）挥手道别

大臂抬至与肩同高或高于肩部，小臂与大臂呈约 90° 角，指尖朝上，掌心向着对方，手指自然伸直并拢，手腕晃动，如图 3-17 所示。

图 3-17　挥手道别

（3）递接物品

递接物品时要用双手，不方便双手时应用右手，单用左手通常被视为无礼的表现。如果双方距离较远，应起身走进对方；递送物品应直接递接到对方手中，并要方便对方接取；如有文字、图案、正反面物品时，要正面朝上并朝向对方，如图 3-18 所示；接取物品时要稳而缓；递送带尖、带刃或其他易伤人物品时，要将危险一侧朝向自己或他处，切不可朝向对方，如图 3-19、图 3-20、图 3-21 所示。

图 3-18　递接物品

图 3-19　递送危险物品 1

图 3-20　递送危险物品 2

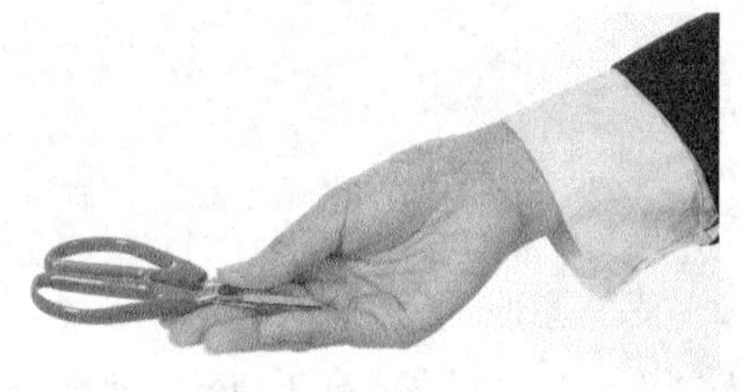

图 3-21　递送危险物品 3

3．象征性手势

用来表达一些比较复杂的情感或抽象的概念，从而引起对方的思考和联想。

（1）翘拇指手势

拇指向上，在中国表示棒，一流、赞同的意思，如图 3-22 所示；在英联邦国家多表示打车；在日本表示男人，父亲。拇指向下，在中国，表示轻蔑等含义；在英联邦国家，多表示坏、下等人之意。

（2）“OK”的手势

拇指和食指合成圈状，其余 3 根手指自然伸开，如图 3-23 所示。在美国表示赞扬、顺利、好；在法国表示零、一钱不值；在日本、缅甸、韩国表示金钱；在印度表示正确；在中国则表示“0”或“3”两个数字。

图 3-22　翘拇指手势

图 3-23　“OK”的手势

（3）V 形手势

伸出食指和中指，掌心朝外，其余手指弯曲合拢，如图 3-24 所示，表示胜利，有时也表示数字“2”。“V”是英语单词 Victory（胜利）的第一个字母。传说，“V”形手势是第二次世界大战期间由一位名叫维克多 · 德拉维利的比利时人发明的。他在 1940 年底的一次广播讲话中，号召同胞们奋起抵抗德国侵略军，并动员人们到处写“V”字，以表示胜利的信心。从此“V”形手势不胫而走。尤其要当时英国首相丘吉尔在一次游行检阅中使用了这一“V”形手势，使这个手势迅速地广泛地流传开来。做这一手势切记掌心要向外，如果掌心向内在西欧则表示侮辱之意。

图 3-24　V 形手势

（4）捻指作响手势

用拇指和食指弹出响声，表示高兴、赞同、兴奋，也表示无聊。应尽量少用这一手势，尤其对异性不能使用，以免令他人反感，觉得没有教养或是轻浮、挑衅。

4．模拟性手势

主要用来模拟事物的形状、大小、高矮、长短等特征，给人以明确的印象。比如，两手模拟心的形状，如图 3-25 所示。

图 3-25　手势模拟心的形状

阅读材料

手势的地域性

手势有着很强的地域性，同样的手势在不同国家和地区有着截然不同的含义。在我国和一些国家，伸出大拇指是称赞、夸奖的意思；但在澳大利亚则认为竖起拇指尤其是横向伸出大拇指是一种侮辱；英国翘起大拇指是拦车要求搭车的意思。由此不难看出，每种文化都有自己的手势语言。世界各国和各地习俗迥异，手势不可乱用，要遵守“入乡随俗”的原则。

3.3.3　手势的原则

手势是无声的语言，如果表达不当会适得其反。手势的运用要注意几个原则，首先应简约明快，不宜过多，以免让人感觉眼花缭乱或者是喧宾夺主。其次要文雅自然，避免指指点点、摆弄手指等不良手势，不要让不良的手势降低身份、影响形象。另外手势的运用应是发自内心的流露，应协调、和谐，要与全身协调，与情感协调，与语言协调。最后手势应因人而异，富有个性的手势也能成为个人的标志和象征，而不能要求每个人都千篇一律地做相同的手势。

3.4　姿　态

姿态存在于每个人举手投足之间，优雅的姿态是人有教养，充满自信的完美表达。美好的姿态，会使你看起来年轻得多，也会使你身上的衣服显得更漂亮。大学生善于用良好的形体语言与别人交流，一定会受益匪浅。

3.4.1　站姿

站姿是人们站立时的姿势与体态，它是仪态美的基础。俗话说“站如松”，良好的站姿能衬托美好的气质和风度，能体现一个人积极乐观的健康精神，也是自信心的体现。

1．站姿标准

标准的站姿，从正面观看，全身笔直，精神饱满，两眼正视，两肩平齐，两臂自然下垂，两脚跟并拢，两脚尖张开 45°～60°，身体重心落于两腿正中；从侧面看，两眼平视，下颌微收，挺胸收腹，腰背挺直，手中指贴裤缝，整个身体庄重挺拔。

要避免身躯歪斜、弯腰驼背、全身乱动、趴伏倚靠等不良站姿。

2．站姿种类

按照脚位为依据，站姿可分为以下几类。

（1）扇形站姿

扇形站姿又称为标准站姿，这是男士、女士皆适用的站姿。要领是：两脚跟并拢，脚尖张开 45°～60°，身体重心落于两腿正中，如图 3-26 所示。

（2）正步站姿

正步站姿是男士、女士皆适用的站姿。要领是：在标准站姿的基础上，两脚并拢，两膝贴紧，如图 3-27 所示。正步站姿通常适用于庄严肃穆的场合，比如升国旗、奏国歌、接受接见等。

图 3-26 扇形站姿　　图 3-27 正步站姿

（3）丁字步站姿

丁字步站姿一般是女士采用的站姿。要领是：在标准站姿的基础上，一只脚前移将脚跟靠于另一只脚的内侧中间位置，两脚尖打开，膝盖靠紧，重心可在两脚上，也可在一只脚上。双手可自然下垂，也可交叉放于腹前，如图 3-28 所示。

（4）分腿站姿

分腿站姿是男士采用的站姿。要领是：在标准站姿的基础上，将两脚打开与肩同宽或小于肩宽，双手交叉可至于腹前也可放于后背，如图 3-29 所示。

图 3-28　丁字步站姿

图 3-29　分腿站姿

3.4.2　坐姿

坐姿是人在就座后身体所保持的一种姿势和体态，是人际交往中采用最多的姿态，俗话说“坐如钟”，良好的坐姿给人一种端庄、稳重的美感。

1．坐姿标准

落座时要坚持尊者为先的原则，不要争抢，通常侧身走进座椅，从椅子的左侧就座。如果背对座椅，要保持站姿的标准姿态，右腿后退一点，用小腿准确确定椅子的位置，然后上身保持正直，目视前方，轻轻坐下，动作要缓，声音要轻。女士穿裙装落座时要从后向前双手顺裙摆，不可落座后再整理衣裙。

坐立时，通常只坐椅子的 1/2～2/3 处，上身正直而稍向前倾，头、肩平正，下颌微收，腹部内收。女士膝盖靠紧，两腿要并拢，双手交叉放于两腿之上；男士膝盖可自然分开，但不能超过肩宽，双手掌心朝下放于膝盖上。

一般情况下，离座同样遵从尊者为先原则，其他场合离座时要先以语言或动作向周围人示意，方可站起，突然跃起会让周围的人受到惊扰。起身时右脚后撤一小步，慢慢站起，站好后从左侧离座。

坐姿要求端正、大方、舒展，切不可将双腿分过大、脚尖翘起或是双腿不停抖动。

2．坐姿种类

以脚位为依据，坐姿可分为以下几类。

（1）垂直式坐姿

垂直式坐姿男士、女士均适用，就是通常所说“正襟危坐”，在最正规的场合使用。要领是：上身与大腿、大腿与小腿、小腿与脚都呈直角，小腿垂直于地面，双膝、双腿完全并拢，男士双手掌心朝下，自然放于膝盖，女士双手交叉放于双腿上，如图 3-30、图 3-31 所示。

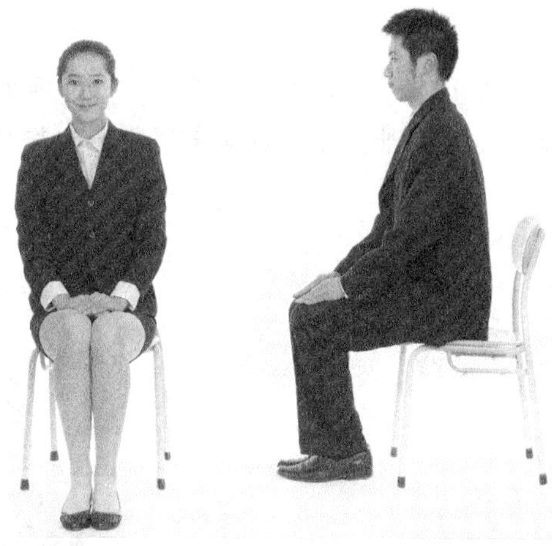

图 3-30 垂直式坐姿 1

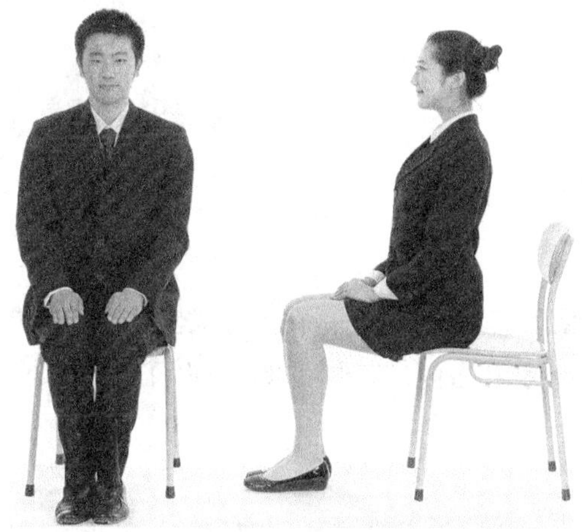

图 3-31 垂直式坐姿 2

（2）标准式坐姿

标准式坐姿适用于多种场合。要领是：在垂直坐姿的基础上，男士两脚自然分开 45°，女士两脚保持小丁字步，如图 3-32 所示。

图 3-32 标准式坐姿

（3）曲直式坐姿

曲直式坐姿是女士一种优雅的坐姿，通常在稍微矮一些的椅子上更为适用。要领是：大腿与膝盖靠紧，一脚伸向前，另一脚向后，两脚前脚掌居中并保持在一条直线上，如图3-33、图3-34所示。

图3-33　曲直式坐姿1

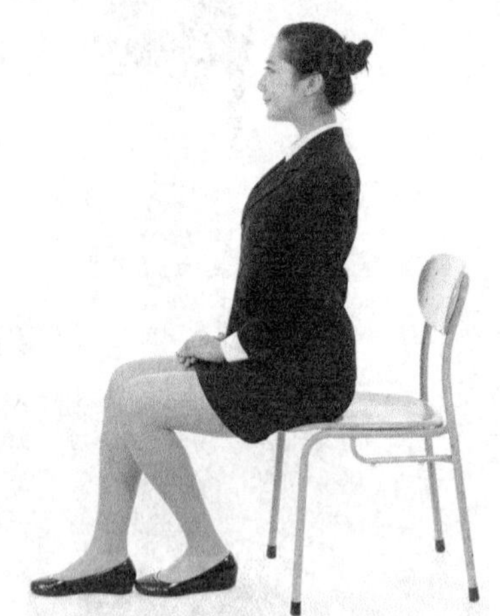

图3-34　曲直式坐姿2

（4）伸式坐姿

伸式坐姿是女士采用的坐姿。要领是：在垂直式坐姿的基础上，双脚伸出约一脚的距离，按方向可分为正前、左侧和右侧，双脚可以并拢也可在脚踝处交叉，但脚尖不能翘起，如图3-35所示。

（5）后曲式坐姿

后曲式坐姿适用于多种场合，以女士为主。要领是：在垂直式坐姿的基础上两小腿向后收，脚尖着地，如图3-36所示。

（6）分膝式坐姿

分膝式坐姿是一种男士坐姿。要领是：在垂直式坐姿的基础上，两膝打开，但不能超过肩宽，脚尖朝向正前方，两手自然放于大腿上，如图3-37所示。

图3-35　伸式坐姿

图3-36　后曲式坐姿

图3-37　分膝式坐姿

3.4.3 行姿

行姿，是指一个人在行走之时所采取的具体姿势。它是以站姿为基础，处于动态之中的体态，体现了人类的运动之美和精神风貌。

1．行姿标准

标准的行姿，上身要保持站立的标准姿态，两眼平视，挺胸收腹，腰背笔直，下颌微收。两臂以身体为中心，前后自然摆动，前摆约 35°，后摆约 15°，掌心朝向体内，脚尖向正前方迈出，跨步均匀，两脚之间相距约一只脚到一只半脚，沿直线前进。起步时身体稍向前倾，身体重心落于前脚掌，行走中身体的重心要随着移动的脚步不断向前过渡，而不要让重心停留在后脚，并注意在前脚着地和后脚离地时伸直膝部。

行走时，上体的稳定与下肢的运动形成和谐对比，动作干净利落，鲜明均匀。男士两步之间的距离要大于自己的脚长，适宜步速为每分钟 108～110 步，要刚健有力、豪迈稳重、有阳刚之气；女士穿裙装时两步之间距离要小于自己的脚长，适宜步速为每分钟 118～120 步，力求轻盈自如、含蓄飘逸、有窈窕之美，如图 3-38、图 3-39 所示。

图 3-38　行姿 1

图 3-39　行姿 2

在日常生活中行姿应步伐稳健，步履自然，应当避免：身体前俯后仰，左冲右突、抢道先行、步子太大或太小、双手反背于身后，外八字步或内八字步、制造噪声等，这些都会给人一种不雅观的感觉。

2．行姿种类

（1）前行式行姿

前行式行姿是常用的行姿，如果行进中与人打招呼，可同时伴随头部和上身的转动，只转动头部或用眼睛斜视都是不礼貌的。

（2）后退式行姿

当与他人告别时，特别是与长者告别时，扭头就走是不礼貌的。应该采用后退式行姿，先后退两三步，再转身离去。后退时步幅要小，两腿之间距离不能太大，不能用脚掌去摩擦地面，应先转身再转头。

（3）侧行式行姿

当引导他人前行或在狭窄的走廊、楼道与他人相遇时，要采用侧行式行姿。引导时，要走在来宾的左侧，身体稍向右转，左肩稍前，身体朝向来宾，保持两步左右的距离。

3.4.4 蹲姿

蹲姿是人的身体在低处拾取物品、整理物品时所呈现的身体的姿势与体态。俗话说“蹲要雅”，蹲姿是静态美和动态美的结合。

1．蹲姿标准

在站立的基础上右脚后撤一小步，慢慢下蹲，左脚全脚掌着地，大腿靠紧，腰腹收紧。下蹲时要直腰，起立时也要先直起腰部，使头、上身和腰在同一条直线上，再稳稳站起。蹲姿讲究方位：如要捡拾物品，可走到物品的左侧；如面前有他人，要侧身相向；当整理鞋袜是可面朝前方。

2．蹲姿种类

（1）高低式蹲姿

高低式蹲姿是常用的蹲姿。要领是：在标准站立姿态的基础上，右脚后撤一小步，大腿靠紧向下蹲，左小腿垂直于地面，全脚掌着地，右脚前脚掌着地，脚跟提起。右膝要低于左膝，右腿可靠于左腿内侧，臀部向下。男士两腿之间可有适当距离，如图 3-40、图 3-41 所示。

图 3-40　高低式蹲姿 1

（2）单膝点地式蹲姿

单膝点地式蹲姿是男士采用的一种蹲姿，其特征是两腿一蹲一跪。要领是：在高低式蹲姿的基础上，右膝点地，臀部坐在右脚跟上，如图 3-42 所示。

图 3-41　高低式蹲姿 2

图 3-42　单膝点地式蹲姿

（3）交叉式蹲姿

交叉式蹲姿优美典雅，适用于女士，特征是两腿交叉在一起。要领是：下蹲后，左脚在上、在前，右脚在下、在后；左小腿垂直于地面，全脚掌着地，右脚跟抬起，前脚掌着地；两腿靠紧，合力支撑身体；上身略向前倾，臀部向下，如图 3-43 所示。

图 3-43　交叉式蹲姿

3.5 举　止

日常举止是优美仪态的重要组成部分，它体现在日常生活的方方面面和点点滴滴，行为文明、动作规范是良好素养的表现，给人以信赖和尊重。反之，不良举止和不受欢迎的坏习惯应该努力戒除。

1．不当使用手机

手机是现代人们生活中不可缺少的通信工具，如何通过使用这些现代化的通信工具来展示现代文明，是生活中不可忽视的问题。如果事务繁忙，不得不将手机带到社交场合，那么你至少要做到以下几点：将铃声降低，以免惊动他人；铃响时，找安静、人少的地方接听，并控制自己说话的音量；如果在车里、餐桌上、会议室、电梯中等地方通话，尽量使你的谈话简短，以免干扰别人。手机在响起的时候；如果有同行者在旁，你必须道歉说："对不起，请原谅"。然后走到一个不会影响他人的地方，把话讲完再入座。如果有些场合不方便通话，就告诉来电者说你会打回电话的，不要勉强接听而影响别人。

2．随便吐痰

吐痰是最容易直接传播细菌的途径，随地吐痰是非常没有礼貌而且绝对影响环境、影响我们的身体健康的。如果你要吐痰，把痰吐在纸巾里，丢进垃圾箱，或去洗手间吐痰，但不要忘了清理痰迹和洗手。

3．随手扔垃圾

随手扔垃圾是应当受到谴责的最不文明的举止之一。随手扔垃圾不仅是环境问题，更是人们道德素质的反映。在扔下垃圾的同时，也丢下了一连串不文明的音符。顺手捡起的是一片纸，纯洁的是自己的精神；有意擦去的一块污渍，净化的是自己的灵魂。

4．当众嚼口香糖

有些人必须嚼口香糖以保持口腔卫生，那么，我们应当注意在别人面前的形象。咀嚼的时候闭上嘴，不能发出声音，并把嚼过的口香糖用纸包起来，扔到垃圾箱。

5．当众挖鼻孔或掏耳朵

有些人，习惯用小指、钥匙、牙签、发夹等当众挖鼻孔或者掏耳朵，这是一个很不好的习惯。尤其是在餐厅或茶楼，别人正在进餐或饮茶，这种不雅的小动作往往令旁观者感到非常恶心。

6．当众挠头皮

有些头皮屑多的人，往往在公众场合忍不住头皮发痒而挠起头皮来，顿时皮屑飞扬四散，令旁人大感不快。特别是在一些庄重的场合，这种行为是很难得到别人的谅解。

7．在公共场合抖腿

有些人坐着时会有意无意地双腿颤动不停，或者让跷起的腿像钟摆似的来回晃动，本人会自我感觉良好或者以为无伤大雅。其实这种行为会令人心神不宁，感觉很不舒服。这是不文明的表现，也是不优雅的行为。

8．当众打哈欠

在交际场合，打哈欠给对方的感觉是：你对他不感兴趣，表现出很不耐烦了。因此，如果你控制不住要打哈欠，一定要马上用手盖住你的嘴，跟着说："对不起"。

9．频频看表

与人交谈时如果频频看表，会让对方认为你不想使谈话继续下去，这是失礼的行为。如果确有要事，不妨委婉地告诉对方改日再谈，并表示由衷的歉意。

10．指指点点

在交谈中指指点点是不礼貌的行为，尤其是指点着他人，将会给对方传达不良的信息，引起他人的反感，要特别注意避免。

小　　结

本章共分为仪态美的塑造、表情、手势、姿态、举止 5 个部分，仪态美的塑造部分主要讲述了仪态美的重要性，以及它的意义和内涵；表情部分除讲述眼神礼仪之外，重点介绍了微笑礼仪，包含微笑的内涵和微笑的训练方法；手势部分重点讲述了情意性、指示性、象征性 3 类手势的表达方法和表示意义；姿态部分分为站姿、坐姿、行资、蹲姿，列举了每种姿势的标准以及分类；举止部分则是列举了 10 个不良举止和坏习惯。

通过对本章内容的学习，可以提高大学生的仪态礼仪水平，培养良好举止，从小处做起，练习和践行美的仪态。

思考与练习

1. 微笑的力量表现在哪些方面？
2. 手势的原则有哪些？

活动与探索

1. 与同学们一起练习微笑，练习站、坐、行、蹲的标准姿势。
2. 从哪些方面可以帮助提升大学生的举止与风度？

第 4 章　语言沟通礼仪

本章介绍倾听、说话及演讲的技巧，掌握语言礼仪规范，做到谈吐文明、礼貌，沟通顺畅、和谐。

名言警句

“在造就一个有修养的人的教育中，有一种训练必不可少，那就是优美、高雅的谈吐。”

——【美】哈佛大学前校长　伊力特

4.1 倾　　听

国际倾听协会将“倾听”的定义为：倾听是接受口头及非语言信息、确定其含义和对此作出反应的过程。听的繁体写法为“聽”，表达了听的几层含义：“耳”，表示要用耳朵；“一”和“心”表示一心一意，要专心地听；“罒”代表眼睛，听，要用眼睛看着对方；“王”表示尊重和恭敬，给说话的人以王者礼遇。

4.1.1　倾听的作用

莎士比亚说“最完美的交谈艺术不仅是一味地说，还要善于倾听他人的内在声音”。与人交谈不但要善于表达自己的意思，而且还要善于聆听对方的讲话，这是人际沟通中非常重要的环节。认真倾听对方的谈话，是尊重对方的表现；善于倾听对方的谈话，能有效提高谈话的效果。

1．倾听是尊重和重视对方的表现

认真地倾听，能够传达对对方的尊重和重视，使谈话者形成愉悦的心态，舒缓压力，产生信赖，给心灵的忧伤提供释放的空间，实现有效沟通，达到预期效果。反之，会让谈话者产生被忽视，被冷淡，被孤立甚至被抛弃的感觉。

案例分析

不该发生的悲剧

在一个圣诞节，一个美国男人为了和家人团聚兴冲冲地从异地乘飞机往家赶，一路幻想着团聚的喜悦情景。恰恰老天变脸，这架飞机在空中遭遇猛烈的暴风雨，飞机脱离航线，上下左右颠簸，随时有坠毁的可能。空姐也脸色煞白，惊恐万状地吩咐乘客写好遗嘱放进一个特制的口袋。这时，机上的所有的人都在祈祷。也就在这万分危急的时刻，飞机在驾驶员冷静驾驶下终于平安着陆。

这个美国男人回到家后异常兴奋，不停地向妻子描述在飞机上遇到的险情，并且满屋子转着、叫着、喊着。然而，他的妻子正和孩子兴致勃勃分享着节日的愉悦，对他经历的惊险没有丝毫兴趣。男人叫喊了一阵子，却发现没有人听他倾诉，他死里逃生的巨大喜悦与被冷落的心情形成强烈的反差。在妻子去准备蛋糕的时候，这个美国男人却爬到楼阁，用上吊这种古老方式结束了从险情中捡回的宝贵生命。

分析：案例中的男子大难不死，为何选择了自杀？倾听有着怎样的作用？

2．倾听是了解对方、分辨事实的最佳途径

在交谈双方的沟通中，掌握信息是十分重要的。谈话是传递信息，倾听是接受信息。倾听中捕捉信息、处理信息、反馈信息。一个好的倾听者应当善于从倾听中了解对方的意图、打算、目的、心态，了解事情的来龙去脉，掌握事实。

在人际交往中，很多人口中所道并非肺腑之言，他们的真实想法往往被隐藏起来，所以作为倾听者要保持清醒的头脑，根据自己所掌握的情况，不断进行分析、过滤，确定哪些是正确的信息，哪些是错误的信息。要注意琢磨对方话中的微妙感情，细细咀嚼品味，以便弄清其真正意图。

3．倾听是提高工作效率、建立良好人际关系的基础

善于倾听对方，会避免交流失误而导致的行为偏差，提高工作效率。倾听还可增进人与人之间的相互关系，避免不必要的纠纷，保持与他人的顺畅沟通，建立良好人际关系。

4.1.2 倾听的方式

倾听可以用耳朵听，用眼睛听，用心灵听。每一种聆听的方式会带来不同的效果。沟通学研究者认为倾听有以下 4 种方式。

1．被动倾听

被动倾听是最普遍的一种听取他人观点的方式。这种情况下，无论是非语言的表达方式还是语言表达方式，倾听者都不会呈现出来。被动倾听者经常表现出的行为有：目光接触，面无表情，偶尔点头，偶尔回应，如“嗯”、“哦”，在电话中更为明显。

被动倾听者虽然在跟着讲话者的思路，但却很少给出促进谈话继续的信息。有人形容与一个被动的倾听者交谈是在“唱独角戏”，所以经常会有挫败感。在这种情况下，谈话者会经常怀疑对方是否愿意倾听或者是否理解了自己表达的信息。

2．选择倾听

选择倾听与被动倾听同样普遍。选择倾听通常定义为想听的时候才听。对于想要听到的信息，倾听者就会非常投入、理解力很强。对于不想听到的信息，倾听者就会不理睬谈话者或者起反作用。换句话说，选择倾听者在听的整个过程中表现不一致，行为有反差。

当一个选择倾听者听他不想听的信息时，通常表现的行为是：环顾四周，流露出不感兴趣的表情，对某个问题的反抗情绪高涨，随便插话，即便是以询问的方式，也打断了讲话者目前的信息。

从不理睬到情绪反抗，选择倾听者一直在沟通中有意或无意地制造障碍。他们阻碍了听众听取完整的信息，并且增加了谈话的紧张气氛。

3．专注倾听

专注倾听是指倾听者专注于谈话者，时刻跟随谈话者思路。专注倾听的效率比起被动倾听或者选择倾听高得多。专注倾听者通过语言或非语言的方式更多地参与，更少地判断。专注倾听者通常表现出的行为有：稳定的目光接触，诚恳的面部表情，点头表示理解，提供简单的鼓励信息，如“明白了”、“好的”、“是的”等，提出问题来维持谈话，提问以询问更多的细节。

事实（或者说是内容）和情感（或情绪）这两个方面加在一起构成了讲话者所传达信息的真正意思。

一个专注的听众会获取讲话者想要展示给他的信息。当信息都是事实的时候，他倾听的效果会很好。但当信息中卷入更多的个人情感时，他也会盲目相信。这就是专注倾听的短处。专注倾听者并不能很好地获取完整意义上的全部信息。

4．积极倾听

积极倾听是人们倾听的最有力的方式，指有响应或回应地听。积极的倾听者不但能细致接受并尊重讲话者的意愿，捕捉到事实以及讲话者的情感，而且可以尽力验证自己对谈话者信息的理解，这正是谈话者所希望的方式。

积极倾听者表现出来的行为包括了“专注倾听”中列出的积极方面以及其他几个方面：表现出耐心，反馈自己对信息的总结，用讲话者的情绪理解信息，探求讲话者严重情绪偏向的原因，提出对某个不清楚或混乱信息的质疑等。

4.1.3 倾听的艺术

倾听是一种艺术，也是一种技巧。中国有句俗语：“人长着一张嘴巴，两只耳朵，就是为了少说多听”；外国也有句谚语：“用十秒钟的时间讲，用十分钟的时间听。”据美国俄亥俄州立大学一些学者的研究，成年人在一天时间里，有 7%用于交流思想。在这 7%的时间里，有 30%用于讲，高达 45%的时间用于听。

1．倾听的态度

耐心、专注、有礼的态度可以帮助倾听者掌握更多信息，提高倾听的效率和效果。

（1）耐心

日常生活的交谈，并非每句话都包含着重要的信息，也并非第一句话就是谈话者的主题和真实含义，一般可能会比较零散或混乱，观点不突出或逻辑性不强。要鼓励对方把话说完，否则，容易自以为是地去理解，可能会断章取义，甚至曲解对方的意图，导致交流失败。

另外，他人对事物的观点和看法有可能是自己不认同、甚至是无法接受的，遇到这种情况应试着去理解对方的心情和情绪，耐心听完，才能达到倾听的目的。

案例分析

耐心倾听

有一次，美国知名主持人林克莱特访问一名小朋友，问他说："你长大后想要当什么呀？"小朋友天真地回答："嗯，我要当飞机驾驶员！"林克莱特接着问："如果有一天，你的飞机飞到太平洋上空，所有引擎都熄火了，你会怎么办？"小朋友想了想："我会先告诉坐在飞机上的人绑好安全带，然后我挂上我的降落伞先跳出去。"

当现场的观众笑得东倒西歪时，林克莱特继续注视着这孩子，想看他是不是自作聪明的家伙。没想到，接着孩子的两行热泪夺眶而出，这才使得林克莱特发觉这孩子的悲悯之情远非笔墨所能形容。于是林克莱特问他："为什么要这么做？"小孩的回答透露出一个孩子真挚的想法："我要去拿燃料，我还要回来！我还要回来！"

分析：通过故事，真正明白倾听的艺术。反思我们自己，有没有常常中途打断对方的讲话；是不是又自以为是地进行反驳呢？

（2）专注

走神是影响倾听效果的大敌。心不在焉、注意力不集中、频频做小动作都不是专注倾听的表现，将极大地影响倾听效果，这种表现的流露还可能会让谈话者产生被轻视的感受。

美国著名企业家玛丽·凯·阿什（Mary·Kay·Ash）就说过一件令其刻骨铭心的事：“有一次，我同一位销售经理共进午餐并就某些事情进行商谈。然而，每当一位漂亮的女服务员经过我们的桌子旁边，那位经理总是目送她走远。我对此感到很气愤。我觉得自己受到了侮辱。心里暗想，在他看来，女服务员的两条腿比我讲的话重要得多。他并不在听我的讲话，他简直没把我放在眼里！”

（3）有礼

倾听时，应抱着虚心的态度，谦和亲切。如果对他人抱有成见，如“这个人老是爱贪小便宜”等，会直接影响对谈话者谈话内容的理解，甚至导致错误判断。有些人认为自己在某一问题上比别人懂得多，常常中途打断别人的讲话，急于阐述自己的观点，喜欢教育别人。这种“强势推销”、“好为人师”的人不会成为好的倾听者。

2．倾听的礼仪

倾听的过程中，倾听者应保持一定的礼仪，这是有涵养有素质的表现，同时也表达了对谈话者的尊重和重视。

（1）身体前倾，表情自然

身体前倾表达了倾听者尊重和重视的态度。自然地表情可以让沟通更顺畅。反之，眉头紧锁、假笑、扬起眉头都会造成倾听障碍。

（2）保持与谈话者的视线接触，不东张西望

与谈话者视线的接触，是认真倾听的行为之一。眼睛专注于谈话者，不东张西望，有助于提高倾听的效果。

（3）注意力集中，情感投入

面无表情，无精打采，传递出的信号是不感兴趣或不愿参与谈话，这种行为会让谈话者感觉非常疲惫，像是在对着一堵墙说话。

（4）不做小动作，不随意看表

双手不停抖动，时常看表，摆弄文件夹、钢笔或是手头有的东西，会让对方感觉你的注意力在别处，没有全部投入，也没有接收谈话的全部信息。

（5）不随意打断对方的谈话，不批评对方观点

随意打断别人的谈话，或借机把谈话主题引到自己的事情上，任意地加入自己的观点做出评论和表态等，都是很不尊重对方的表现，比不听别人谈话产生的效果更加恶劣，一定要避免。

（6）适时进行鼓励和表示理解，提供建设性的反馈

强调倾听要专心静听，并不是完全被动地、静止地听，而是要不时地通过表情、手势、点头等，向对方表示你在认真地倾听。谈话者往往都希望自己的经历受到理解和支持，因此在倾听中加入一些简短的语言，如“对的”、“是这样”、“你说得对”等或点头微笑表示理解，都能鼓励谈话者继续说下去，并引起共鸣。

3．倾听的技巧

掌握倾听的技巧，可以帮助我们提高倾听效率，更好地达到倾听的目的。

（1）保持中立心态

在别人向自己倾诉时，调整好自己的心态很重要。我们在日常生活中，多数倾诉者是自己的亲人或者朋友，对于对方的事情往往特别关心。我们往往容易感染倾诉者的不良情绪，把倾诉者的坏心情变成自己的坏心情。这样不但帮不了倾诉者，反而让自己的心理陷入困境。

因此，在倾听时最好保持中立的心态，这样既可以客观地帮对方分析和解决问题，又不至于表现出对对方漠不关心。一个人独处的时候，要及时转移自己的情绪，从事件中跳出来。当心里郁积了太多不快时，也应尝试向别人倾诉。

（2）观察并使用肢体语言

与人交谈时，我们内心的感觉会在我们开口之前透过肢体语言清清楚楚地表现出来，如果倾听者表现出封闭或冷淡，谈话人会感觉对方不重视自己或对自己的谈话内容不感兴趣，因而就不会敞开心胸。相反，如果倾听者态度开放，愿意接纳对方，谈话人会认为他很想了解自己的想法，从而受到鼓舞，常用的肢体语言包括：点头、微笑、身体稍微前倾、眼神交流等，倾听的过程中要适时使用这些肢体语言。另外，还要注意避免出现交叉双臂、手放在脸上等动作。

（3）运用反应式倾听

重述刚刚所听到的话便是反应式倾听，这是一种很重要的沟通技巧，运用这种倾听方式时，对方会知道我们一直在听，而且也听懂了他所说的话，但是反应式倾听是用自己的话总结对方的重点，而不是像鹦鹉一样，完全重复他说的话，反应式倾听会让对方觉得自己很重要，有利于对话的持续。

（4）注意提问的方式

① 开放式提问

所谓开放性提问，是指在倾听时，为了让对方对有关问题、事件作出较为详尽的反应而提出的问题，通常使用“什么”、“怎样”、“为什么”等词语，这时候要注意文句的方式、语调、不能太生硬或随意。

② 封闭性提问

所谓封闭性提问，是指在试图澄清事实真相，验证结论与推测，缩小讨论范围等情况时，用“是不是”、“对不对”、“行不行”等词语发问让对方对有关问题作出“是”或“否”的简短回答。回答这些问题，简洁、明确、只需要一两个字、词或一个简单的点头或摇头等即可。但采用封闭性提问要适度，过多的使用会使对方处于被动地位，压抑其自我表达的愿望与积极性，产生沉默和压抑感及被审讯的感觉。

（5）有效的情感反应

对对方情绪、情感的反馈称为情感反应，通常指把对方的情感反应进行综合整理后，再反馈给对方，相对于过去的情感而言，针对对方现时的情感反应会更为有效。另外，在运用这一技术时，为了使对方深切体验到被人理解的感觉，要时刻注意到对方的瞬间情感并及时做出反应。

阅读材料

倾听的小猫

小猫长大了。

有一天，猫妈妈把小猫叫来，说："你已经长大了，三天之后就不能再喝妈妈的奶了，要自己去找东西吃。"

"那我该吃什么东西呢？"小猫疑惑地问妈妈。

猫妈妈说："用我们祖先留下的方法吧！这几天夜里，你躲在人们的屋顶上、梁柱间、陶罐边，仔细倾听人们的谈话，你会在其中找到答案。"

第一天晚上，小猫躲在陶罐边，听见一个妇人对孩子说："把香肠和腊肉挂在梁上，把小鸡关好，别让小猫偷吃了。"

第二天晚上，小猫躲在屋顶上，从窗户看到一个女子叨念自己的丈夫："奶酪、肉松、鱼干吃剩了，也不会收好，小猫的鼻子很灵，明天你就没得吃了。"

第三天晚上，小猫躲在梁柱间，听到一个大人对小孩子说："小宝，小猫最爱吃鱼和牛奶了，把鱼和牛奶放在冰箱里吧。"

就这样，小猫每天都很开心，回家跟妈妈说："妈妈，果然像您说的一样，只要我仔细倾听，人们每天都会教我该吃些什么。"

4.2 交　谈

20 世纪伟大的心灵导师，美国人戴尔·卡耐基（Dale Carnegie，1888—1955）曾说过"与人进行有效的交谈，并且赢得他们的合作，这是那些奋发向上的人应该培养的一种能力。交谈是交流思想和表达情感最直接、最快捷的途径，作为一种最基本的媒体形式，在很大程度上关系到社会交往的成败。不管是"一言兴邦，一言丧邦"，还是"好言一语三冬暖，恶语伤人六月寒"都说明了交谈以及语言的意义和作用。

阅读材料

笑话一则

某人请五个人吃饭，还差一位左等右等也没到。见此情景，主人说道："该来的怎么还不来？"

客人甲听了，心想：这不是说我们不该来的倒来了吗？真气人！于是说："对不起，我有点事，得先走了！"

主人见他走了，很着急，就说道："不该走的怎么走了呢？"

客人乙心想：这分明是暗示我该走却赖着不走。于是说："我有点儿事，失陪了。"

主人更着急了，脱口而出："唉，他俩真多心，我说的又不是他们！"

客人丙、客人丁大怒，想：那你说的肯定是我们俩了！于是他们铁青着脸一言不发，拂袖而去。

一场宴席就这样还没有开始就不欢而散了。

4.2.1 交谈的语言要求

语言作为人类的主要交际工具，是沟通不同个体的桥梁。准确、有效、恰当的语言，可以使谈话达到事半功倍的效果。

1．语言的有效性

不被接受的话显然等于白说。谈话者首先考虑的问题就应该是语言的有效性。

（1）好嗓音

好嗓音既能使交谈双方感到愉悦，又可以使对方印象深刻。"好嗓音"主要包括清晰的吐字、动听的声音、焕发的生机；与此相反，"坏"则指吐字模糊、鼻音浑浊或尖锐刺耳，使对方听不清而产生反感。

（2）时代感

语言的时代感是非常重要的，现如今"父母在，不远游"；"新三年，旧三年，修修补补又三年"之类的警言就是隔世之语。现代人已经很难接受这些"陈腐的语言"。

（3）好时机

讲话时，要考虑时机是否适合，比如对方能否听得懂，是否感兴趣，接受程度怎样等。对牛弹琴，大可不必；班门弄斧，贻笑大方；扬汤止沸，适得其反。在生日、节日、纪念日、成功之日、获奖之日等特定的时刻，特殊的日子，一句由衷的祝贺、一段真诚的赞美，会锦上添花；在他人心情沮丧或陷入困境之时，一番恳切的鼓励、一句贴心的问候，更会雪中送炭。

2．语言的正确性

在你开口之前你就应该意识到，说话的正确性是对人最起码的尊重。

（1）实事求是

空话、大话、假话必须避免。“狼来了”的故事告诉大家，捉弄人一次、两次可能成功，但第三次就必然受到惩罚了。栽赃、陷害、伤人、诽谤，会对别人造成极大伤害。挨打的皮肉之伤易愈合，哀怨的心灵创伤难平复。因此，冤枉他人是礼仪的大忌。

所谓“日久见人心”，说空话、大话者，只能一时迷惑别人，时间长了所见的就是浅薄之心，不可信赖之人。

（2）用词准确

有求于人时，要考虑对方能否办到以及能否领会。

太直接的问话显然令人不好回答。例如，“能否借一样东西给我？”、“可以借一笔钱给我吗？”

不能准确表达意思的话也是失礼的。例如，你手指着书架说“请帮我把书递过来，好吗？”，尽管用了客气委婉的语气，但由于没有表达准确是什么书，会令人无所适从。

（3）区分场合

正式场合与一般场合、书面语与口头表达所使用的语言有所区分，例如，称呼尊者、领导时，在正式场合和书面文件上要规范，一般用全称。如张三教授、李四副教授、王五副校长等。但在一般场合和口头语上往往用简称，一般会省略“副”字，如张教授、李教授、王校长，同时这也算作是一种敬称。

对令人敏感的谐音姓氏，如“郑某某”、“傅某某”，要特别避免误会和尴尬。即便在一般场合，也应该说出其“姓名+职位”的全称，比如“校长傅某某教授”、“副经理郑某某先生”，而不宜说成“傅校长”、“郑经理”。

（4）把握语意

在日常社交生活中，处于特定的需要和惯例，还有一类“言不由衷”的现象，例如客套语、反语以及善意的“谎言”，不能将其视为虚伪和失礼。

在初次见面时，往往要说一些恭维式、自谦式的客套话，如“久仰大名”、“幸会幸会”、“光临寒舍”、“蓬荜生辉”，这已经是约定俗成的社交客套话，虽然有点言过其实，但令对方感到舒服，觉得受到尊重，不能算作是失礼的表现。在亲友、尤其是情侣之间，有时会说些带有戏谑成分的反语，诸如，“冤家”、“好恨你”等，可把这些话理解为“可亲可爱的人”、“好爱你”。这种戏谑与相敬如宾、相辅相成，也是一种生活的情趣。

3．语言的情感性

人是高级动物中最富有情感的，获得礼遇可以满足自尊。语言的情感性就显得非常重要。

（1）诚恳的态度

与人交谈时，应神情专注，态度诚恳亲切。表示祝贺时，应表情热情，而不仅是嘴巴动听，表情冷冰冰的敷衍，甚至讽刺。与人交谈时，应神态专一，而非失礼地东张西望、漫不经心、答非所问。

（2）礼貌的倾听

本杰明·富兰克林曾说过“与人交谈取得成功的秘诀就是多听，永远也不要不懂装懂。”学会倾听就是指不要只顾自己讲话，也要给对方说的机会。认真倾听对方讲话，并经常有一些点头之类的体态语来交流，这样可使对方觉得自己受到重视。千万不要表现出不感兴趣，更不能去打断对方的话语。

（3）细微的差别

在丰富多彩的人类话语中，有时一字之差就会改变所表达的感情。如：坐、上坐、请坐、请上座；喝茶、请喝茶、请用茶，就令人明显感受到所获礼遇等级的差别。

4.2.2 交谈的礼仪

交谈中，遵从一定的礼仪规范，体现对对方的尊重，才能达到双方交流信息，沟通思想的目的。

1．多用礼貌用语

用语文雅可以体现出一个人的学识教养，在文明社会，尤其是当今社会，社会活动中的礼貌用语尤为重要。

（1）尽量用敬语

礼仪的核心内涵是尊敬，而其在语言上的体现就是要常用敬语。如：您——你；先生——喂；小朋友——小孩。这样给予相同对象的感受完全不同。同样是一种意思，但效果会由于语言载体的形式不同而大相径庭。《西游记》中猪八戒向两个抬水的女妖问路，张口便叫“妖精”，路没问成，还挨了一顿打。对此事他不明白，求教孙悟空。孙悟空说不能叫“妖精”，应该到她前面行个礼，看她多大年纪，若与我们差不多，叫她“姑姑”，若比我们老些，叫她“奶奶”。八戒照做，果然十分奏效。

（2）少命令，多商量

“请帮我跑一趟邮局好吗？”与“你替我跑一趟邮局啊！”；“麻烦让一下！”与“让开！”所表达的都是同一种意思，但两者的口吻却相差甚远。

人们认为“请”与“叫”所表达的意思似乎一样，所以往往不大注意这两者之间的区别。让学生去叫老师“去叫老师”，甚至“去叫院长”之类的话在大学校园中也屡闻不鲜。实际上，一个人礼仪教养的水平就可以从“请”与“叫”中分别出来。

（3）了解传统敬语、谦辞

我国是历史悠久的礼仪之邦，据记载，古人非常重视使用礼貌用语，而在现代语言中礼貌用语却被淡化了很多。对祖国优秀的文化传统，现代人还是要继承、借鉴、更新、发扬光大、古为今用。

例如：古人常用“令、尊、贤”来尊称对方及其亲属，其中“令”可通用，“尊”只用于称呼长辈，“贤”则用于称呼平辈和晚辈，但当称呼对方配偶时则“尊、贤”皆可通用，如“令尊、令堂、令郎、令爱”，贤弟、贤妹、贤侄”，“尊夫人、贤夫人”等。

敬语可以分为以下几类。

① 问候语：如“您好！”、“早上好！”等。

② 欢迎语：如“欢迎您!”、“见到您很高兴!”等。

③ 回敬语：如“非常感谢!”、“让您费心了!”等。

④ 致歉语：如“请原谅!”、“很抱歉!”等。

⑤ 祝贺语：如“工作顺利!”、“祝您好运!”等。

⑥ 道别话：如“再见!”、“走好!”等。

⑦ 请托语：如“拜托!”、“劳驾!”等。

阅读材料

礼貌用语

初次见面应说：幸会	请人解答应用：请问
看望别人应说：拜访	赞人见解应用：高见
等候别人应说：恭候	归还原物应说：奉还
请人勿送应用：留步	求人原谅应说：包涵
对方来信应称：惠书	欢迎顾客应叫：光顾
麻烦别人应说：打扰	老人年龄应叫：高寿
请人帮忙应说：烦请	好久不见应说：久违
求给方便应说：借光	客人来到应用：光临
托人办事应说：拜托	中途先走应说：失陪
请人指教应说：请教	与人分别应说：告辞
他人指点应称：赐教	赠送作品应用：雅正

2．慎重选择话题

人们在交谈中所涉及的题目范围和谈资内容统称为话题。换言之，话题是一些由相对集中的同类知识和信息构成的谈话资料及其相应的语体方式、表述语和语气词的总和。在人际交往中，选择一个好的话题，就能使谈话有个良好的开端。

（1）适宜的主题

① 对方或自己擅长的话题。

② 安全话题（即公共话题），如哲学、历史、地理、艺术、建筑、风土人情等。

③ 轻松愉快的话题，如电影、电视、体育比赛、美容美发、休闲娱乐、旅游观光、名胜古迹、流行时尚、烹饪小吃、天气状况等。

（2）忌谈的主题

① 涉及国家和政府的政治话题。

② 涉及国家秘密和行业秘密的话题。

③ 涉及交往对象的隐私话题，如收入、年纪、婚姻家庭、健康状况、个人经历等。

④ 格调不高的话题。

由于人们的学历、职业、精力、兴趣状况不同，每个人所掌握的话题状况也会有所差距，因此必须尽量扩大话题储备。在现实生活中，肯花工夫学习、多看书报有意识地积累自己的知识将会给自己选择话题有很大帮助。

3．讲究提问技巧

提问和回答是交谈的基本形式，善于提问可以更顺利地接近相识对方，同时可以获得信息、解除疑点、加深了解，能打破交谈的僵局，控制交谈言路的方向，保证交谈的顺利进行，因此提问往往是交际的起点，也在交谈中占主导地位。在交谈中要讲究问得其所，问得所需。

（1）看清对象

"上什么山唱什么歌，见什么人发什么问。"提问要根据对方的年龄、身份、职业性格的不同因人而异，选择不同的提问方式。

（2）把握时机

在交谈中，发问的时机也非常重要，所以要善于掌握对方的心理脉搏。选择恰当的时机发问。时机掌握得好，发问效果才佳。例如：当对方伤心或失意时，不宜提太复杂、太生硬，使对方不愉快的问题；当对方遇到困难或麻烦，需要单独冷静思考时，最好不要提任何问题。

（3）抓住关键

提问问题时抓住关键和重点，可以引导对方的思路，并使问题显得清晰，从而避免叫对方摸不着头脑，觉得回答起来无从下手。

（4）精选类型

在提问时往往要准备多种提问方式，因为不是任何人一开始就愿意如实回答你所提出的问题，他往往会用各种借口来推托你的问题。当一种提问方式不行时，要试着换另一种方式提问。提问大体可以分以下几种类型。

① 正面直问。开门见山，直接提出你想了解的问题。

② 两面提问。既问好的，也问坏的。既问主要的，也要问次要的。这种提问可以较好地了解人的全貌和事物发展的全过程，可以帮助我们克服主观片面性。

③ 迂回侧问。若正面或反面都不好问，就从侧面或另一角度入手，迂回之后，再回到正面问题上来。

④ 假设提问。站在对方的立场上，提出一些假设，启发对方思考，引导对方回答。

⑤ 步步深问。打破砂锅问到底，随着对方的谈话，步步深入。

当然，想使对方愿意回答自己提出的问题，也要注意自身形象的塑造，比如着装要得体，大方自然，称呼要得当，给人真诚可信的感觉。这样，在"问者谦谦，言者谆谆"的合理氛围中交谈会进展得很顺利。

4.2.3 交谈的艺术

1．有备而谈

日常生活中，成年人不能像小孩子一样，童言无忌是天真可爱的，如果成年人说话冒失，则是令人反感的。社交活动中的谈话要有所准备，讲究技巧，而不是随心所欲，信口开河。

（1）仪表仪态、端庄得体

仪表端庄，举止得体，神态饱满，气质上佳，风度翩翩，良好的第一印象显然有助于谈话的成功。

（2）思路清晰，主旨明确

明确的宗旨、细致的步骤以及备用方案，这些问题要在会谈前准备好，谈话时不要啰唆，思路清晰，同时，要通过对方的反应寻找共同的话题，使谈话得以继续。

2．掌握分寸

谈话要有放亦有收，不过头，不嘲弄，把握好“度”；谈话时不要唱独角戏，夸夸其谈，忘乎所以，不让别人有说话的机会；说话时要察言观色，注意对方情绪，对方不爱听的话少讲，一时接受不了的话不急于讲。开玩笑的时候要看对象、性格、心理、场合，一般来讲，不随便开女性、长辈、领导的玩笑，一般不与性格内向、多疑、敏感的人开玩笑，当对方情绪低落、心情不快时不开玩笑，在严肃的场合、用餐时不开玩笑。

（1）身份意识

主从不分、没大没小是不礼貌的，所以说话时应注意自己和对方的身份。例如，“吃东西前要洗手，懂吗”对小孩说是很平常的，但是对成年人说则不妥。

（2）顾及他人

说者无意，听者有心，说话者要顾及他人，避免无意刺伤他人，令人尴尬。要确保对方能听懂自己的话，比如商业交往不宜用方言，而且应避免与人耳语。另外要将心比心，与人为善。揭人伤疤，说刻薄的话，伤人自尊都是极为失礼的言行。还要注意不要在公共场合冷落某方面不如自己的人。

（3）考虑措辞

直率固然是优良品格，但在有些场合不宜太“直率”，否则容易使人误会，认为是没有教养。在商务活动中要注意不宜居高临下、咄咄逼人，而应谦恭礼让、委婉客气。

案例分析

臣子妙答

曹操很喜爱曹植的才华，因此想废了曹丕转立曹植为太子。当曹操将这件事征求贾诩的意见时，贾诩却一声不吭。曹操就很奇怪地问：“你为什么不说话？”贾诩说：“我正在想一件事呢！”曹操问：“你在想什么事呢？” 贾诩答：“我正在想袁绍、刘表废长立幼招致灾祸的事。”曹操听后哈哈大笑，立刻明白了贾诩的言外之意，于是不再提废曹丕的事了。

在南朝时，齐高帝曾与当时的书法家王僧虔一起研习书法。有一次，高帝突然问王僧虔说：“你和我谁的字更好？” 这问题比较难回答，说高帝的字比自己的好，是违心之言；说高帝的字不如自己，又会使高帝的面子搁不住，弄不好还会将君臣之间的关系弄得很糟糕。王僧虔的回答很巧妙："我的字臣中最好，您的字君中最好。"皇帝就那么几个，而臣子却不计其数，王僧虔的言外之意是很清楚的。高帝领悟了其中的言外之意，哈哈一笑，也就作罢，不再提这事了。

分析：在许多场合，有一些话不好直说、不能直说也无法明说，于是，旁敲侧击绕道迂回，就成为人们所采用的方法。

3．幽默风趣

在交谈中常常会因为意见不同而产生争论或分歧，但交谈本身就是一个寻求一致的过程。这就需要在交谈中，用应变和机智抛开或消除障碍；幽默还可以化解尴尬局面并且增强语言的感染力。它建立在高尚情趣、较深的涵养、丰富的想象、乐观的心境和对自我智慧、能力的自信基础上。

重要提示

有幽默感的人在谈话中总是受人欢迎的，幽默不但能很好地表达自己的意思，同时还可以活跃谈话气氛，使谈话更容易继续下去。

4.3 演　　讲

演讲是一门运用语言的艺术。它是指演讲者在公共场合，运用口语，借助于表情手势，郑重、系统地阐述自己的见解和主张，以教育或感召听众的一种口语表达方式。演讲可以分很多类，如政治演讲、学术演讲、法庭演讲、社会生活演讲等。

4.3.1　演讲的要素

从演讲定义的阐述中我们可以清楚地看到演讲是一种最直接，最灵活、最经济和极有效的口语表达形式和宣传教育艺术，它有着与一般口头语言和书面文章不同的特点和作用。

1．特定的时境

演讲的时境指的是演讲者和听众同处一起的时间与环境。特定的时境是演讲的重要基础之一，是演讲活动不可缺少的物质要素。同时，特定的时境又对演讲这一口语表达活动起着突出的制约作用，随着特定时境的转移与变化，演讲的内容、语言和表情动作等，也都要做相应的调整与变化，只有这样，才能适应特定时境这一物质要素转移与变化的需要，才能取得演讲的最佳效果。

2．有声语言

有声语言是演讲活动的最主要的物质表达手段，它以流动的方式，运载着演讲者经过组织的思想与感情，传入听众的听觉器官，从而产生很强的说服力、吸引力与感召力。好的有声语言，具有准确清晰、清亮圆润、富于变化、有耐久力的特征。它能在流动的过程中产生一种美感，勃发一种情趣，形成一种“余音绕梁，三日不绝”的佳境。

3．态势语言

态势语言是演讲中重要的信息交流手段，又称为形体语言或无声语言，它是指能在一定程度上表达思想感情的眼神、面部表情、手势动作、体态、举止和礼仪等。如同话剧演员、戏剧演员的形体动作那样，这种态势语言也属流动着的形体动作，这种动作如果运用得自然、真实、鲜活，也能一定程度上弥补有声语言的不足，增强有声语言的表现力和感染力。

4.3.2 演讲应具有的心理素质

演讲是一种强烈的精神劳动产物，因此，一次演讲它不仅是对演讲者思想、文化、知识、表达能力的考验，也是对演讲者心理和心理素质的严峻考验。良好的心理素质可以帮助演讲者获得演讲的成功，而心理素质差的演讲者也许还没有登场就败下阵来了，因此培养演讲者良好的心理素质，是取得演讲成功的先决条件。演讲者要具有的心理素质主要有以下几个方面。

1．求真的心理素质

追求真理应该是我们每一个演讲者演讲中所追求的目的，而也只有追求真理、弘扬真理的演讲才是最具有生命力的演讲，才会是名垂青史的演讲。恩格斯的《在马克思墓前的讲话》如此，林肯的《葛提斯堡演讲》如此，闻一多的《最后一次演讲》也是如此。这一切都是演讲者追求真理的结果，如果没有他们对真理追求的内在思想品质，良好的心理素质，那么要想产生这些名垂青史的演讲传世之作是不可能的。

2．创作上的心理素质

在演讲创作中需要哪些心理素质呢？大体说来有两个方面：一是形象思维和逻辑思维；二是联想与想象。

在演讲创作中逻辑思维占主导地位，演讲创作者要通过自己的创作说明问题、解决问题，最后昭示给人们的也不是某一具体的形象而是一个抽象的道理。所以形象思维在演讲创作中只是暂时的、阶段性的，占主导地位的是逻辑思维。但是形象思维在演讲创作中并不是可有可无的，它在演讲创作中也起着逻辑思维不可替代的作用，如事例的陈述、形象的描绘等，离开了形象思维同样完不成演讲任务。

德国哲学家黑格尔说过：“想象是创造性的”，想象可以为我们的思想插上一双展翅高飞的翅膀。没有了想象，我们的思想就飞不高、飞不远，我们的心灵就不会丰富，我们的生活也不会多彩；而联想又帮我们在错综复杂的事件之间找到联系，让我们在千头万绪中找出头绪，在千变万化中找到根本。想象和联想可以让我们的演讲创作得到升华，让我们的演讲主题更深刻，让我们的思维材料更丰富，让我们的演讲构思更灵活。

3．表达的心理素质

“演讲是需要勇气”的，这种勇气到了演讲的表达阶段显现得更为突出。这时演讲者一般要做好以下几种心理准备。

（1）克服怯场

怯场是人人都有过的经历，许多著名的演讲家在初登讲台时也是心里发慌，两腿发抖。古罗马的雄辩家西塞罗曾在一次讲演后说：“演讲一开始，我就感到自己面色苍白，四肢和整个心灵都在颤抖。”后来他成为著名的演讲家，我们同样也一定会从不能到能。要知道演讲是人人都可以做到的，只要鼓起勇气，勇敢登台，你就已向成功迈出了第一步，胜利已离你不远了。

（2）情绪饱满

演讲者一定要想方设法在登台演讲前把自己的情绪调整到最佳状态，以饱满的情绪登台演讲。古希腊著名的哲学家亚里士多德曾经说过：“一个充满了感情的演说者，常常使听众和他一起感动，哪怕他所说的什么内容都没有。”而且饱满的情绪也能吸引听众、感染听众、打动听众。因此，在登台以前，一定要调整好自己的状态，给听众留下美好的第一印象，让听众对你的演讲充满信心。

（3）善于沟通

演讲是一种双向交流。因此，演讲者在登上讲台之后，就要学会与听众交流，随时注意听众的反馈信息，并根据这些反馈信息及时调整自己的演讲内容。只有如此，你的演讲才会是适时的、得体的，也才会是成功的。

演讲者千万不能自视过高，不论你知识多么丰富，阅历如何广博，准备怎样周详，但是千万不要忘了“群众才是真正的英雄”，听众中并不乏真知灼见者，在演讲中，演讲者与听众往往也是可以“说、听相长”的。

4.3.3 演讲的语言技巧

演讲是一门艺术，也是一门科学。良好的语言组织，适当的语言技巧是成功演讲的关键。它能以起伏自如、轻重有致、自然和谐、音义兼美的艺术魅力，使广大听众受到思想上的感染，得到精神上的熏陶和艺术上的享受。

1．语言适度夸张

演讲不同于教学，演讲需要语言的适度夸张来强化自己的观点，使听众形成深刻的印象。如：“我说过一万遍了，现在我要第一万零一遍地再次强调……”。

2．采用各式问句

适度采用设问、反问、连续追问等手法，可直击听众心灵，达到激起兴趣、引发思考、引起共鸣的效果，如“难道这就是网络文化的含义吗？”

3．悬念设计

在演讲的开头或过程中有意设计一些悬念，可激发听众的好奇心，引导听众耐心听下去。好的开头，比如一个动作、一句有力的称谓、一个幽默的自嘲、一个引人入胜的故事、一个有趣的问题等，可以马上将听众的注意力集中到演讲中来，激发出听的兴趣，或直接切换到演讲者期望的情绪中来。

4．适当的连续排比

排比句是非常煽情的，在演讲的高潮部适度加入排比能起到锦上添花的效果。例如：

“我希望，我的家族经历过无数次磨难，我的祖先有辉煌的故事流传；

我希望，我拥有先辈的过去，正在为生命的激荡营构诗篇；

我希望，跃马扬刀驰过广阔的蒙古大草原，用鲜血和烈火祭奠原始的勇武，用残破的战旗掩盖倾斜的地平线；

我希望，乘风破浪聆听海的歌唱，用毅力和智慧泊遍每一个港湾；用樯倾楫摧的悲壮，点缀旅途的平凡；

我希望，单枪匹马去珠峰探险，为一睹极目的风采，我甘愿粉身碎骨在任何一条深涧。”

5．运用情景描述、比喻、类比等手法

用自己描述性的语言将听众带入一种场景，使大家在一个共同的场景和氛围中感受演讲内容，而比喻、类比能将复杂的观点简单化、形象化，帮助听众更直观地理解演讲内容，使听众更容易引起共鸣。

6．语言的渲染力

演讲是要达到煽情的效果。语言的渲染力主要靠日常语言习惯养成，但也可以进行设计。同样的语意，可以用不同的语句表达，设计时是可以选择的。

例如：“那天是 1997 年 7 月 1 日”与“记住这个日子吧！1997 年 7 月 1 日”效果相差很多，明显后一个句式能够给听众留下更深的印象。

另外，富于变化的语速、适当的音量和语调、恰当的停顿等都会为演讲增色。

阅读材料

我有一个梦想（节选）

【美】马丁·路德金

朋友们，今天我要对你们说，尽管眼下困难重重，但我依然怀有一个梦。这个梦深深植根于美国梦之中。

我梦想有一天，这个国家将会奋起，实现其立国信条的真谛：“我们认为这些真理不言而喻：人人生而平等。”

我梦想有一天，在佐治亚州的红色山岗上，昔日奴隶的儿子能够同昔日奴隶主的儿子同席而坐，亲如手足。我梦想有一天，甚至连密西西比州——一个非正义和压迫的热浪逼人的荒漠之州，也会改造成为自由和公正的青青绿洲。

我梦想有一天，我的四个小女儿将生活在一个不是以皮肤的颜色，而是以品格的优劣作为评判标准的国家里。

我今天怀有一个梦。

我梦想有一天，亚拉巴马州会有所改变——尽管该州州长现在仍滔滔不绝地说什么要对联邦法令提出异议和拒绝执行——在那里，黑人儿童能够和白人儿童兄弟姐妹般地携手并行。

我今天怀有一个梦。

我梦想有一天，深谷弥合，高山夷平，歧路化坦途，曲径成通衢，上帝的光华再现，普天下生灵共谒。这是我们的希望。这是我将带回南方去的信念。有了这个信念，我们就能从绝望之山开采出希望之石。有了这个信念，我们就能把这个国家的嘈杂刺耳的争吵声，变为充满手足之情的悦耳交响曲。有了这个信念，我们就能一同工作，一同祈祷，一同斗争，一同入狱，一同维护自由，因为我们知道，我们终有一天会获得自由。

到了这一天，上帝的所有孩子都能以新的含义高唱这首歌：

我的祖国，可爱的自由之邦，我为您歌唱。这是我祖先终老的地方，这是早期移民自豪的地方，让自由之声，响彻每一座山冈。如果美国要成为伟大的国家，这一点必须实现。因此，让自由之声响彻新罕布什尔州的巍峨高峰！

让自由之声响彻纽约州的崇山峻岭！

让自由之声响彻宾夕法尼亚州的阿勒格尼高峰！

让自由之声响彻科罗拉多州冰雪皑皑的洛基山！

让自由之声响彻加利福尼亚州的婀娜群峰！

不，不仅如此；让自由之声响彻佐治亚州的石山！

让自由之声响彻田纳西州的望山！

让自由之声响彻密西西比州的一座座山峰，一个个土丘！

让自由之声响彻每一个山冈！

当我们让自由之声轰响，当我们让自由之声响彻每一个大村小庄，每一个州府城镇，我们就能加速这一天的到来。那时，上帝的所有孩子，黑人和白人，犹太教徒和非犹太教徒，耶稣教徒和天主教徒，将能携手同唱那首古老的黑人灵歌：“终于自由了！终于自由了！感谢全能的上帝，我们终于自由了！”

4.3.4 演讲的非语言技巧

1．站姿

演讲时应挺直、舒展、自然，不要左右摇摆。在向听众表达一种传递信息欲望时，应适度前倾；在表达一种神圣感或渲染某种深远的情绪，希望将听众共同带往一种情绪境地时，可采用微仰头、仰望苍穹等姿态。

2．手势

手势以自然为佳，最好就是日常的习惯性手势，在此基础上，可进行适当的修饰和设计，改掉一些不良的手势习惯。手势宁少勿多，不要让人感到生硬。指向听众或自己时不要用手指，而要用手掌。

常用手势：双手或单手有力地指向对方或自己；用力握拳；曲起手指敲击桌面以加强语气；用力挥一下手；自然连续地转动手腕；双手平摊、耸肩；用手指表达数字；伸大拇指表示极度肯定和赞赏；摆 V 字造型表达胜利的信心或快乐；轻摆手指表示否定或轻蔑；用手指轻敲太阳穴表示思考等。

3．目光

目光要有力，凝视听众，但不可在一处停留过久，否则该处听众会不自在，也不可跳跃太频繁，一句话未说完时尽量不要转移目光，否则给人以游离、不自信的感觉。除非是表达悲痛的情绪，眼角不要向下垂。

4．表情

演讲时首先要自信和从容，然后应有一些变化，能配合演讲的内容，善用眉头、眼角、嘴唇等易控制的部分，有效地传达自己的情绪。一般情况下面带微笑，尽量避免表情呆滞，或显得过于呆板。

小　　结

本章共分为倾听、交谈、演讲 3 个部分，倾听部分又分为作用、方式、艺术 3 个方面，作为倾听礼仪的重点内容，倾听的艺术主要讲述了倾听的态度、礼仪和技巧，全面系统的讲解不但能让学生知道“为什么这么做”还能知道“怎么才能做成这样”；交谈部分则是从交谈的语言入手，延伸到交谈的礼仪以及交谈的艺术，其中穿插了很多阅读资料，帮助同学们更好地理解；演讲部分主要从心理、语言、非语言 3 方面讲解了演讲所需要注意的重要事项。

本章的重点是倾听的艺术、说话的技巧以及演讲的技巧，旨在通过积极主动的训练，掌握语言沟通礼仪。

思考与练习

1. 倾听的技巧有哪些？
2. 交谈的礼仪有哪些？

活动与探索

1. 与同学一起练习常用的礼貌用语及使用方法。
2. 以“我为祖国的生日喝彩”为题，写一篇演讲稿。

第5章 见面礼仪

本章将介绍基本见面礼仪：介绍、握手、名片、称谓等有关知识。熟练运用这些知识和技巧，有助于顺利参与社会交往。

名言警句

生活里最重要的是礼貌，它比最高的智慧，比一切学识都重要。

——【俄】赫尔岑

5.1 介　绍

人要生存、发展，就需要与他人进行必要的沟通，以寻求理解、帮助和支持。介绍是人际交往中与他人进行沟通、增进了解、建立联系的一种最基本、最常规的方式，是人与人进行相互沟通的出发点。

5.1.1 自我介绍

自我介绍，就是在必要的社交场合，把自己介绍给其他人，以使对方认识自己的过程。恰当的自我介绍，不但能增进他人对自己的了解，扩大自己的交际范围，广交朋友，而且有助于自我宣传、自我展示，在交往中减少麻烦、消除误会，有时还可创造出意料之外的机会。

1．自我介绍的形式

（1）应酬式

这种自我介绍最为简洁，往往只包括姓名一项即可。适用于某些公共场合和一般性的社交场合，如聚会、宴会、通电话等，对象主要是一般接触的交往人。

“你好，我叫张涛。”

“你好，我是王波。”

（2）工作式

适用于工作场合，包括本人姓名、供职单位及其部门、职务或从事的具体工作等。有职务最好报出职务，职务较低或者无职务，则可报出目前所从事的具体工作。

“你好，我叫张涛，是东方广告公司的企划经理。”

“我叫王波，我在希望外语学校教英语。”

（3）交流式

交流式自我介绍也叫社交式自我介绍或沟通式自我介绍，适用于社交活动中，是一种刻意寻求与交流对象进一步交流与沟通，希望对方认识自己、了解自己、与自己建立联系的自我介绍。大体包括介绍者的姓名、工作、籍贯、学历、兴趣及与交往对象的某些熟人的关系。

“你好，我叫张涛，我在东方广告公司工作。我是王波的高中同学。”

“我叫李立，是王波的同事，也在希望外语学校教英语。”

（4）礼仪式

礼仪式的自我介绍适用于讲座、报告、演出、庆典、仪式等一些正规而隆重的场合，如图 5-1 所示。这是一种表示对交往对象友好、敬意的自我介绍。内容包括姓名、单位、职务等，同时还应多加入一些适当的谦辞、敬语，以示对交往对象的尊敬与尊重。

图 5-1　礼仪式自我介绍

“女士们、先生们，大家好！我叫张涛，是东方广告公司的企划经理。我代表本公司热烈欢迎各位来宾莅临指导，谢谢大家的支持！”

（5）问答式

问答式自我介绍是针对对方提出的问题，做出自己的回答。适用于应试、应聘和公务交往，应做到有问必答，问什么就答什么。

“先生，你好！请问您怎么称呼？（请问您贵姓？）”

“先生您好！我叫张涛。”

主考官问：“请介绍一下你的基本情况。”

应聘者："各位好！我叫王波，现年 26 岁，山东青岛人，汉族……"

案例分析

自我介绍的场景

1. 求职应聘。
2. 求学考试。
3. 在社交场合，与不相识者处一室时。
4. 在社交场合，同兴趣者寻求交往时。
5. 在社交场合，与陌生人初次见面时。
6. 在公共聚会上，朋友介绍其交际圈时。
7. 在公共聚会上，打算加入陌生交际圈时。
8. 交往对象忘记自己身份，或担心这种情况可能出现时。
9. 有求于人，但对方不太了解自己或一无所知时。
10. 拜访熟人遇到不相识者挡驾，或是对方不在，而需要请不相识者代为转告时。
11. 工作需要，前往陌生单位联系业务时。
12. 在出差、旅行途中，与他人不期而遇，并且有必要与之建立临时接触时。
13. 因业务需要，在公共场合进行业务推广时。
14. 初次利用大众传媒，比如杂志、报纸、广播、标语传单等，向社会公众进行自我推荐、自我宣传时。

2. 自我介绍的技巧

（1）把握时机

要抓住时机，在适当的场合进行自我介绍，最好选择在对方有兴趣、有空闲、情绪好、干扰少、有要求之时，这样就不会打扰对方。如果对方兴趣不高、工作很忙、干扰较大、心情不好、没有要求、休息用餐或正忙于其他交际之时，则不太适合进行自我介绍。

（2）掌握时间

进行自我介绍一定要力求简洁， 言简意赅，尽可能地节省时间。通常以半分钟左右为佳，如无特殊情况最好不要长于 1 分钟。话说得多，不仅显得啰唆，而且交往对象未必记得住。

为了提高效率，在作自我介绍时，可利用名片、介绍信等资料加以辅助。

（3）讲究态度

自我介绍时应镇定自信、真挚诚恳、落落大方、彬彬有礼。镇定自若，大方流畅的自我介绍，给人以好感；相反，如果你流露出畏怯和紧张，结结巴巴，目光不定，面红耳赤，手忙脚乱，彼此间的沟通便有了阻隔。进行自我介绍时所表达的各项内容，一定要实事求是，真实可信。过分谦虚，一味贬低自己去讨好别人，或者自吹自擂，夸大其词，都是不足取的。另外语气要自然，语速要正常，语音要清晰，生硬冷漠的语气、过快过慢的语速，或者含糊不清的语音，都会严重影响自我介绍的形象。

重要提示

自我介绍时应先向对方点头致意，得到回应后再向对方介绍自己。

5.1.2 为他人介绍

为他人介绍是第三者为彼此不相识的双方引见的介绍方式。在一般情况下，为他人介绍都是双向的，即第三者对被介绍的双方都作一番介绍。有些情况下，也可只将被介绍者中的一方向另一方介绍，例如，将甲介绍给乙，但前提是甲已知道、了解乙的身份，而乙不了解甲。

1．介绍者

为他人作介绍的介绍者，通常是社交活动中的东道主，家庭聚会中的主人，公务交往中的礼仪专职人员，或正式活动中地位、身份较高者。如熟悉被介绍的双方，又应一方或双方的要求，也可充当介绍人。

2．尊重双方意愿

为他人作介绍，要先了解双方是否有结识的愿望，做法要慎重自然，不要贸然行事。最好先征求双方的意见，以免为原来就相识者或关系不好者作介绍。

3．内容

介绍时，根据实际需要的不同，介绍内容也有所不同，一般只介绍双方的姓名、单位、职务，有时为了推荐一方给另一方，介绍时可以说明被推荐方与自己的关系，或强调其才能、成果，便于新结识的人相互了解与信任。

4．语言

介绍具体的人时，要用敬辞。如“张先生，请允许我向您介绍一下，这位是王先生”。同时，应该礼貌地用手示意，而不要用手指进行指点。

5．被介绍者

作为被介绍者，应当表现出结识对方的热情，目视对方，除女士和年长者外，被介绍时一般应起立。但在宴会桌上和会谈桌上只需微笑点头有所表示即可。

6．介绍的顺序

介绍的顺序其实就是把谁介绍给谁的问题。介绍的顺序是为了体现对长者、女士、身份高的人的敬重，所以一般的顺序是：向长者、女士、身份高的人介绍对方，因为总是应该由年轻者、男士和身份低者主动去认识对方。但在不同的场合，介绍的顺序又略有不同。

（1）长者优先

一般社交场合中遵循长者优先的原则。

"宋教授，请允许我向您介绍一下，这位是希望外语学校的王老师。"

（2）女士优先

女士优先是一般社交场合遵循的另外一个原则。在西方先将男士介绍给女士通常不会错。

"刘小姐，请允许我介绍一下，这位是东方广告公司的张经理。"

（3）职位高者优先

在工作场合则以职位高者优先，也就是应将职位低的介绍给职位高的，如图 5-2 所示。在工作场合，长者与女士一般不具有优先权。

图 5-2 将年轻人介绍给长者

"张经理，请允许我介绍一下，这位是飞驰电脑公司的小刘。"

（4）先到者优先

如果被介绍的两人有先到后到之分，那么遵循先者为大的原则，先到者具有优先权，也就是应把晚到者介绍给早到者。

（5）他人优先

如果被介绍的一方是你的家人，那么通常应把你的家人介绍给别人，也就是说亲人在介绍中通常不具有优先权，以此向他人表示尊重。这一原则也可以进一步推广到朋友和熟人之间，通常把关系较近的介绍给关系较疏远的人。

5.2 握　手

握手，如图 5-3 所示，是人们交往过程中最为常见、使用范围十分广泛的见面礼，是一个使用最频繁的传达情意的形式。可以表示欢迎、友好、祝贺、感谢、敬重、道歉、慰问、惜别等各种感情。运用好握手礼仪，对于我们的社交活动和商务交往有着重要的意义。

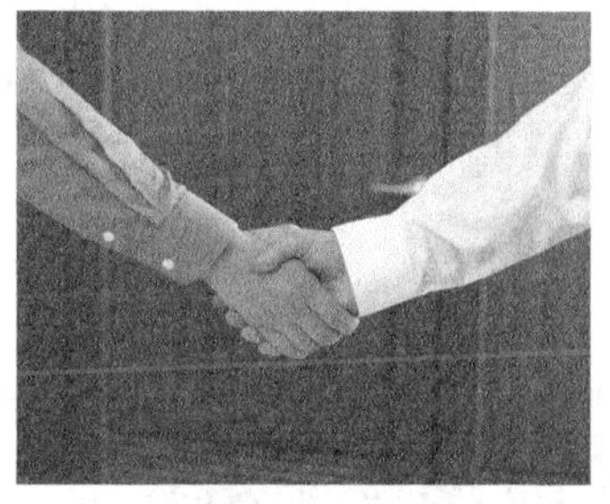

图 5-3 握手

阅读材料

握手礼的由来

说法一：战乱期间，骑士们除两只眼睛外，全身都包裹在盔甲中，随时准备发起攻击。如果表示友好，就会互相走近并脱去右手的甲胄，伸出右手，表示没有武器，互相握手言好。后来，这种友好的表示方式逐渐流传到民间，演变成了今天的握手礼。现代社会握手礼的礼仪也要求不戴手套，以示对对方尊重。

说法二：远古时代，以狩猎为生的人们，遇到素不相识的人时，会扔掉手中的狩猎工具、摊开手掌示意对方表示友好。随后渐渐演变，武士们为了表示友谊，会互相摸一下对方的手掌，表示手中没有武器，不再互相争斗。随着时间的推移，逐渐形成了现在的握手礼。

说法三：原始人居住在山洞，打仗时使用棍棒做武器。后来他们为了消除敌意，结为朋友，见面时先扔掉手中棍棒，然后再挥挥手，经过演变，变成现在的握手礼。

5.2.1 握手的场合

在当今社会交往中，用于握手的场合非常多，握手所表达的含义也非常丰富。

1．介绍认识

当双方被介绍认识时，通常用握手礼来互相致意，如图 5-4 所示。

图 5-4 介绍认识时握手

2．重逢

熟人朋友在好久不见重逢时，通常会一边握手一边问候。

3．迎接、告别

在比较正式的场合与认识的人道别，或作为主人，迎接或送别来访者时。

4．祝贺、感谢、慰问

当需要向对方表示祝贺、感谢和慰问时，也可以用握手来致意。有些特殊场合，比如双方交谈中出现了令人满意的共同点；别人给予你一定的支持、鼓励或帮助时；对别人表示理解、支持、肯定时；向别人赠送礼品或颁发奖品时；得知别人患病、失恋、失业或遭受其他挫折时。

5．道歉、和解

表达对对方的歉意；当双方的谈判和争论达成统一或和解时；双方原先的矛盾出现了某种良好的转机或彻底和解时习惯上也以握手为礼，如图 5-5 所示。

图 5-5　谈判中的握手

5.2.2　握手的顺序

在握手时，双方握手的先后顺序很有讲究。一般情况下，讲究的是“尊者居前”，即通常应由握手双方之中的身份较高者首先伸出手来，反之则是失礼的。

1．女士与男士

女士同男士握手时，应由女士首先伸手；如女方无握手之意，男方可点头或鞠躬致意；如果男方为长者，应以长者为先。

2．长辈与晚辈

长辈与晚辈之间，长辈伸手后，晚辈才能伸手相握。

3．上级与下级

上级与下级之间应是前者先伸手，后者先问候，待前者伸手后，后者才能伸手相握。

4．主人与客人

宾主之间的握手则较为特殊。正确的做法是：客人抵达时，应由主人首先伸手，以示欢迎之意；客人告辞时，则应由客人首先伸手，以示主人可就此留步。如果这一次序颠倒，则很容易让人发生误解。

应当强调的是，在社交和商务场合，当别人不按先后顺序的惯例而已经伸出手时，都应毫不迟疑地立即回握，拒绝他人的握手是不礼貌的。有时当你主动伸出手与对方相握时，对方却没有注意到，此时最好的办法是自然微笑地收回自己的手，不必在意，任何人都会碰到这种情况。

重要提示

在正规场合，当一个人有必要与多人一一握手时，既可以由“尊”而“卑”地依次进行，也可以由近而远地逐渐进行。

5.2.3 握手的礼仪

作为一种常规礼节，握手的礼仪颇有讲究。恰当地握手，既可以向对方表现自己的真诚与自信，同时也是接受别人和赢得信任的契机。

1．神态

与他人握手时，应当神态专注、认真、友好。在正常情况下，握手时应目视对方双眼，面带微笑，上身稍向前倾，头微低，并且同时问候对方。

2．姿势

与人握手时，一般均应起身站立，迎向对方，在距其约 1 步，略向前下方伸出右手，四指自然并拢并微微向内弯曲，拇指与之分开，握住对方的右手手掌，稍许上下晃动一两下，并且令其垂直于地面，如图 5-6 所示。

握手时，大拇指与食指之间的“蹼”要碰到对方的“蹼”

手指要弯曲，你的手指要弯曲碰到对方手掌的底部

图 5-6　握手的姿势

3．力度

握手的时候，以手指稍用力握对方手掌，用力既不可过轻，也不可过重。若用力过轻，有怠慢对方之嫌；不看对象而用力过重，则会使对方难以接受而生反感。男性与女性握手时，只需轻轻地握一下女性的四指即可。异性握手一般不用双手。

4．时间

握手时相握时间的长短可因人因地因情而异，握得太长会使人感到局促不安，太短则表达不出应有的情感，有敷衍之嫌。初次见面时握手以 3 秒钟左右为宜。多人相聚，不宜只与某一人长时间握手，以免冷落其他人并引起误会。

重要提示

久别重逢的朋友、熟人握手力度可大一些，时间长一些，还可以同时伸出左手去握住对方右手的手背，两手做紧握状。

阅读材料

握手所传达的态度

握手不仅是传情达意、联络沟通的手段，而且从握手的姿势中可以反映双方的性格特点和心态。美国著名盲人女作家海伦·凯勒说："我接触过的手，虽然无言，却极有表现性。有的人握手能拒人千里，我握着他们冷冰冰的指尖，就像和凛冽的北风握手一样。而有些人的手却充满阳光，他们握住你的手，使你感到温暖。"虽然握手的姿势千差万别，但可归纳为支配型，顺从型，平等型 3 种基本态度。其中，平等型表达的是："我喜欢你，我们可以相处得很好。"而支配型的人握手时，支配欲和垄断欲很强，认为自己高人一等，会将手掌心向下行握手礼。顺从型的人恰好与此相反，他们握手时手心朝上，此类人处世比较民主、谦和，平易近人，敬仰对方，也容易被他人支配改变自己的观点。

5.2.4 握手的禁忌

在正式场合与他人握手时，如果疏忽一些禁忌，会造成不必要的误会和麻烦，应当避免。

1．用左手

握手宜用右手，以左手握手被普遍认为是失礼之举。尤其是和阿拉伯人、印度人打交道时要牢记，因为在他们看来左手是不洁的。

2．戴手套

握手前务必要脱下手套。只有女士在社交场合戴着薄纱手套与人握手，才是允许的。不要在握手时另外一只手插在衣袋里或者手里拿着东西。

3．戴墨境

在握手时一定要提前摘下墨镜，不然就有防人之嫌。

4．用双手

用双手与人相握，只有在熟人之间才适用。与初识之人握手，尤其当对方是一位异性时，两手紧握对方的一只手是不妥当的。

5．手脏

在一般情况下，用以与人相握的手理应干干净净。以脏手、病手与人相握，都是不应当的。在任何情况下拒绝对方主动要求握手的举动都是无礼的。但手上有水或不干净时，应谢绝握手，同时必须解释并致歉。

6．交叉握手

多人相见时，不要交叉握手，也就是当两人握手时，第三者不要把胳膊从上面伸过去，急着和另外的人握手。

7．疏远

不要在握手时仅仅握住对方的手指尖，面无表情，目光游离，好像有意与对方保持距离。

8．过分热情

不要在握手时把对方的手拉过来、推过去，或者上下左右抖个没完。不要长篇大论、点头哈腰，过分客套。

握手的细节

小李大学毕业应聘到一家物流公司工作。一段时间下来，小李虽然很努力，但是工作效果不理想，一个客户也没谈成。一天，经理将小李叫到了办公室，说客户对小李提出了投诉，原因是态度不好。

小李吓了一跳，一边矢口否认一边觉得很委屈。原来打从工作开始，每次小李与客户握手时，只是象征性地轻轻握一下，并且在握手时眼睛还看着其他地方——就是这个细节让客户很不开心，因为在客户看来，这样握手说明对方对自己很不重视，或者很有意见。生意也自然谈不拢了。

分析：小李在握手中有哪些错误的做法？

5.3 称　　谓

人际交往，礼貌为先。与人交谈，称呼在前。称呼虽只是一个人的符号，却代表着一个人的地位和尊严。在人际交往中，选择正确、恰当的称呼，反映着自身的教养和对对方尊敬的程度，甚至还体现着双方关系发展所达到的程度和社会风尚。正确、恰当地运用称呼，还可以使双方的交往更融洽，沟通更顺利，情感更亲近。

5.3.1 称谓分类

选择称谓要合乎常规，要照顾被称呼者的个人习惯，入乡随俗。在不同场合，人们彼此之间的称谓有其特殊性，比如，生活中的称谓亲切、自然、准确、合理；工作中的称谓庄重、正式、规范。

1．亲属称谓

自古以来，我国在使用亲属称谓时十分重视和讲究。生活中的亲属称谓，如图 5-7 所示。

2．社会称谓

（1）职务称呼

以交往对象的职务相称，以示身份有别、敬意有加，这是一种最常见的称呼。一般有 3 种称呼方式：称职务、在职务前加上姓氏、在职务前加上姓名，例如李院长、郭经理。

（2）职称称呼

对于具有职称者，尤其是具有高级、中级职称者，在工作中直接以其职称相称。有以下 3 种称呼方式：只称职称、在职称前加上姓氏、在职称前加上姓名，例如唐教授、孙研究员。

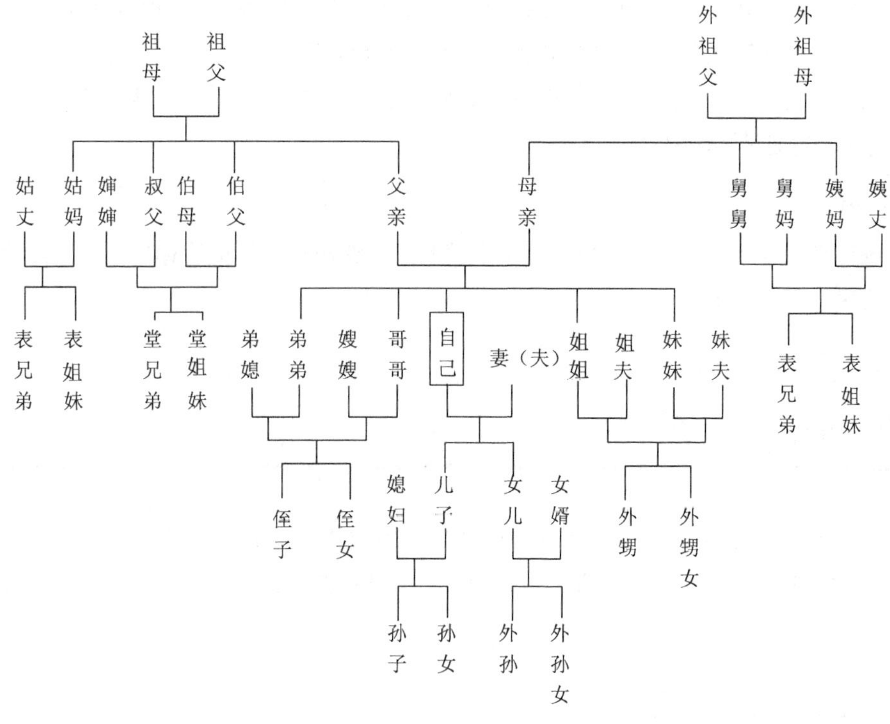

图 5-7 常用亲属称谓

（3）行业称呼

在工作中，有时可按行业进行称呼。对于从事某些特定行业的人，可直接称呼对方的职业，如（老师、医生、会计、律师等），也可以在职业前加上姓氏、姓名，例如张大夫、韩老师。

（4）性别称呼

对于从事商界、服务性行业的人，一般约定俗成地按性别的不同分别称呼“小姐”、“女士”或“先生”，“小姐”是称未婚女性，“女十”是称已婚女性。

（5）姓名称呼

在工作岗位上称呼姓名，一般限于同事、熟人之间。有 3 种情况：可以直呼其名；只呼其姓，要在姓前加上“老、大、小”等前缀；只称其名，不呼其姓，通常限于同性之间，尤其是上司称呼下级、长辈称呼晚辈，在亲友、同学、邻里之间，也可使用这种称呼。

5.3.2 称谓的注意事项

1．注意顺序

如果是在众人交谈的场合，要注意称呼的顺序。一般是先长后幼，先上后下，先女后男，先疏后亲。

2．区别对象

“师傅”、“同志”是我国常用的礼貌称呼，但如果不注意使用对象就会适得其反。比如在学校里称老师为“师傅”，称呼外国友人为“同志”，都会让人啼笑皆非。

3．文化差异

有些称呼，因其地域、文化而产生差异，比如山东人喜欢称呼“伙计”，但南方人听来“伙计”肯定是“打工仔”。我国称年长者为“老”，是对长者的尊重，但是西方国家却忌讳别人称自己“老”。中国人把配偶经常称为“爱人”，但在英文里，“爱人”是“情人”、“第三者”的意思，容易被人误解。

4．错误称谓

误读或是误会，都会导致称谓错误。直呼其名、使用低级庸俗的称号、外号，都是错误、不礼貌、不可取的。

5.4 名　片

名片是在日常生活中人们用来表明自己身份的卡片，一般写有姓名，工作单位，职位，联系方式等，多用于工作场合，是现代人使用最频繁、最广泛、也是最方便的社会交往工具。

5.4.1 名片的分类

现代社会，名片的使用相当普遍，分类也比较多，没有统一的标准。最常见的分类主要有按名片用途、按名片质料和印刷方式、按排版方式等。这里主要介绍按用途分类。

按用途分类也就是按名片的使用目的来分。人们的交往方式有两种，一种是朋友间交往、另一种是工作间交往。工作间交往又可分为两种，一种是商业性的，另一种是非商业性的，由此成为名片分类的依据。

1．商业名片

为公司或企业进行业务活动中使用的名片，其使用大多以营利为目的。商业名片的主要特点为：名片常使用标志、注册商标、印有企业业务范围，大公司有统一的名片印刷格式，使用较高档纸张，名片没有私人家庭信息，主要用于商业活动。

2. 公用名片

为政府或社会团体在对外交往中所使用的名片，名片的使用不是以营利为目的。公用名片的主要特点为：名片常使用标志、部分印有对外服务范围，没有统一的名片印刷格式，名片印刷力求简单适用，注重个人头衔和职称，名片内没有私人家庭信息，主要用于对外交往与服务。

3. 个人名片

朋友间交流感情，结识新朋友所使用的名片。个人名片的主要特点为：名片不使用标志、名片设计个性化、可自由发挥，常印有个人照片、爱好、头衔和职业，使用名片纸张根据个人喜好，名片中含有私人家庭信息，主要用于朋友交往。

5.4.2 名片的用途

对现代人而言，名片是一种物有所值的实用型交际工具，是公务、交友的小助手。在人际交往中，名片的用途主要有以下几类。

1. 自我介绍

初次会见他人，以名片作辅助性自我介绍，效果最好。它不但可以说明自己的身份，强化效果，使对方难以忘怀，而且还可以节省时间，避免啰唆，含糊不清。

2. 结交朋友

没有必要每逢遇见陌生人，便上前递上自己的名片。换言之，主动把名片递给别人，便意味着对对方的友好、信任和希望深交之意。也就是说，巧用名片，可以为结交朋友“铺路架桥”。

3. 维持联系

名片犹如“袖珍通讯录”，利用它所提供的资料，即可与名片的提供者保持联系。正因为有了名片上所提供的各种联络方式，人们的“常来常往”才变得更加现实和方便。

4. 业务介绍

公务式名片上列有归属单位等项内容，因此利用名片亦可为本人及所在单位进行业务宣传、扩大交际面，争取潜在的合作伙伴。

5. 通知变更

利用名片，可以及时地向老朋友通报本人的最新情况。如晋升职务、乔迁新居、变换单位、电话改号之后，可以用印有变更的新名片向老朋友打招呼，以使彼此联系畅通无阻，对方对自己的有关情况了解得更加充分。

6. 拜会他人

初次前往他人居所或工作单位进行拜访时，可将本人名片交由对方的门卫、秘书或家人，转交给被拜访者，以便对方确认“来者何人”，并决定见与不见。这种做法比较正规，可避免冒昧造访。

7．简短留言

拜访他人不遇，或者需要请人转达某件事情时，可在名片上写下几行字，或一字不写，然后将它留下，或托人转交。这样做，会使对方“如闻其声，如见其人”，不至于误事。

8．用作短信

在名片的左下角，以铅笔写下几行字或短语，寄交或转交他人，如同一封长信一样正式。若内容较多，也可写在名片背面。在国外，流行以法文缩略语写在名片左下角，以慰问、鼓励、感谢、祝贺他人的做法。

- n.b. 意即“提请注意”
- p.f. 意即“祝贺”
- p.r. 意即“感谢”
- p.c. 意即“谨唁”
- p.p. 意即“介绍”
- p.p.c. 意即“辞行”
- p.f.n.a. 意即“贺年”

9．用作礼单

向他人赠送礼品时，可将本人名片放入其中，或先装入一个不封口的信封中，再将该信封固定于礼品外包装的上方。后者是说明“此乃何人所赠”的标准做法。

10．替人介绍

介绍某人去见另外一人时，可用回形针将本人名片（居上）与被介绍人名片（居下）固定在一起，必要时还可在本人名片左下角写上意即“介绍”的法文缩写“p.p.”，然后将其装入信封，再交予被介绍人。这是一封非常正规的介绍信，是会受到高度重视的。

5.4.3 名片的交换

恰当地携带、递交、接收名片，有助于更好地宣传自我，结交朋友，积累人脉。一个小小的动作，也能发挥社交的大作用。

1．携带名片

（1）足量适用

携带的名片要数量充足，确保够用。交换名片时如果恰好名片用完，可用干净的纸代替，在上面写下个人资料。

（2）完好无损

名片要保持干净整洁，切不可出现折皱、破烂、肮脏、污损、涂改的情况。

（3）放置妥当

名片应统一置于名片夹、公文包或上衣口袋之内，在办公室时还可放于名片架或办公桌内，如图 5-8 所示。放置名片的位置要固定，以免需要名片时东找西寻，显得毫无准备。切不可随便放在钱包、裤袋之内；也不要把自己的名片和他人的名片或其他杂物混在一起，以免用时手忙脚乱或拿错名片。

图 5-8　名片放置

2．递送名片

（1）意愿

名片要在交往双方均有结识对方并欲建立联系意愿的前提下发送。这种愿望往往会通过"幸会"、"很高兴认识你"等谦虚用语以及表情、体姿等非语言符号体现出来。如果双方或一方并没有这种愿望，则无须发送名片，否则会有故意炫耀、强加于人之嫌。

重要提示

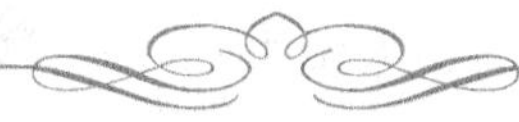

除非对方要求，否则不要在年长者面前主动出示名片。

（2）时机

递送名片要掌握适宜时机，只有在确有必要时，才会令名片发挥功效。一般应选择初识之际或者分别之时，不宜过早或过迟。如果自己即将发表意见，则在说话之前发名片给周围的人，可帮助他人更好地认识你。

不要在会议、用餐之时递送名片，也不要在大庭广众之下向多位陌生人递送名片。对于陌生人或巧遇的人，不要在谈话中过早递送名片。因为这种热情一方面会打扰别人，另一方面有推销自己之嫌。

（3）动作

递送名片要用双手或右手，上体前倾 15° 左右，用双手拇指和食指执名片两角，让文字正面朝向对方，递交时要目光注视对方，微笑致意，可顺带一句"请多多关照"、"欢迎前来拜访"等礼节性用语，如图 5-9 所示。递送名片的整个过程应当谦逊有礼，郑重大方。

（4）顺序

双方交换名片时，应当首先由位低者向位高者发送名片，再由后者回复前者。但在多人之间递交名片时，不宜以职务高低决定发送顺序，切勿跳跃式进行发送，甚至遗漏其中某些人。最佳方法是由近而远、按顺时针或逆时针方向依次发送。

图 5-9　递送名片

3．接收名片

（1）动作

接名片时要立刻起身或欠身，面带微笑，用双手的拇指和食指接住名片的下方两角，口称“谢谢”或“十分荣幸”。名片接到手中后，应从头至尾认真看一遍，遇有显示对方荣耀的职务、头衔不妨轻读出声，以示尊重和敬佩。若对方名片上的内容有所不明，可当场请教对方，如图 5-10 所示。

图 5-10　接收名片

（2）放置

接到对方的名片后，如果接下来与对方谈话，不要将名片收起来，应该放在桌子上，并保证不被其他东西压起来，使对方感觉到你对他的重视。

接到他人名片后，切勿将其随意乱丢乱放、乱揉乱折，而应将其谨慎地置于名片夹、公文包、办公桌或上衣口袋之内，且应与本人名片区别放置。

重要提示

接收了他人的名片后，一般应当即刻回送对方自己的名片。没有名片，名片用完或者忘带名片时，应向对方做出合理解释并致以歉意，切莫毫无反应。

4．索要名片

（1）互换法

互换法即以名片换名片。在主动递上自己的名片后，对方按常理会回送给自己一张他的名片。如果担心对方不回送，可在递上名片时明言此意："能否有幸与您交换一下名片？"

（2）暗示法

暗示法即用含蓄的语言暗示对方。例如，向尊长索要名片时可说："请问今后如何向您请教？"向平辈或晚辈表达此意时可说："请问今后怎样与你联络？"

重要提示

他人索要名片，不宜拒绝。如确有必要这么做，则需注意分寸，在措辞上一定注意不要伤害对方，可以说"对不起，名片刚用完"，或者"不好意思，我忘记带名片"。

5.4.4 名片的管理

要认真对待收到的名片，对名片进行有效管理，充分发挥其使用价值。

1．记录

当与他人在不同场合交换名片时，注意记忆与对方会面的日期、场所、天气、见面地点、谈话主题，以及对方生日、所在单位等信息。交际活动结束后，应回忆刚刚认识的重要人物，记住他的姓名、企业、职务、行业等，并可在名片的背面写下备注。第二天或两三天后，主动打个电话或发个电邮，向对方表示结识的高兴，或者适当地赞美对方的某个方面，或者回忆你们愉快的聚会细节，让对方加深对你的印象和了解。

2．分类

名片可按自己的习惯分类，方便翻阅和查找。比如按地域分类，如省份、城市等；按人脉资源的性质分类，如同学、客户、专家等；还可以按业务内容、交往范围、姓氏笔画或是行业等分类。

3．整理

将名片放置在名片夹里。养成经常翻看名片的习惯，在节日、对方生日等特殊时刻，给对方打一个问候的电话，发一个祝福的短信等，让对方感觉到你的存在和对他的关心与尊重。

定期对名片进行清理，依照重要性、使用频率、互动性等因素，将它们分成 3 组：第一组是要长期保留的，第二组是不太确定，可以暂时保留的，第三组是确定不要的，可做销毁处理。

小　　结

本章重点介绍了自我介绍与为他人介绍、握手礼仪、国内常用称谓及名片的交换等礼仪知识。旨在通过知识的学习，能够灵活运用大方得体的握手，亲切、准确的称谓等见面礼仪。这不但体现对对方的尊敬，同时也是沟通思想、交流情感、增进友谊的重要方式。

思考与练习

1. 为他人介绍的顺序是怎样的？
2. 社会称谓有哪些？

活动与探索

1. 假设你是某高校的教授，要主持某学术会议论坛，设计一份自我介绍。
2. 与同学一起练习握手与交换名片的礼仪。

第 6 章　访送礼仪

拜访和接待是人们工作、生活中常见的礼仪，也是社交中一种重要的形式，越来越受到人们的重视。亲朋、同事、同行的拜访和接待能增进理解、促进友谊、加强合作。

名言警句

有朋自远方来，不亦乐乎。

——孔子

6.1 接　　待

接待是表现主人情谊、体现个人礼仪修养的重要环节。在整个接待过程中，应遵循有关的礼仪规范，创造出和谐、温馨的氛围。这里重点介绍公务接待礼仪。

6.1.1　细心准备

在接待工作中，把迎宾工作做好，尤其是将准备工作做细致，是对来宾表示尊敬、友好和重视的行为。

1．掌握信息

一定要充分掌握来宾尤其是主宾个人的基本状况。例如，姓名、性别、年龄、籍贯、民族、单位、职务、职称、学历、专长、偏好等。必要时，还需要了解其婚姻、健康状况，以及政治倾向与宗教信仰。在了解来宾的具体人数时，不仅要务求准确无误，而且应着重了解对方由何人负责、来宾之中有几对夫妇等情况。来宾此前有无正式来访的记录。如果来宾，尤其是主宾此前曾来访问过，则在接待规格上要注意前后协调一致。无特殊原因时，一般不宜随意在迎宾时升格或降格。来宾如能报出自己一方的计划，例如，来访的目的、来访的行程、来访的要求等。在力所能及的前提之下，应当在迎宾活动之中兼顾来宾一方的特殊要求，尽可能地对对方多加照顾。

2．制订计划

一定要详尽制订迎接来宾的具体计划，可有助于使接待工作避免疏漏，减少波折，更好地、按部就班地顺利进行。根据常规，接待计划至少要包括迎送方式、交通工具、膳宿安排、工作日程、文娱活动、游览、会谈、会见、礼品准备、经费开支以及接待、陪同人员等各项基本内容。

3．确认时间

有时候，来宾会因健康状况、天气状况等临时变更来访时间，所以有必要在来宾启程前再次确认抵达的具体时间。

6.1.2 热情迎宾

迎宾是指在人际交往中，在已有约定的情况下，由主人一方出动专人，前往来访者知晓的某一处所，恭候对方的到来的一种礼节。在一般情况下，迎宾仪式包括如下内容。

1．地点

来宾的身份地位不同，迎宾的地点有所不同。通常情况下，迎宾可安排在火车站、机场等交通工具停靠站，来宾的临时住所以及主人的办公地点门外等。

2．献花

有些重要客人还要向其献花，如图 6-1 所示。向来宾鲜花，献花者通常应为女青年，或少先队员。如果来宾不止一人，可向每位来宾逐一献花，也可以只向主宾或主宾夫妇献花。向主宾夫妇献花时，可先献花给女主宾，也可以同时向男女主宾献花。

图 6-1　献花

献花要根据民族、地域、风俗的不同而有所区别，也要从鲜花的品种、颜色、数量等方面加以考虑。尤其是要注意了解献花的花语，避免不必要的误会和尴尬。

阅读材料

花　语

红玫瑰——我爱你

康乃馨——母爱

米红康乃馨——伤感

郁金香——魅惑、爱之寓言

黄郁金香——绝望之爱

波斯菊——纯情、永远快活

水仙花——尊敬

红郁金香——爱的誓言

白山茶——真爱、真情

红山茶——天生丽质

剑兰——性格坚强、用心

毋忘我——永恒的爱

鸡冠花——多色的爱

雏菊——清白、纯真、纤细

蝴蝶兰——初恋、幸福渐进、纯洁美丽

桃花——疑惑、好运将至、爱慕

牡丹——宝贵

马蹄莲——幸福、纯洁

千日草——不朽

万年青——健康长寿，青春永驻

月季——兴旺发达

白菊花——哀悼

火百合——喜气洋洋

红棉花——英雄之花

月桂——光荣

月桂树环——有功之臣

爆竹红——热烈祝贺

山茶花——英勇

文心兰——青春活泼

刺槐——友谊

百日草——惜别

黄杨——坚定、冷静

桂枝——学识渊博

款冬——正义

木樨草——品德高尚

松柏——延年益寿

翠竹——高风亮节

木莲——高尚

腊梅——慈爱

薰衣草——清雅、女人味

橙花——爱慕

梨花——纯情

杏花——拜访我

蒲公英——勇气

菊花——高洁、欢愉、真爱

白百合——百年好合

3．见面

依照惯例，应当首先由主人陪同主宾来到东道主方面的主要迎宾人员面前，按其职位的高低，由高而低，一一将其介绍给主宾。随后，再由主宾陪同主人行至主要来访人员的队列前，按其职位的高低，由高而低，一一将其介绍给主人。

6.1.3 耐心陪同

陪同要讲究规格、自始至终。

1．陪同人员

陪同人员要了解客人综合情况，明确接待方案，熟悉全过程，注意各个环节的衔接。参观访问中，指定的陪同人员不宜过多，中途不得换人或不辞而别。要对客人有问必答，但不能随意越权许诺。陪同要适时向客人宣传介绍、注意时间节奏，对陪同活动中客人的要求要予以重视。

2．陪同引导

在公务活动中，接待人员陪同客人，步行一般应在客人的左侧，以示尊重。如果是主陪陪同客人，那要与客人并排同行，其他随行人员，应走在客人和主陪人员的后边。负责引导时，应走在客人左前方一两步远的地方和客人的步速一致，遇到路口或转弯处，应用手示意方向并加以提示。乘电梯时，如有专人服务，应请客人先进，如无专人服务，接待人员应先进去操作，到达时请客人先行。进房间时，如门朝外开，应请客人先进，如门往里开，陪同人员应先进去，扶住门，然后再请客人进入。

3．陪同乘车

乘车时，陪同人员要先打开车门，请客人上车，并以手背贴近车门上框，提醒客人避免磕碰，待客人坐稳后，再关门开车。按照习惯，乘车时客人和主陪应坐在司机后第一排位置上，客人在右，主陪在左，陪同人员坐在司机身旁。车停后陪同人员要先下车打开车门，再请客人下车。如果接待两位贵宾，主人或接待人员应先拉开后排右边的车门，让尊者先上，再迅速地从车的尾部绕到车的另一侧打开左边的车门，让另一位客人从左边上车；只开一侧车门让一人先钻进去的做法是失礼的。当然，如为了让宾客顺路看清本地的一些名胜风景，也可以在说明原因后，请客人坐在左侧，但同时应向客人表示歉意。需要强调的是，即使是为了让客人欣赏风景，也不要让客人坐司机旁的位置，尤其是接待港、澳、台地区和外国客人时更应注意这一点，否则，会弄巧成拙、事与愿违。

6.1.4 周到送别

送别是指在来宾离去之际，出于礼貌，而陪着对方一同行走一段路程，或者特意前往来宾启程返还之处，与之告别，并目送对方离去。最为常见的送别形式有道别、话别、饯别、送行等。

1．道别

按照常规，道别应当由来宾率先提出来，假如主人首先与来宾道别，难免会给人以厌客、逐客的感觉，这是不应该的。在道别时，来宾往往会说："就此告辞"，"后会有期"。而此刻主人则一般会讲："一路顺风"，"旅途平安"。有时，宾主双方还会向对方互道"再见"，叮嘱对方"多多保重"，或者委托对方代问其同事、家人安好。

重要提示

在道别时，主人应特别注意 4 个环节：一应当加以挽留；二应当起身在后；三应当伸手在后；四应当相送一程。

2．话别

话别亦称临行话别。最佳的话别地点，是来宾的临时下榻之处。在接待方的会客室、贵宾室里，或是在为来宾饯行而专门举行的宴会上，亦可与来宾话别。参加话别的主要人员，应为宾主双方身份、职位大致相似者，对口部门的工作人员、接待人员等。话别的主要内容有：一是表达惜别之意；二是听取来宾的意见或建议；三是了解来宾有无需要帮忙代劳之事；四是向来宾赠送纪念性礼品。

重要提示

与来宾话别的时间，一要讲究主随客便，二要注意预先相告。

3．饯别

饯别，又称饯行。它是指在来宾离别之前，东道主专门为对方举行一次宴会，以便郑重其事地为对方送别。为饯别而举行的专门宴会，通常称做饯别宴会。专门为来宾举行一次饯别宴会，不仅在形式上显得热烈而隆重，而且往往还会使对方产生备受重视之感，并进而加深宾主之间的相互了解。

4．送行

送行特指东道主在异地来访的重要客人离开本地之时，特地委派专人前往来宾的临时住所，与客人亲切告别，并目送对方渐渐离去。

为来宾正式送行的常规地点，通常应当是来宾返还时的启程之处。例如，机场、码头、火车站、长途汽车站等。倘若来宾返程时将直接乘坐专门的交通工具，从自己的临时下榻之处启程，则亦可以来宾的临时下榻之处作为送行的地点，例如，宾馆、饭店、旅馆、招待所等。

重要提示

为来宾送行时，同时兼顾两点：一是切勿耽误来宾的行程；二是切勿干扰来宾的计划。

6.2 拜　访

在生活中，对一些单位或是家庭进行拜访是经常发生的。掌握拜访的礼仪，有助于提高人际交往的成功率和工作任务的顺利完成。

6.2.1 预约时间

预约时间是成功拜访的第一步。这样既可避免吃闭门羹，又可以让对方有所安排和思想准备。“不速之客”在绝大多数普通关系的社交场合都是不受欢迎的。

阅读材料

国外的预约习惯

在国外，尤其是西方国家，拜访别人事先预约，是最基本的礼貌准则。外国人通常有计划时间的习惯，如果不事先预约贸然造访，打乱了他人的计划安排，会使对方非常生气，同时对不速之客留下缺乏教养的印象。与美国人预约，最好提前一周，美国人性情开朗，个人计划较多，拜访前最好再用电话联系确定。德国人作风严谨，未经邀请的不速之客，有时会被他们拒之门外。日本约会的规矩较多，事先联系、先约优先和严守时间是日本人约会的3条基本原则。

1．预约的方式

预约的方式有3种：口头直接预约、通过电话预约和写信（或电子邮件）预约。在预约的同时把访问的重要目的告诉对方。一般性的活动可以只用口头或电话预约，比较正式的活动应事前写信预约，估计对方收到信后，再打电话落实，并询问对方的答复。

2．预约的态度

预约的语言、口气应该是友好、请求、商量式的，而不能是强求命令式的。如果对方答复说，在你选择的时间内他已另有安排或应酬，应先主动表示歉意，然后再与对方商讨下次的预约时间。这样既有礼貌，又有风度，对方在感动之余会尽早考虑安排接待你的访问。如果发现对方并无其他安排，只是托词拒绝，那对方一定有什么难言之隐，也应当理解，而不应直接迁怒对方。

3．未有预约

如果因事情紧急，或无法预约而做了“不速之客”，则应在相见时及时详细地道出事情的原委，表示自己的歉意，求得对方的谅解。否则，很可能造成对方反感，因为你有可能打乱了对方原定的工作或生活的安排。

4．失约

按约定进行的访问必须守时，如因故不能及时到达，应尽早通知对方，并讲明原因，无故迟到或失约都是不礼貌的。

重要提示

选择拜访时间应先考虑对方是否有空，以不让对方感到为难为原则。在夏季不宜安排太多的拜访活动；如果到工作单位拜访，最好不要选择星期一；如果到他人家中拜访，应避开午休和用餐时间。

6.2.2 充分准备

拜访是一种正式的社交场合。拜访前，做好充分的准备（包括内部和外部的各种细节）可使拜访顺利而和谐。

1．心理准备

无论是初次拜访还是再次拜访，都要明确拜访的目的。如果是公务拜访则要做好心理准备，树立自信心，以积极向上的心态、冷静豁达的态度迎接拜访过程中的一切困难和障碍。

2．物品准备

如果是私人拜访，要准备好名片、礼品等物品。如果是探望好友，可赠送艺术品、工艺品等，也可带茶叶、酒、水果等食品；探视病人可携带鲜花以及有利于病人健康的食品。

如果是公务拜访，则要准备公司的资料、相关产品资料、销售资料与方案、客户资料等。还要制订拜访方案，针对可能出现的情况事先拟定可行的应对措施。

阅读材料

探访病人宜选择的礼物

探望发高烧的病人：可以送能生津止渴的西瓜、生梨、鲜藕、橘子或橘子汁等。因为高烧病人出汗多，排钾量增加，西瓜、生梨、橘子中含较多的钾，可以补其不足。

探望患呼吸道感染的病人，(特别是伴有咽痛，呛咳的病人)：可以送有润肺止咳功用的生梨。对患慢性气管炎，肺气肿的病人，可以送有补肺益肾作用的核桃。对咳血的病人，可以送有利于养阴补肺的白木耳和有止血功能的黑木耳。

探望腹泻的病人：可以送苹果、杨梅、石榴等水果，因为这些水果有收敛止泻的功效。对于久泻不止的病人，可以送有健脾止泻功用的莲心、百合、藕粉等食品。

探望患便秘，痔疮的病人：可以送蜂蜜、香蕉、核桃等食品，因为这些食品有润肠通便的效果，可以治便秘，减少大便出血。

探望高血压，动脉硬化症的病人：可以送山楂、橘子、蜂蜜等食品，这些食品可以降低血压，减缓血管硬化的发展。

探望肝炎病人：可以送些新鲜的水果，营养丰富的鸡蛋、鱼、麦乳精、蜂蜜等。对于慢性肝炎病人，最好送甲鱼，因为甲鱼含丰富的蛋白质，有养阴清热的功能，对慢性肝炎的恢复有益。

探望外科手术后和骨折的病人：可以送些肉骨头、鸡蛋、奶粉、鱼等营养丰富，易消化，含钙质较多的食物。

探望癌症肿瘤的病人：可以送人参、杏仁、奶粉、水果等。

探望产妇：可以送鸡蛋、鸡、鱼、虾等食物。对于产后出血较多的产妇，可以送些猪肝、桂圆、红枣等。

3．细节准备

良好的仪表仪容，既是维护自己的良好形象， 也是对被访者的尊重。拜访者应选择与自己个性、年龄、肤色、身材、场合相适应的妆容和服装。如果是公务拜访，应着正装，代表单位组织的形象，必须注意仪表仪容，从服饰、装束到发型妆容，都要符合社交礼仪要求。

如果是重要的拜访对象，则要在拜访前关掉手机，确保不受打扰，体现了对拜访对象的尊敬和对拜访的重视。

6.2.3　上门有礼

在拜访的过程中，遵循有关礼仪和习惯，可以使拜访取得更好的效果。

1．确保准时

拜访者应准时到达约定地点。一般来说，对中国人的约请，通常比约定提前 2 分钟至 3

分钟到达为好；对外国人的约请，尤其欧美人，比约定时间晚到 2 ~ 3 分钟显得更有礼貌。

如果是私人拜访，走到主人门前，要擦净脚上的泥土，雨天更要特别注意。敲门时要用食指敲门，力度适中，间隔有序敲三下，等待回音。如无应声，可再稍加力度，再敲三下，如有应声，再侧身站立于右门框一侧，待门开时再向前迈半步，与主人相对。按门铃的时间不要太长；如果主人家的门开着，仍然要敲门、按门铃或在门口呼叫主人。跟主人不是特别熟的朋友，开门之后，应等主人说“请进”之后再进去，并主动询问主人是否要换鞋或戴鞋套。

问候致意进屋后，除了向主人问候寒暄外，对主人的家人或其他客人，不管认识与否，都应笑脸相对，简单地向他们说声“你好”或点头致意，待主人安排座位后再道谢坐下。

2．注意细节

主人不让座不能随便坐下。如果主人是年长者或上级，主人不坐，自己不能先坐下。主人让座之后，要口称“谢谢”，然后采用规矩的礼仪坐姿坐下。

如果是第一次见面，应主动递上名片，或做自我介绍；对熟人可握手问候。如果有其他人同来，应介绍给主人。

主人递上烟茶要双手接过并表示谢意。如果主人没有吸烟的习惯，要克制自己的烟瘾，尽量不吸，以示对主人习惯的尊重。

主人献上果品，要等年长者或其他客人取用后，自己再取用。即使在最熟悉的朋友家里，也不要过于随便。

在主人家里随意翻动物品，到处乱闯，是对主人的不尊重。家庭拜访不能擅自进入卧室、餐厅、贮藏室、阳台等“私人空间”。一般不要带幼小的孩子去做客，这会给主人增加麻烦，更不宜在别人家责骂自己的小孩。

3．把握言谈

交谈的时候谈吐要文雅，对主人家的家庭情况只作一般了解。若关心过度，反复盘问，就显得粗鲁无理了。交谈时要先把要事说完，不可独自滔滔不绝，让主人插不上嘴。主人说话时要留心倾听，观察其心理，若主人有不耐烦的神色出现，适时告辞较为明智。

如果是探视病人，则在谈话的内容上，针对患者的焦虑心态要多说一些轻松、宽慰的话，释疑开导，以利于病人恢复平静稳定的心情。

有些公务拜访要进行工作磋商，不要轻易表态，随便允诺。

6.2.4 礼貌告辞

拜访时应善始善终，告退有方。

拜访时间根据拜访目的和主人的意愿而定，通常宜短不宜长。通常情况下，一般拜访的时间以半小时为最佳时间。告辞时应对主人的款待致谢，并对自己的打扰表示歉意。主人家有长辈的话，也应向长辈告辞。女士跟男主人告别，应主动和对方握手，如向年长的妇女告辞，则应等对方伸出手来再握手。出门后，应主动请主人留步，不用远送。待主人留步后，走出几步，再回首挥手致意：“再见”。

公务拜访可视约定的结束时间而定。

阅读材料

酒会的告辞

出席鸡尾酒会的客人应按请帖上写明的时间起身告辞。如果接到的是口头邀请，没有说明结束时间，则默认酒会将进行两个小时。

正餐之后的酒会的告辞时间按常识而定，如果酒会不是在周末举行，那就意味着告辞时间应在晚间十一时至午夜之间。若是周末，则可更晚一些。除非客人是主人的亲密朋友，一般都不应在酒会的最后阶段还留在那里。

在所有各种（除了最大型的）酒会上，离开之前都应向女主人当面致谢，这是礼貌。倘若你因故而不得不早一些告辞，则致谢不能太引人注目，以免使其他客人认为他们也该走了。

参加了一次鸡尾酒会或非正式的正餐后酒会之后，并无绝对必要向女主人写信致谢，但这样做总是令人感到愉悦的。如果女主人是一位好朋友，那么可以在第二天上午和她通一个电话，向她祝贺酒会的成功。

小　　结

本章介绍了接待与拜访礼仪，其中接待部分分为细心准备、热情迎宾、耐心陪同、周到送别 4 部分进行阐述；拜访部分按照邀请、准备、上门礼仪和告辞的顺序介绍了每个环节应该注意的问题。

通过对本章内容的学习，同学们应该学会怎样做受人欢迎的客人和称职的主人。

思考与练习

1. 公务拜访前要做哪些准备？
2. 在陪同客人中应注意哪些细节？

活动与探索

1. 假如在你拜访过程中又来了一位客人，该怎么办？
2. 接待来访客人时，居室中的上座有哪些？

第 7 章　宴请礼仪

宴请，是一种常见的社交活动。一般情况下，举办宴请和参加宴请活动都是以交际为目的，是增进友谊、融洽气氛、沟通交流的重要手段。宴请的形式多样，内容丰富，掌握其礼仪是十分必要和重要的。

本章将概述宴会的形式及礼仪，分别介绍中餐与西餐文化、习惯。

名言警句

你在品味食物，别人在品味你。

——【加拿大】商务形象设计师、人格心理咨询师 英格丽·张

7.1　宴请的形式

宴请是交往中最常见的交际活动之一。各国和各地宴请都有自己国家或民族的特点与习惯。国际上通用的宴请形式有宴会、招待会、茶会、工作进餐等，每种宴请都有特定的规格和要求。举办宴请活动采用何种形式，通常根据活动目的，邀请对象以及经费开支等各种因素而定。

7.1.1　宴会

宴会为正餐，坐下进食，由招待员顺次上菜。宴会有国宴、正式宴会、便宴之分。按举行的时间，又有早宴（早餐）、午宴、晚宴之分。其隆重程度，出席规格以及菜肴的品种与质量等均有区别。一般来说，晚上举行的宴会较之白天举行的更为隆重。

1. 国宴

国宴是国家元首或政府首脑为国家的庆典，或为外国元首、政府首脑来访而举行的正式宴会，因而规格最高。宴会厅内悬挂国旗，安排乐队演奏国歌及其他音乐。席间还有致辞或祝酒等活动。

2．正式宴会

正式宴会除不挂国旗、不奏国歌以及出席规格不同外，其余安排大体与国宴相同。有时也会安排乐队奏其他音乐。宾主均按身份排位就座。许多国家正式宴会十分讲究排场，在请柬上注明对客人服饰的要求。外国人对宴会服饰比较讲究，往往从服饰规定体现宴会的隆重程度。对餐具、酒水、菜肴道数、陈设以及服务员的装束、仪态都要求很严格。通常菜肴包括汤和几道热菜（中餐一般 4 道，西餐用 2～3 道），另有冷盘、甜食、水果等。

阅读材料

正式宴会用酒

国外正式宴会餐前上开胃酒。常用的开胃酒有：雪梨酒、白葡萄酒、马丁尼酒、金酒加汽水（冰块）、苏格兰威士忌加冰水（苏打水），另上啤酒、水果汁、番茄汁、矿泉水等。席间佐餐用酒，一般多用红、白葡萄酒，很少用烈性酒，尤其是白酒。餐后在休息室上一小杯烈性酒，通常为白兰地。

我国的正式宴会做法较简单，餐前如有条件，在休息室稍事叙谈，通常上茶和汽水、啤酒等饮料。如无休息室也可直接入席。席间一般用两种酒，一种甜酒，一种烈性酒。餐后不再回休息室座谈，也不再上饭后酒。

3．便宴

便宴即非正式宴会，常见的有午宴、晚宴，有时也有早上举行的早餐，如图 7-1 所示。这类宴会形式简便，可以不排席位，不作正式讲话，菜肴道数也可酌减。西方人的午宴有时不上汤和烈性酒。便宴最大的特点是自由、轻松，较随便、亲切，适合用于日常友好交往。

图 7–1　便宴

4．家宴

家宴即在家中设便宴招待客人，如图 7-2 所示。西方人喜欢采用这种形式，以示亲切友好。家宴往往由主妇亲自下厨烹调，家人共同招待，也可采用自助餐形式，气氛亲切、轻松、自由。

图 7-2　家宴

7.1.2　招待会

招待会是指各种不备正餐、较为灵活的宴请形式。备有食品、酒水饮料，通常都不排席位，可以自由活动。常见的有冷餐会和酒会两种形式。

1．冷餐会

冷餐会（自助餐）的特点是不排席位，菜肴以冷食为主，也可用热菜，连同餐具陈设在菜桌上，供客人自取，如图 7-3 所示。客人可以自由活动，也可以多次取食。酒水可陈放在桌上，也可由招待员端送。冷餐会在室内或在院子里、花园里举行，可设小桌、椅子，自由入座，也可以不设坐椅，站立进餐。根据主、客双方身份，招待会规格隆重程度可高可低，举办时间一般在中午十二时至下午二时、下午五时至七时。这种形式常用于官方正式活动，以宴请人数众多的宾客。

图 7-3　冷餐会

我国举行的大型冷餐招待会，往往用大圆桌，设座椅，主宾席排座位，其余各席不固定座位，食品与饮料均事先放置桌上，招待会开始后，自助进餐。

2．酒会

酒会又称鸡尾酒会，如图 7-4 所示。这种招待会形式较活泼，便于广泛接触交谈。被邀请参加鸡尾酒会的客人一般都要认真修饰，例如，男士要穿西服或小夜礼服，女士要化妆，要穿正装等。招待品以酒水为主，略备小吃。不设座椅，仅置桌台，以便客人随意走动。酒会举行的时间也较灵活，中午、下午、晚上均可，请柬上往往注明整个活动延续的时间，客人可在其间任何时候到达和退席，来去自由，不受约束。

图 7-4　酒会

鸡尾酒是用多种酒配成的混合饮料。酒会上不一定都用鸡尾酒。但通常用的酒类品种较多，并配以各种果汁，不用或少用烈性酒。食品多为三明治、面包、小香肠、炸春卷等各种小吃，以牙签取食。饮料和食品由招待员用托盘端送，或部分放置小桌上。

近年国际上举办大型活动采用酒会形式渐普遍。庆祝各种节日、欢迎代表团访问，以及各种开幕、闭幕典礼，文艺、体育招待演出前后往往举行酒会。

阅读材料

鸡　尾　酒

鸡尾酒（cocktail 或 pick-me-up），是指两种或两种以上的酒和果汁、香料等混合而成的饮料，多在饮用时临时调制。

鸡尾酒是一种量少而冰镇的酒。它是以朗姆酒（Rum）、金酒（Gin）、龙舌兰（Tequila）、伏特加（Vodka）、威士忌（Whisky）等烈酒或是葡萄酒作为基酒，再配以果汁、蛋清、苦精（Bitters）、牛奶、咖啡、可可、糖等其他辅助材料，加以搅拌或摇晃而成，最后还可用柠檬片，水果或薄荷叶作为装饰物。

鸡尾酒由两种或两种以上的非水饮料调合而成，其中至少有一种为酒精性饮料。像柠檬水、中国调香白酒等便不属于鸡尾酒。用于调酒的原料有很多类型，各酒所用的配料种数也不相同，如两种、三种甚至五种以上。就算以流行的配料种类确定的鸡尾酒，各配料在分量上也会因地域不同、人的口味各异而有较大变化，从而冠用新的名称。鸡尾酒必须有卓越的口味，而且这种口味应该优于单体组分。品尝鸡尾酒时，舌头的味蕾应该充分扩张，长能尝到刺激的味道。如果过甜、过苦或过香，就会影响品尝风味的能力，降低酒的品质，是调酒时不能允许的。

经过 200 多年的发展，现代鸡尾酒已不再是若干种酒及乙醇饮料的简单混合物。虽然种类繁多，配方各异，但都是由各调酒师精心设计的佳作，其色、香、味兼备，盛载考究，装饰华丽，除圆润、协调的味觉外，观色、嗅香，更有享受、快慰之感。甚至其独特的载杯造型，简洁妥贴的装饰点缀，无一不充满诗情画意，如图 7-5、图 7-6、图 7-7 所示。

图 7-5 鸡尾酒 1

图 7-6 鸡尾酒 2

图 7-7 鸡尾酒 3

7.1.3 茶会

茶会是一种简便的招待形式，如图 7-8 所示。举行的时间一般在下午四时左右（也有上午十时举行）。茶会通常设在客厅（不用餐厅），厅内设茶几、座椅。不排席位，但若是为某贵宾举行的活动，入座时，要有意识地将主宾同主人安排坐到一起，其他人则随意就座。茶会顾名思义是请客人品茶。因此，茶叶、茶具的选择要有所讲究，或具有地方特色。一般用陶瓷器皿，不用玻璃杯，也不用热水瓶代替茶壶。外国人一般用红茶，略备点心和地方风味小吃，也有不用茶而用咖啡者，其组织安排与茶会相同。

图 7-8 茶会

7.1.4 工作餐

工作餐是现代国际交往中经常采用的一种非正式宴请形式（有的时候由参加者各自付

费），利用进餐时间，边吃边谈问题，如图 7-9 所示。按用餐时间分为工作早餐、工作午餐、工作晚餐。在代表团访问中，往往因日程安排不开而采用这种形式。此类活动一般只请与工作有关的人员，不请配偶。双边工作进餐往往排席位，尤以用长桌更便于谈话。如用长桌，其座位排法与会谈桌席位安排相仿。

图 7-9　工作餐

7.2　宴请的礼仪

以宴请的方式来款待宾客，是交往中的一项经常性活动。成功的宴请体现主人的诚意与修养，成功的宴请更需要成功的组织。礼节在宴请中占据着举足轻重的地位。

7.2.1　制定宴请计划

举办成功的宴请，制定宴请计划是必要的，可以使宴请更顺畅和谐。计划要确定宴请的目的、名义、参加者以及时间地点等一系列问题。考虑这些问题时，必须兼顾政治气候、文化传统、民族习惯等因素的影响。

1．确定宴请目的

宴请的目的是多种多样的，可以是为某一个人宴请，也可以为某一事件宴请，可以表示欢迎、答谢、欢送，也可以是庆贺、纪念等。例如：为代表团来访，为庆祝某一节日、纪念日，为外交使节或外交官员的到离任，为展览会的开幕、闭幕，某项工程动工、竣工等。在国际交往中，还经常根据需要举办一些日常的宴请活动。

2．确定宴请对象

确定宴请对象和范围的依据是宴请的性质、目的、主宾的身份、国际惯例及其他有关要求。

邀请范围是指请哪些方面人士，请到哪一级别，请多少人，主人一方请什么人出来作陪。这都要考虑多方因素，如宴请的性质、主宾的身份、国际惯例，以至当前政治气候等。

各方面都要想到，不能只顾一面。

邀请范围与规模确定之后，即可草拟具体邀请名单。被邀请人的姓名、职务、称呼，以至对方是否有配偶都要准确。多边活动尤其要考虑政治关系，对政治上相互对立的国家是否邀请其人员出席同一活动，要慎重考虑。

3．确定宴请形式

宴请采取何种形式，在很大程度上取决于当地的习惯做法。一般来说，正式、规格高、人数少的以宴会为宜，人数多则以冷餐或酒会更为合适，妇女界活动多用茶会。

目前各国礼宾工作都在简化，宴请范围趋向缩小，形式也更为简便。酒会、冷餐会被广泛采用，而且中午举行的酒会往往不请配偶，不少国家招待国宾宴会只请身份较高的陪同人员，不请其他随行人员。我国也在进行改革，提倡多举办冷餐会和酒会以代替宴会。

4．确定宴请时间、地点

宴请的时间应对主、客双方都合适。驻外机构举行较大规模的活动，应与驻在国主管部门商定时间。注意不要选择对方的重大节假日、有重要活动或有禁忌的日子和时间。小型宴请应首先征询主宾意见，最好选择适当机会口头当面约请，也可用电话联系。主宾同意后，时间即被认为最后确定，可以按此约请其他宾客。宴请地点的选择要按活动性质、规模大小、形式、主人意愿及实际可能而定。官方正式隆重的活动，一般安排在政府、议会大厦或宾馆内举行，其选定的场所要能容纳全体人员。举行小型正式宴会，在条件允许的前提下，可在宴会厅外另设休息厅（又称等候厅），供宴会前简短交谈用，待主宾到达后一起进宴会厅入席。

7.2.2 邀请宴请嘉宾

各种宴请活动，一般均发请柬，这既是礼貌，也对客人起提醒、备忘之用。便宴经约定后，可发也可不发请柬。工作进餐一般不发请柬。有些国家，邀请最高领导人作为主宾参加活动，需单独发邀请信，其他宾客则发请柬即可。

1．请柬格式与内容

宴会邀请可书写请柬或电话邀请。重要宴请活动和重大外事活动一般要发请柬。宴请国宾或其他重要外宾时，应以主持宴会的领导个人名义署名发请柬，一般不宜用单位名义印发请柬。

请柬要提前发出，以便被邀请人及早安排。已经口头约妥的活动，原则上仍应补送请柬，在请柬右上方或下方注上“To Remind”（备忘）字样。需安排座位的宴请活动，为确切掌握出席情况，往往要求被邀者答复能否出席。遇到这种情况，请柬上一般用法文缩写注上“R.S.V.P.”（请答复）字样，如只需不出席者答复，则可注上“Regrets only”（因故不能出席请答复），并注明电话号码。另外，也可以在请柬发出后，用电话询问能否出席。

请柬内容包括活动形式、举行的时间及地点、主人的姓名（如以单位名义邀请，则用单位名称）。请柬行文不用标点符号，所提到的人名、单位名、节日名称都应用全称。中文请柬行文中不提被邀请人姓名（其姓名写在请柬信封上），主人姓名放在落款处。请柬格式与行文中外差异较大，注意不能生硬翻译。请柬可以印刷，也可以手写，但手写字迹要美观、清晰。正式宴会的请柬，最好能在发请柬之前排好席次，并在信封下角注上席次号（Table No.）。

重要提示

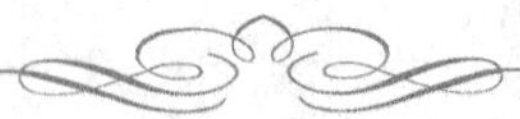

请柬发出的时间因宴请的形式与具体情况而定：来宾如果从外地赴约，提早二至四个月寄出；例行的商业午餐会，也应于三天前（最好一个礼拜前）发出请柬；办公餐会或鸡尾酒会，二至四周前寄出较为适宜。

2．请柬格式范例

（1）正式宴会请柬

为欢迎×××州长率领的×国×××州友好代表团访问××谨订于××××年×月×日（星期×）晚×时在××饭店××阁举行酒会

敬请光临

R.S.V.P

××省人民政府

（2）普通请柬

谨订于××××年×月×日（星期×）晚×时在××饭店举行宴会

敬请光临

敬请回复 ×××

电话：××××××××（主人姓名）

（3）英文请柬

Mr. Li Hua requests the pleasure of the company of Miss Jin Ling at a tea party in Qilin Restaurant on Wednesday，September 9th，2009 from 20:00 to 21:00.

（李华先生定于二〇〇九年九月九日（星期三）晚 8 时至 9 时在麒麟餐厅举行茶会。敬请金玲小姐光临。）

7.2.3 宴请场地布置

宴请别人时，对于场地的布置和准备也是十分重要的，主要包括主人在宴请之前对于场地的布置，对菜肴的订购以及对席位的安排等几个方面。

1．订菜

宴请的酒菜根据活动形式和规格，在规定的预算标准以内安排。选菜不以主人的爱好为准，主要考虑主宾的喜好与禁忌。如果宴会上有个别人有特殊需要，也可以单独为其上菜。大型宴请则应照顾到各个方面，菜肴道数和分量都要适宜，不要简单地认为海味是名贵菜而泛用，其实不少外国人并不喜欢，特别是海参。在地方上，宜用有地方特色的食品招待，用本地产的名酒。无论哪一种宴请，事先均应开列菜单，并征求主管负责人的同意。获准后，如是宴会，即可印制菜单，一般每桌两、三份，至少一份，讲究的也可每人一份。

2．现场布置

宴会厅和休息厅的布置取决于活动的性质和形式。官方正式活动场所的布置应该严肃、庄重、大方。不要用红绿灯、霓虹灯装饰，可以少量点缀鲜花、刻花等。

宴会可以用圆桌，也可以用长桌或方桌。两桌及两桌以上的宴会，桌子之间的距离要适当，各个座位之间也要距离相等。如果安排有乐队演奏席间乐，不要离得太近，乐声宜轻。宴会休息厅通常放小茶几或小圆桌，与酒会布置类同，如人数少，也可按客厅布置。

冷餐会的菜台用长方桌，通常靠四周陈设，也可根据宴会厅情况，摆在房间的中间。如果坐下用餐，可以摆四、五人一桌的方桌或圆桌，总座位数要略多于全体宾客人数，以便客人自由就座。

酒会一般摆小圆桌或茶几，以便放花瓶、烟缸、干果、小吃等，也可以在四周放些椅子，供妇女和年老体弱者就座。

3．席位安排

席位安排既要按礼宾次序原则有序安排，又要有灵活性，有利于增进友谊和席间的交谈方便。主要的原则有以下几个方面。

（1）以右为尊，左为卑。故如男女主人并座，则男左女右，以右为大。如席设两桌，男女主人分开主持，则以右桌为大。宾客席次的安排亦然，即以男女主人之右侧为大，左侧为小。

（2）职位或地位高者为尊，高者坐上席。依职位高低，即官阶高低定位，不能逾越。

（3）职位或地位相同，则必须依官职之伦理定位。

（4）女士以夫为贵，其排名的顺序，与其丈夫相同。但如邀请对象是女宾，而她是主宾排在第一位，此时她的丈夫并不一定排在第二位，如果同席的还有其他重要官员，而这位先生官位不显，譬如是某大公司的董事长，则必须排在重要官员之后，夫不见得与妻同贵。

（5）与宴宾客有政府官员、社会团体领袖及社会贤达参加的场合，则依政府官员、社会团体领袖、社会贤达为序，这是原则。

（6）欧美人士视宴会为社交最佳场合，故席位采用分座的原则：即男女分座，排位时男女互为间隔。夫妇、父女、母子、兄妹等必须分开。如有外宾在座，则华人与外宾杂坐。

（7）遵守社会伦理，长幼有序，师生有别，在非正式的宴会场合，尤应恪守。如某君已为部长，而某教授为其恩师，在非正式场合，不能将某教授排在某部长之下，贵为部长的某君，在此种场合，也不敢逾越。

（8）座位的末座，不能安排女宾。

（9）如男女主人的宴会，邀请了他的顶头上司，如果经理邀请了其董事长，则男女主人必须谦让其应坐的尊位，改坐次位。

正式宴会的座次安排

国际上的习惯，桌次高低以离主桌位置远近而定，右高左低。桌数较多时，要摆桌次牌。同一桌上，席位高低以离主人的座位远近而定。外国习惯，男女掺插安排，以女主人为准，主宾在女主人右上方，主宾夫人在男主人右上方。我国习惯按各人本身职务排列以便于谈话，如夫人出席，通常把女方排在一起，即主宾坐男主人右上方，其夫人坐女主人右上方。两桌以上的宴会，其他各桌第一主人的位置可以与主桌主人位置同向，也可以以面对主桌的位置为主位。

礼宾次序是排席位的主要依据。在排席位之前，要把经落实出席的主、客双方出席名单分别按礼宾次序开列出来。除了礼宾顺序之外，在具体安排席位时，还需要考虑其他一些因素。多边的活动需要注意客人之间的政治关系，政见分歧大，两国关系紧张者，尽量避免排到一起。此外，适当照顾各种实际情况。例如，身份大体相同，使用同一语言者，或属同一专业者，可以排在一起。译员一般安排在主宾右侧。在以长桌作主宾席时，译员也可以考虑安排在对面，便于交谈。但一些国家忌讳以背向人，译员的座位则不能作此安排。在他们那里用长桌作主宾席时，主宾席背向群众的一边和下面第一排桌子背向主宾席的座位均不安排坐人。在许多国家，译员不上席，为便于交谈，译员坐在主人和主宾背后。

以上是国际上安排席位的一些常规。遇特殊情况，可灵活处理。如遇主宾身份高于主人，为表示对他的尊重，可以把主宾摆在主人的位置上，而主人则坐在主宾位置上，第二主人坐在主宾的左侧；也可按常规安排。如果本国出席人员中有身份高于主人者，譬如部长请客，总理或副总理出席，可以由身份高者坐主位，主人坐身份高者左侧；少数国家也有将身份高者安排到其他席位上。如主宾带有夫人，而主人的夫人又不能出席，通常可以请其他身份相当的妇女作为第二主人相陪。如无适当身份的妇女出席，也可以把主宾夫妇安排在主人的左右两侧。

席位排妥后应着手写座位卡。一般情况下，我方举行的宴会，中文写在上面，外文写在下面。卡片要求用钢笔或毛笔书写，字应尽量写得大些，以便于辨认。

7.2.4 宴请接待礼仪

莎士比亚曾说过“在宴席上最令人开胃的就是主人的礼节。”作为主人，也是宴会的举办者，一举一动会受到大家的关注。温馨的话语，恰当的动作，舒适的接待，都会让来宾感受到温馨和愉悦。

1．宴请前的迎宾

宴会开始之前，主人应在门口迎候来宾，有时还可有少数其他主要人员陪同主人列队欢迎客人，客人抵达后，宾主相互握手问候，随即由工作人员将客人引领至休息厅内小憩。在休息厅内应由相应身份者照应客人，并以饮料待客。若无休息厅，可请客人直接进入宴会厅，但不可马上落座。

主宾到达后，主人应陪同他进入休息厅与其他客人会面。当主人陪同主宾进入宴会厅后，全体人员方可入座，此时宴会即可开始。

家庭便宴则较随便，客人到达，主人主动趋前握手。如主人正与其他客人周旋，未发觉客人到来，则客人应主动前去握手问好。

2．宴请中的礼仪

如果有正式讲话，各国安排讲话的时间不尽一致。一般正式宴会可在热菜之后甜食之前由主人讲话，接着由客人讲。也有一入席双方即发表讲话。冷餐会和酒会讲话时间则更灵活。

宴会尾声，吃完水果，主人与主宾起立，宴会即告结束。

在外国人的日常宴请中，如女主人为第一主人时，往往以她的行动为准。入席时女主人先坐下，并由女主人招呼客人开始就餐。餐毕，女主人起立，邀请全体女宾与之共同退出宴会厅，然后男宾起立，尾随进入休息厅或留下抽烟（吃饭过程中一般是不能抽烟的）。男女宾客在休息厅会齐，即上茶（咖啡），之后宴会便结束。

3．宴请送别礼仪

宴请结束，主宾告辞时，主人送至门口，主宾离去后，原迎宾人员顺序排列，与其他客人握别。家庭便宴结束，客人如无余兴，即可陆续告辞，通常男宾应先与男主人告别，女宾与女主人告别，然后交叉，再与家庭其他成员一一握别。

7.3 赴宴的礼仪

不同形式的宴请都会有不同的礼仪规范。越正式、越高级的宴会，礼仪规范越严格。要做到宴会合乎规范，宾主同乐，就必须对各种宴会、餐饮聚会的礼仪有一定了解。

7.3.1 宴会前的准备

赴宴前充分而恰当的准备会使你成为餐桌上的儒雅绅士和气质美人，也会让你成为受欢迎的客人。

1．应邀

接到宴请，无论是否能出席，都应迅速答复，以便主人作安排。在接受邀请之后，不要随意改动。万一遇到不得已的特殊情况不能出席，尤其是主宾，应尽早向主人解释、道歉，甚至亲自登门表示歉意。应邀出席一项活动之前，要核实宴请的主人，活动举办的时间地点，是否邀请了配偶以及主人对服装的要求。活动多时尤其应注意，以免记错地点，或主人未请配偶而双双出席。

2．修饰

出席宴会前，应梳洗打扮一番，使自己看起来精神饱满，容光焕发。女士要适当化妆，男士要梳理头发并剃须。衣着要求整洁、大方、美观，使仪容、仪表打扮符合宴请场合的要求。国外宴请非常讲究服饰，往往根据宴会的正式程度，在请柬上注明着装要求。在我国，虽然没有具体要求，但应邀者也应该穿一套得体入时的整洁服装，精神饱满地赴宴，这将给宴会增添隆重、热烈的气氛。

3．备礼

可按宴请的性质和当地的习惯以及主客双方的关系，准备赠送的花篮或花束。参加家庭宴会，可以给女主人准备一束鲜花（赠花时要注意对方的禁忌）。有时需准备一定的礼品，在宴会开始前送给主人，礼品价值不一定很高，但要有意义。

7.3.2 赴宴礼仪

一个宴请，有时候可以改变人的一生；一次筵席，甚至可以影响职业生涯的成功与失败。如果将事业视为一次盛宴，那么，要掌握其中的玄机也要从掌握餐桌礼仪开始。

1．到达

出席宴请活动，抵达时间的迟早、逗留时间的长短，在一定程度上反映对主人的尊重。过早、过迟、逗留时间过短，不仅是对主人的失礼，也有损自己的形象。按时出席宴请是最基本的礼貌。一般来说，出席宴会要根据各地习惯，以正点或提前或晚于宴请时间的两三分钟抵达为宜。身份高者可略晚些到达，一般客人宜略早些到达，可以和主人以及其他客人应酬。万一有特殊原因不能及时到达，应及时通知主人并致歉。一般情况下，宴会开席延误 10～15 分钟是允许的，但最多不能超过 30 分钟。否则将会冲淡宾客的兴致，影响宴会的气氛。

抵达后，先到衣帽间脱下大衣和帽子，然后前往主人迎宾处，主动向主人问好，并对在场的其他人微笑点头致意。如是节庆活动，应表示祝贺。同时，将事先备好的礼物双手赠送给主人。

2．入席

进了客厅，不要着急找位子坐。待主人为自己介绍其他客人。你可以从侍者送来的酒和其他饮料里面选一杯合适的边喝边和其他人聊天。等到饭厅的门打开了，男主人和女主宾会带着大家走进饭厅，女主人和男主宾应该走在最后，但如果男主宾是重要人物，女主人也可和他走在最前面。

入座应听从主人安排，不可随意乱坐，最好在进入宴会厅之前，先了解自己座位。只有当主人或上司入座后，你才能从椅子左方入座。入座时注意桌上座位卡上是否写着自己的名字，不要坐错座位。如邻座是年长者或妇女，应主动协助他们先坐下。入座时，切记要用手把椅子拉后一些再坐下，如果用脚把椅子推开会有失你儒雅绅士的身份。

入座后不要东张西望，也不要坐在那儿发呆，或摆弄餐具、餐巾，而应该坐得端正，双腿靠拢，两脚平放在地上，把双手放在自己的腿上，神态自如，风度优雅地和邻座的上司或客人轻声交谈几句，或是神态安详地倾听别人的谈话。

重要提示

宾客落座之后，主人拿餐巾，客人才能跟着拿餐巾。不管这时出现什么情况（如主人有饭前祷告的习惯），主人没拿餐巾之前客人不能拿餐巾。

3. 就餐

祝酒词完毕经主人招呼后，即可开始进餐。

（1）举止

就餐时应有愉快的表情，心事重重的神态、漫不经心的样子，是对主人和其他宾客的不礼貌。即使菜不对口味，也应吃上一些，而不能皱眉拒绝。席间不要吸烟，一般在宴会未基本结束前吸烟是失礼的，尤其是有女士在的场合。用餐过程中，一般不可随便离席。如果咳嗽、吐痰，或有刺卡住，或需要将口中食物吐出来等，这时应暂时离席，否则是不礼貌的。离席时动作要轻，不要惊扰他人，更不要把座椅、餐具等物碰倒。

重要提示

不能对着餐桌打电话，要离开餐桌。

（2）交谈

无论是作为主人、陪客或宾客，都应与同桌的人交谈，特别是左右邻座。不要只同几个熟人或只同一两人说话。邻座如不相识，可先自我介绍。

进餐时要注意讲话分寸，要谈一些大家感兴趣的事情，不可夸夸其谈，最好不谈工作、政治和健康问题。在与女性谈话时，一般不询问年龄、婚否等问题，但也不要议论妇女的胖瘦、身型等，与较陌生的男性谈话时不要直接询问对方的经历、工资收入、家庭财产、衣饰价格等私人生活方面的问题。

（3）祝酒

主人向客人敬酒时，客人应起立回敬。当主人给客人斟酒时，有酒量的也要谦让一下，不要饮酒过量，导致酒后失态；不善饮酒的可向主人说明，或喝一小口，表示对主人的敬意。

无论主人还是客人，都不应强劝别人喝酒。宴会上相互敬酒表示友好，活跃气氛，但切记喝酒过量。喝酒过量容易失言，甚至失态，因此，喝酒必须控制在本人酒量的三分之一以内。

（4）用餐

一般的菜谱是三至五道菜，前三道菜应该是冷盘、汤、鱼，后两道菜是主菜（肉或海鲜加蔬菜）、甜品或水果，最后是咖啡及小点心。吃饭的时候不要把全部的精力都放在胃的享受上，要多和左右的人交谈。另外要注意吃相要温文尔雅，从容安静。必须小口进食，不要大口地塞，食物未咽下，不能再塞入口。闭嘴咀嚼，不要发出“吧嗒吧嗒”的咀嚼声。如果汤、菜太热时，不要用嘴去吹，应等稍凉后再吃。口内有食物或他人在咀嚼食物时，均应避免跟人说话或敬酒。

甜品用完之后，如果咖啡没有出现，那可能是等会儿请你去客厅喝。总之，看到女主人把餐巾放在桌子上站起来后，你就可以放下餐巾离开座位。这时，懂礼貌的男士又要站起来帮女士拉开椅子，受到照顾的女士不必对这一前一后的殷勤有特别的想法，这是男士应该展现的绅士风范。

阅读材料

注意餐巾的正确用法

当主人示意用餐开始后，将餐巾打开或对折平摊在自己的腿上，切勿把餐巾系在腰带，或挂在西装领口。

用餐过程中如需离开时，要将餐巾放在椅子上，用餐完毕才可将餐巾放在桌面上。

餐巾的基本用途是保洁，主要防止弄脏衣服，兼做擦嘴角及手上的油渍。切忌用餐巾擦拭餐具、皮鞋、眼镜，或用来擦鼻涕、抹汗。

4．告辞

主人宣布宴会结束后，客人才能离席。客人应向主人道谢、告别，感谢主人的热情款待，如“谢谢您的款待”，“您真是太好客了”，“菜肴丰盛极了”等，并要与其他认识的客人道别。如果客人有事要提前离席，则应向主人及同桌的客人致歉。如果宴会比较正式，即使你当时向主人道谢了，你在回去之后仍然可以礼貌地再写封感谢信给主人，这如同宴会的程序一样，几乎是必不可少的。

7.4 中餐礼仪

中华饮食文化内涵丰富，源远流长。随着中西饮食文化的不断交流，中餐不仅是中国人的传统饮食习惯，还越来越受到外国人的青睐。而这种看似最平常不过的中式餐饮，用餐时的礼仪却是有一番讲究的。

7.4.1 中餐组织安排

中餐的组织安排，主要是指中餐的席位安排。

1．中餐宴会的席位排列

这关系到来宾的身份和主人给予对方的礼遇，所以是一项重要的内容。可以分为桌次和位次排列两方面。

（1）桌次排列

在中餐宴请活动中，往往采用圆桌布置菜肴、酒水。排列圆桌的尊卑次序，有以下两种情况。

第一种情况是有两桌组成的小型宴请。

第二种情况是有三桌或三桌以上的桌数所组成的宴请。在安排桌次时，所用的餐桌的大小、形状要基本一致。除主桌可以略大外，其他餐桌都不要过大或过小。

（2）位次排列

举办中餐宴会一般用圆桌。宴请时，每张餐桌上的具体位次也有主次尊卑的分别。排列位次的基本方法有四条，他们往往会同时发挥作用。

方法一是主人大都应面对正门而坐，并在主桌就座。

方法二是举行多桌宴请时，每桌都要有一位主桌主人的代表在座，如图 7-10 所示。位置一般和主桌主人同向，有时也可以面向主桌主人。

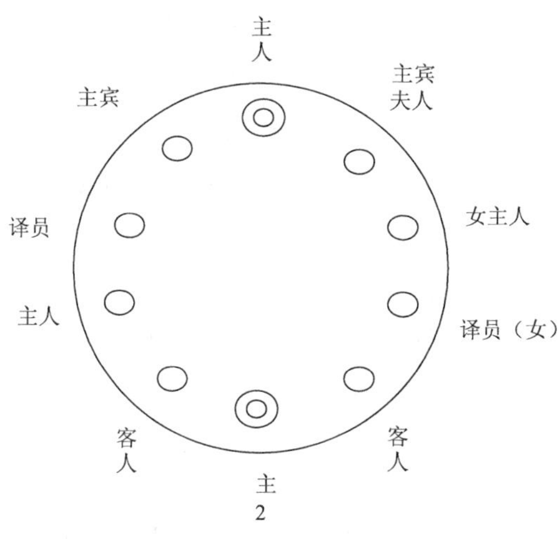

图 7-10　中餐席位

方法三是各桌位次的尊卑，应根据距离该桌主人的远近而定，以近为上，以远为下。

方法四是各桌距离该桌主人相同的位次，讲究以右为尊，即以该桌主人面向为准，右为尊，左为卑。

2．便餐位次排序的原则

一是右高左低原则。

二是中座为尊原则。

三是面门为上原则。

四是特殊原则。

7.4.2　中餐上菜顺序与用餐方式

中餐上菜和用餐也是有讲究的，主要有以下几个方面。

1．上菜顺序

中餐一般讲究：先凉后热，先炒后烧，咸鲜清淡的先上，甜的味浓味厚的后上，最后是饭菜。当冷盘吃剩 1/3 时，开始上第一道热菜，一般每桌要安排 10 个热菜。宴会上无论桌数有多少，各桌都要同时上菜。有规格的宴席，热菜中的主菜——比如燕窝席里的燕窝、海参宴里的海参、鱼翅宴里的鱼翅等应该先上，即所谓最贵的热菜先上，再辅以溜炒烧扒等其他菜肴。

上菜时，如果由服务员给每个人上菜，要按照先主宾后主人、先女士后男士或按顺时针方向依次进行。如果由个人取材，则每道热菜应放在主宾面前，由主宾开始按顺时针方向依次取食，切不可迫不及待地越位取菜。

阅读材料

中餐上菜顺序

茶：视情况而定，不是必须的。

凉菜：冷拼、花拼。

热炒：视规模选用滑炒、软炒、干炸、爆、烩、烧、蒸、浇、扒等组合。

大菜：指整只、整块、整条的高贵菜肴，比如一头乳猪、一只全羊、一大块鹿肉等。

甜菜：包括甜汤，如冰糖莲子、银耳甜汤等。

点心（饭）：糕、饼、团、粉，以及各种面食、包子、饺子等。

水果：果盘等。

2．用餐方式

中餐用餐方式可以分为多种。具体有分餐式、布菜式和公筷式等。

7.4.3　中餐注意事项

中国人热情好客，很讲究餐饮礼仪。中餐是指具有浓郁中国传统民族风格的餐会，应遵守中国人的饮食习惯和礼仪规范。

1．中餐餐具使用注意事项

中餐餐具使用时要注意以下几点。

（1）筷子

筷子是中餐最基本、最主要的餐具。筷子通常成双使用，用筷子取菜、用餐的时候，要注意下面几个问题。

一是不要去舔筷子上的残留食物。

二是不能一边说话，一边像指挥棒似地舞着筷子，如需与别人交淡要暂时放下筷子。

三是只在祭奠死者的时候才用筷子竖插放在食物上面，所以用餐时不要这样做。

四是严格筷子的职能。筷子只是用来夹取食物的。不要用来剔牙、挠痒或是取其他物品。

（2）勺子

勺子的主要作用是舀取菜肴、食物或是辅助筷子取菜。尽量不要单用勺子去取菜。为避免食物溢出来弄脏餐桌或自己的衣服，取食物时不要太满。舀取食物后，应在原处“暂停”片刻，待汤汁不会再往下流时，再移回来享用。

暂时不用勺子时，不要把它直接放在餐桌上，应放在自己的碟子上或是让它在食物中“立正”。用勺子取食物后，要立即食用或放在自己的碟子里，不要再把它倒回原处。而如果取用的食物太烫，应先放到自己的碗里等凉了再吃，不可用勺子舀来舀去，更不要用嘴对着吹。用餐时切忌把勺子塞到嘴里，或者反复吮吸、舔食。

（3）盘子

盘子（中稍小点就是碟子）主要用来盛放食物，在使用方面和碗基本相同。盘子在餐桌上一般要保持原位，而且不要堆放在一起。

需要着重介绍的是食碟，这是一种用途比较特殊的盘子。食碟主要用来暂放从公用的菜盘里取来享用的菜肴的。用食碟时，不要一次取过多的菜肴，也不要把多种菜肴堆放在一起，因为那样会显得繁乱不堪和没有礼貌。不吃的残渣、骨、刺要用筷子夹放到碟子的前端，不要直接用嘴吐在地上、桌上。如果食碟放满了，可以让服务员更换。

（4）水杯

水杯不是用来盛酒的，而是用来盛放清水、汽水、果汁、可乐等软饮料的。另外，喝进嘴里的东西不能再吐回水杯。

（5）餐巾

在比较正式的中餐用餐前，会为每位用餐者上一块湿毛巾。它是用来擦手的。用完后放回盘子里等待服务员拿走。有时候，在正式宴会结束前，会再上一块湿毛巾。和前者不同的是，它不是用来擦脸的，而只能用来擦嘴。

（6）牙签

尽量不要当众剔牙。非剔不行时，要用另一只手掩住口部，剔出来的东西，不要随手乱弹，随口乱吐，也不要当众观赏或再次入口。牙签不要长时间叼着，更不要用来扎取食物。

2．中餐礼仪

（1）入席：按照主人安排就座，若旁边有女宾或是长者，应帮助他（她）先就座，自己再坐下。

（2）注意传统习惯和寓意：比如渔家、海员吃饭时，忌讳把鱼翻身，因为那样有“翻船”的意思。

（3）主人祝酒、致辞时不要吃东西，也不要取食物，应停止交谈，注意倾听。

（4）彼此之间可以让菜，劝对方品尝，但不要为他人夹菜。

（5）正式宴会由侍者布菜，不要拒绝送来的菜，也不要对菜品横加挑剔。

（6）用餐时坐姿要端正，肘部不要放在桌沿；餐巾可用来擦嘴但不能用来擦汗或鼻涕。

（7）用餐时不要摇头晃脑、宽衣解带、声响大作。

（8）用餐期间，不要敲敲打打，比比划划。

（9）用餐的时候，不要当众补妆。

7.5 西餐礼仪

西餐是西式饭菜的统称。西餐菜肴主料突出、营养丰富、讲究色彩，其烹饪和食用同中餐有着较大区别。随着改革开放的深入和对外交流的扩大，中国人越来越多地了解和接触西餐。掌握必要的西餐礼仪，在享用美食的同时享受用餐的情趣和氛围。

7.5.1 西餐宴会的席位和排列

与中餐相比，西餐的席位排列有许多相同之处，但也有不少差别。

1．席位排列的规则

（1）女士优先

在西餐排定用餐席位时，也往往体现女士优先的原则。一般女主人为第一主人，在主位就位。而男主人为第二主人，坐在第二主人的位置上。

（2）距离定位

距离主位的远近也可以决定西餐桌上席位的尊卑。距离主位近的位置要高于距主位远的位置。

（3）以右为尊

以右为尊是排定席位时的基本原则。就某一具体位置而言，按礼仪规范其右侧要高于左侧之位。在西餐排席时，男主宾要排在女主人的右侧，女主宾排在男主人的右侧，按此原则依次排列，如图 7-11 所示。

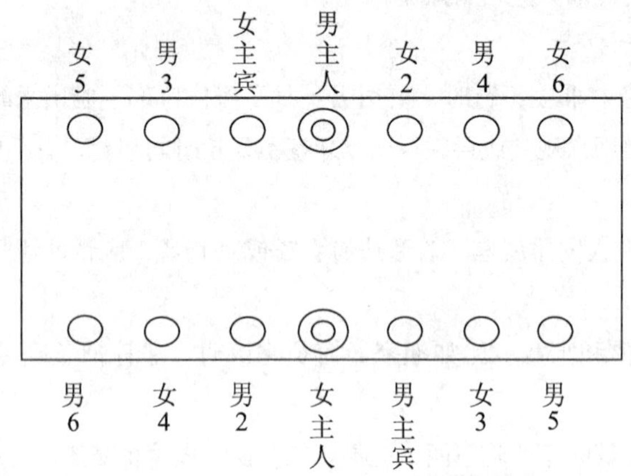

图 7-11　以右为尊的席位安排

（4）面门为上

在餐厅内，以餐厅门作为参照物时，按礼仪的要求，面对餐厅正门的位子要高于背对餐厅正门的位子。

（5）交叉排列

西餐排列席位讲究交叉排列的原则，即男女应当交叉排列，熟人和陌生人也应当交叉排列。一个就餐者的对面和两侧往往是异性或不熟悉的人，这样可以广交朋友。

2．席位的排列

西餐席位有以下三种排列方法，如图 7-12 所示。

（1）男女主人在长桌的中央相对而坐，餐桌的两端可以坐人，也可以不坐人。

（2）男女主人分别坐在长桌的两端。

（3）用餐人数较多时，可以把多张长桌拼在一起，以使大家能一道用餐。

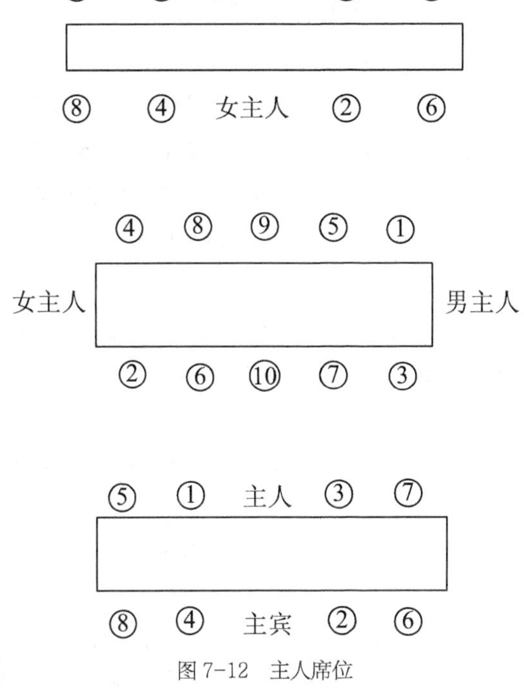

图 7-12 主人席位

7.5.2 西餐上菜顺序

一般情况下，比较简单的西餐菜单可以是：开胃菜—面包—汤—主菜—点心甜品—咖啡。

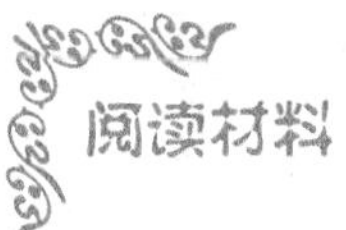

西餐的代表菜

西餐是欧美各国菜肴的总称，大致可分为欧美式和俄式两大菜系。欧美式菜系主要包括英、法、美、意等国菜肴，以及少量的西班牙、葡萄牙、荷兰等地方菜肴。欧美菜系虽因国度不同而在用料、口味等方面有所区别，但差别不大，而俄菜在风格上却自成一统。下面将为大家介绍两道代表菜。

1. 法式鹅肝

法式鹅肝，如图 7-13 所示，肝在法文中为 Foie Gras，而煎炒则是 Saute，所以在法国餐厅如果看见开胃菜中有“Foie Gras Saute”，那便是法式煎鹅肝了。煎鹅肝时最适合搭配甜酒煮成的酱汁，或加入无花果干一起煎，这样鹅肝的香味便能和无花果的风味配合在一起，吃起来别有一番滋味。法式煎鹅肝有世界三大美食之称，在法国鹅饲养过程有其独特之处，而中国的饕餮一族在做这道菜的时候只能屈就一下选用中国的鹅肝了。

适合人群：老幼皆宜

主料：上等鹅肝 150g

辅料：苹果、土豆、胡萝卜、面粉、黑胡椒、红酒、烧汁少许

配料：胡萝卜片和茄子片

烧汁：由于掺入了黑胡椒，烧汁鲜咸带一点辣味。可以根据不同口味做出不同的烧汁，烧汁的基本原料为牛骨、洋葱、芹菜和胡萝卜，再加上番茄和番茄酱，然后把所有的原料都放入烤箱，高温烤至少 3 个小时以上。家用的烧汁一般可以选用牛精粉，调制时在牛精粉上浇上开水，然后加入少许盐用开水煮，在家里可以稍微勾芡，使得汁能浓一些。

营养分析：它含有丰富的维生素 D，吃起来口感很松软、细腻，营养丰富。如果要时尚一些的话就要配上红酒，味道就更加鲜美了。

2. 意大利面

意大利面又称之为意粉，是西餐品种中中国人最容易接受的，如图 7-14 所示。

图 7-13　法式鹅肝

图 7-14　意大利面

作为意大利面的法定原料，杜兰小麦是最硬质的小麦品种，具有高密度、高蛋白质、高筋度等特点，其制成的意大利面通体呈黄色，耐煮、口感好。所以，正宗的原料是意大利面具有上好口感的重要条件。除此之外，拌意大利面的酱也是比较重要的。一般情况下，意大利面酱分为红酱（Tomato Sauce）、青酱（Pesto Sauce），白酱（Cream Sauce）和黑酱（Squid-Ink Sauce）。红酱是主要以番茄为主制成的酱汁，是目前见得最多的；青酱是以罗勒、松子粒、橄榄油等制成的酱汁，其口味较为特殊与浓郁；白酱是以无盐奶油为主制成的酱汁，主要用于焗面、千层面及海鲜类的意大利面；黑酱是以墨鱼汁所制成的酱汁，其主要佐于墨鱼等海鲜意大利面。意大利面用的面粉是杜兰小麦制成的面粉，制成的意面久煮不糊。然后它的形状也不同，除了普通的直身粉外还有螺丝型的、弯管型的、蝴蝶型的、贝壳型的林林总总数百种。

地道的意大利面都很有嚼劲，也就是煮得半生不熟，咬起来感觉有点硬的状态，对于习惯了阳春面的中国人而言，大都吃不太习惯。做意大利面的重点是在以滚沸的

汆烫时，一定要先加入一小匙的盐，比例约占水的1%，若少这个环节，面条吃起来就只有外表的口味，而咬到里头时就会觉得没有味道，很不好吃。当然，加入盐还也可以让面的质地更紧实有弹性，口感也更加劲道。汆烫好后，若要让面条保有劲道，一定别用过冷水这个方法，而是要拌少许橄榄油。同时若汆烫好的面没用完，也可拌好橄榄油待它稍微风干后再拿去冷藏。

7.5.3 西餐餐具的使用

西餐餐具较多，必须了解和掌握其名称与用途，并正确地使用。

1．餐具的摆放

西餐的餐具主要有刀、叉、匙、盘、碟、杯等，讲究吃不同的菜肴用不同的刀叉，饮不同的酒要用不同的酒杯。其摆法为：正面放汤盘，左手位放叉，右手位放刀，汤盘前方放匙，右前方放酒杯。餐巾放在汤盘下或插在水杯里，面包、奶油盘摆放在左前方。

2．餐具的使用

（1）刀叉

一是正确识别刀叉：西餐中每道菜都有专门的刀叉，要吃一道菜换一副刀叉，不可乱用，也不可自始自终只用一副刀叉。

二是正确使用刀叉：刀叉分英国式和美国式两种用法。英国式用法是右手持刀，左手持叉，一边切一边叉而食之。美国式用法是先右刀左叉，把餐盘中要吃的食物切完，再把右手里的刀斜放在餐盘前方，将左手的叉换到右手里叉着吃。通常认为英式吃法更加文雅一些。

三是正确用手取食：西餐桌上的食物一般都是用刀叉进食，但有些食物是可以用手取食的。一般情况下，如果一定要用手吃，会附上洗手水，当饭菜与洗手水一起端上来时，即意味着“请用手吃”。在吃一般菜时，如果弄脏了手，也可以请侍者端上洗手水。

四是要知道刀叉的暗示：通过刀叉的摆放可以向侍者暗示是否加菜。刀右、叉左、刀口向内、叉齿向下。呈“八”字放置在餐盘上表示还没有用完这道菜。刀右、叉左、刀口向内、叉齿向上并纵放，或刀上、叉下地并排横放在餐盘里，表示吃完了或不想再吃了，暗示侍者连刀叉带餐盘都一起收走。另外，要注意不要交叉成“十字形”放置。

（2）餐匙

使用餐匙时，一是要区分不同餐匙。汤匙通常放在食盘右边。食盘上方放的是吃甜食用的匙和叉及咖啡匙。二是要正确使用餐匙。

（3）餐巾

使用餐巾时要注意以下几个方面。

一是餐巾的铺放。宴会开始，主人拿起餐巾，这是准备进餐的信号，客人跟着拿起餐巾，进餐时将餐巾平铺在双腿上，不要塞在脖颈里或系在裤腰带上，不要用餐巾擦拭杯盘，这是对主人或餐厅的不恭。

二是餐巾的用途。餐巾的第一个用途就是宴会开始、结束的标志，也就是说，主人拿起餐巾意味着宴会开始，而当主人把餐巾放到桌子上时，就表示宴会结束。此外，餐巾是用来擦嘴的，手洗过之后也可以用餐巾擦，但不能用来擦鼻子或擦脸。

三是餐巾有暗示作用。就餐期间离席，应把餐巾放在椅子上，表示自己还会回来吃。如果把餐巾放到桌子上，则表示自己不想再吃，示意服务员不必继续上菜。

7.5.4 西餐用餐的方法

正式的西餐宴会，一般有九至十道菜点，按上菜的顺序，吃什么菜用什么餐具，喝什么酒用什么酒杯，否则就是“外行”。

第一道是面包，黄油。面包撕成小块，抹黄油，吃一块抹一块。

第二道是冷小吃。用中刀叉。

第三道是汤。饮舍利酒，用舍利杯。

第四道是鱼。饮白葡萄酒，用白酒杯。

第五道是副菜（小盘）。用中刀叉。

第六道是主菜（大菜）。整只熏烤动物，如烤火鸡。用大刀叉，这道菜可用红酒杯配饮红葡萄酒。

第七道是甜点。用点心勺和中叉，用香槟杯配饮香槟酒。

第八道是水果。用水果刀。

第九道是咖啡。如加牛奶，用咖啡勺搅拌后饮用。

第十道是立口酒（蜜酒）。用立口杯。

7.5.5 西餐礼仪注意事项

1．预约

越高档的饭店越需要事先预约。预约时，不仅要说清人数和时间，也要表明是否要吸烟区或视野良好的座位。假如是生日或其他非凡的日子，可以告知宴会的目的和预算。在预定时间内到达，是基本的礼貌。

2．服饰

即使是很昂贵的休闲服，也不能随意穿着上餐厅。吃饭时穿着得体是欧美人的常识。去高档的餐厅用餐，男士要穿着整洁的上衣和皮鞋；女士要穿套装和有跟的鞋子。假如指定穿正式服装的话，男士必须打领带。

3．入座

由椅子的左侧入座。最得体的入座方式是从左侧入座。当椅子被拉开后，身体在几乎要碰到桌子的距离站直，领位者会把椅子推进来，腿弯碰到后面的椅子时，就可以坐下来。

4．举止

用餐时，上臂和背部要靠到椅背，腹部和桌子保持约一个拳头的距离。最好避免两脚交叉的坐姿。

5．谦虚

点酒时不要硬装内行。在高级餐厅里，会有精于品酒的调酒师拿酒单来。对酒不大了解的人，最好告诉他自己挑选的菜色、预算、喜爱的酒类口味，请调酒师帮忙挑选。

小　结

本章首先介绍了宴会、招待会、茶会、工作餐等几种宴请方式，然后分为宴请礼仪和赴宴礼仪两大类，按照宴会前、宴会中、宴会后的顺序重点介绍了做主人和做客人的礼仪规范。最后一部分介绍了中餐和西餐的组织安排、上菜顺序、餐具使用、用餐方式、注意事项等几方面的知识。

本章系统介绍了中西餐用餐礼仪，重点讲述了中餐的组织安排与上菜顺序以及西餐的上菜顺序和西餐餐具使用方法等，旨在进一步提高宴会社交能力。

思考与练习

1. 中餐正式宴会的席位安排是怎样的？
2. 西餐的餐具有哪些？该何时使用？

活动与探索

1. 假如你是一所高校的领导，准备宴请远道而来的外国高校访问团，座次该怎样安排？
2. 与同学讨论有关中餐与西餐礼仪的相同点与不同点。

第 8 章　求职礼仪

毕业生求职是大学生涯的重要一环；对于众多已经工作的人来说，重新求职、应聘也是屡见不鲜的。求职应聘，在很多情况下是与别人最直接的“短兵相接”，并且要求这种接触和谐、融洽。求职应聘的成功与否，与求职者自身的礼仪修养有着密切的关系，良好的礼仪有着十分重要的推动作用。

名言警句

大多数人录用的是他们喜欢的人，而不是能干的人。

——【美】奥里·欧文斯

8.1　求职前的准备工作

求职应聘是大学生要完成的成长课题，也是人生中的转折点，应该慎重对待，不可草率、轻视和盲目。在求职前，认真做好准备工作是十分必要的。

8.1.1　心理准备

求职前做适度的心理调适，有助于培养良好的心态，以谨慎、乐观、认真的态度对待面试官，有助于发挥水平，成功求职。

1. 正确评价自己

求职是再次认识和剖析自己的过程，要实事求是地评价自己，知道自己的长处和短处所在。既不妄自尊大，也不盲目自卑。在面试时，应考虑怎样才能扬长避短，巧妙地避开或弥补自己有所欠缺的地方，更好地表现出自己的长处。

2. 降低期望值

有一种说法是“求上得中、求中得下”，意思是说无论对什么事情，期望值都不要太高。因为事情的结果往往和所预想的有一定差距，要有从最坏处着想，向最好处努力的思想准备。如果大学生对理想职位期望值过高，势必会对较不理想的结果过分恐惧而产生不必要的紧张，当然也就无法正常发挥了。事实证明，适度的紧张是有益无害的，适度的紧张可以使求职者更加严肃认真、注意力更集中；但过度的紧张只能破坏心理平衡，使头脑迟钝、思维混乱、发挥失常而导致失败。

尤其是在就业形势如此严峻的今天，大学生就业已成为全社会关注的问题。“就业定终身”等传统思想早已不再适用，要树立“先就业、再择业”的观念，降低期望值，在就职与期望不相符时，要先选择一份职业干起来，积累工作经验，为后续的发展做准备。

3．正确对待应聘

要坚信“天生我材必有用”，“此处不识君，自有识君处”，充分认识到即使应聘不成，也是一次有益的尝试。只要是千里马，何愁不见伯乐！大方、真诚、坦然地面对求职应聘，只有这样才能在应试中举止得体、思维敏捷、妙语连珠。

4．消除紧张

许多人会在择业时尤其是面试时产生紧张及焦虑的情绪，这是很正常的现象，要正确对待这种情绪。通常情况下，应聘者与面试官通常都是初次见面，你不了解对方，对方也不了解你。面试者不要妄自菲薄，不能自己先乱了方寸。要时刻提醒自己，茫茫人海之中没有十全十美的人，每个人都不可能是万能的，每个人都各有其长短。

重要提示

心理上战胜自己的标志是：不害怕、不紧张、泰然自若。

阅读材料

消除紧张的小窍门

（1）放松身体

开怀大笑可以放松全身肌肉，这样可以使得你的身体放松下来，同时，心里紧张也就得到了缓解。另外，散步时，摆动双臂是一种机械运动，有助于缓解紧张情绪。专家指出，用略高于体温的水洗澡能增加血液循环，使人得到镇静，安抚紧张的肌肉。主动将放松有机地结合起来更能提高洗澡的镇静作用。

深呼吸

（2）做深呼吸

我们不高兴时，常常会不自觉地“长吁短叹”。其实，长吁短叹就是一种无意的深呼吸，它无意中部分排解了焦虑和紧张。面试前，不妨主动做深呼吸来缓和自己的情绪。很多时候，只要一个深呼吸便可让自己感觉到镇定和平静。

（3）充足睡眠

面试前，很多人会这样推论：太紧张—睡不好觉—明天精神肯定不好—面试要完蛋，以至于最后搞得自己越来越紧张，只能在极度疲倦的时候才能入睡。很多人睡不好觉是因为太重视睡觉的意义了。其实，以轻松的态度对待睡眠的意义，就能和平时一样自然入睡。另外，在睡前适当活动或是在睡觉时放松身体都可以促进睡眠。

（4）调整饮食

香蕉等水果里面含有一种可以让人脑产生血清基的物质，而血清基则有安神和让人愉悦的作用。有人之所以患狂躁抑郁症，其中一个原因便是血清基的缺乏。所以，面试前的用餐应注意吃一些水果。

饮食专家认为，用餐的时候，除了常见的肉、鱼和蛋等高蛋白之外，吃一些粗面粉做成的面包，以及马铃薯、丰富的蔬菜和水果等，更有助于乐观情绪的产生和保持。

8.1.2 简历撰写

一份吸引人的简历，是获取面试机会的敲门砖。所以，怎样写一份“动人”的简历是求职者的一项重要工作。

1．简历的设计原则

（1）真实

简历提供的个人信息要真实、准确。阐述个人经验、能力不夸大、不误导。简历所描述的个人能力与本人实际工作水平相同。

（2）简明

简历要简单明了，表达真诚，但是语句要求精练。求职材料以真诚朴实见长，要尽量使用简短精练的词语和句子，避免繁杂冗长。

（3）突出

简历中一定要突出个人的能力、经验以及过去的成就，并且用证据来证明。可以在简历最后附上个人小结，并简述自己认为与应聘职位相关的工作，以此告诉用人单位，我可以胜任这一工作，这是引起用人单位注意的最好方法。

阅读材料

撰写简历的要点

事实上，主考官看一份简历的时间只是短短几秒钟而已，所以，建议不要写得太啰唆。

在写作简历时，你处在一个推销自己的商业环境中，要时刻注意尽量使用适合这种环境的语言，尤其是在对你的曾经的业绩和成就进行说明的时候。那么，什么样的语言是商业语言呢？简单地说，就是定量化的语言，你的简历中大而空、口号式的语言远不如具体的数字、具体事实来得实在，所以，要力求定量化的语言和你所求职位相关，这样就能明确传达商业价值，增强简历的说服力。

时代在改变，求职用语也不断推陈出新。像“我对这个工作很有信心”、“我是抱着学习的目的而来的”、“请给我一个学习的机会”等语言已不适应当前这个时代，求职简历中出现这类辞藻，只能证明求职者能力方面的不足以及信心的缺失，因此应尽量避免使用。

现在外资企业逐渐增多，对于没有经验的人来说，传统公司要求的谦虚、保守等品质，已经无法适合需求了。我们除了学历之外一无所有，如果再加上那些错误的用语，这机缘一失，可能三五年都不见得能弥补得回来。

所以，在求职简历中必须明确的是：公司想知道的是你能为公司带来什么利益、贡献或成效，这才是增加求职成功率的砝码，因为任何公司都不愿意花钱请人来学习。

2．简历的内容

简历并没有固定格式，对于社会经历较少的大学毕业生，其内容一般包括个人基本资料、学历、社会工作、获得奖励及课外活动、兴趣爱好等方面。

一般的简历正文包括以下3部分。

（1）基本情况介绍

基本情况介绍包括姓名、年龄、专业、联系方式等。

（2）概述学历情况

学历情况指学习历程、在校期间获奖情况、爱好和特长、参加过的社会实践活动、所任职务、承担的任务等。

（3）工作经历和求职意愿

在简历的第 3 部分可以介绍曾经工作过的单位名称，职位、个人工作成绩、培训或深造就学情况、工作变动情况、职务升迁情况、求职意愿等。

重要提示

求职简历“三不”：不超过一页；不写与工作无关的事；不填薪水。简历只不过是在争取面试的机会。

8.1.3 物品准备

求职应聘前要准备好公文包、简历、记事本、个人身份证、照片等材料。所有材料有条理地放在公文包或文件夹里，方便随时取出。

阅读材料

大学生求职简历

姓　名	×××	性　别	男	出生年月	1986 年 1 月
专　业	环境科学	学　历	大学本科	政治面貌	共产党员
毕业院校	××大学环境学院		联系电话	0532-8595××××（宿舍）	
通信地址	××大学 9001#（266071）			138××××6789 （手机）	
E-mail					
家庭住址	××省 ×× 市 ×× 县 ××村（628200）				
工作意向	环境规划、环境监测、环境评价以及各种与专业相关的工作				
语言能力	英语六级、英语口语流利、普通话标准流利				
计算机能力	国家计算机二级（Foxbase）、熟练操作 AutoCAD2000				
获奖情况	2006—2007 年获校优秀学生二等奖学金 2007—2008 年获校优秀学生三等奖学金 2007 年环境学院“求真杯”辩论赛最佳辩手 2008 年获校“优秀班干部”称号 2009 年环境学院“为祖国喝彩”演讲比赛第一名				
大学担任学生干部职务	2006—2008 学年担任班长、院生活部干事、宣传部干事 2008 学年至今担任班长、院团总支学生会办公室主任、国旗班班长				
兴趣爱好与特长	爱好音乐、文学，擅长写作、演讲、辩论、主持。（各种获奖、证书等材料附后）				

大学毕业生还应准备在校期间获得的英语、计算机等级证书；专业资格证明，例如教师资格证、食品检验资格证等，还应备好能够反映个人能力和特长的各类获奖证书。

8.1.4　形象设计

进入职场“制胜”的一步——应聘的“面子”很重要。恰当的着装和妆容能够弥补自身条件的某些不足，树立起自己的独特气质，使你在面试中脱颖而出。

1．服装

应聘是正式场合，应穿着适合这一场合的衣服。着装应该较为正式，必须符合社会大众的审美观，要有涵养，职业化，不要奇装异服。另外，应聘的着装也应与应聘岗位相协调，例如，法律、金融、教育等行业适用职业装，女士裙装、男士西装是最佳的选择；IT 行业则不会如此严格，穿舒服得体的休闲装即可，如休闲西装、T 恤衫、夹克衫、休闲裤、牛仔裤等；如果要应聘一些非常有创意的工作：市场、广告、设计等，可以穿得稍微时尚一点，时髦一点，显示出独特的品味和风格。不管是男士和女士，面试时都应保持皮鞋的整洁光亮，细节之处见成败。

重要提示

面试前要从头到脚再检查一遍：扣子、拉链是否扣好、拉好，领子袖口是否有破损，衣服是否有褶皱，鞋子是否干净光亮。

2．妆容

无论是男士还是女士，应聘时都应重视妆容的整洁和适度。男士理好头发，剃好胡须，注意脸部的清洁。女士忌浓妆艳抹，忌喷洒过浓的香水，妆容应简洁、大方、亲切、自然，符合行业要求。

8.2 面试基本礼仪

每一位求职者，都希望在面试的时候留给主考官一个好印象，从而增大录取的可能性。所以，了解一些求职特别是面试的礼仪，是求职者迈向成功的第一步。

8.2.1 到达面试地点

按时到达面试地点，安静等待是求职者应给予应聘单位的第一印象。这是面试的第一道题。

1．守时

守时是职业道德的一个基本要求，参加应聘应特别注意遵守时间，一般提前 5～10 分钟到达面试地点，以表示求职的诚意，给对方以可信任感。提前半小时以上到达会被视为没有时间观念，而在面试时迟到或是匆忙赶到更是致命的错误，不管有什么理由，都将会被视为缺乏自我管理和约束能力，即缺乏职业能力，给面试者留下非常不好的印象。大公司的面试往往一次要安排很多人，迟到了几分钟，就很可能永远与这家公司失之交臂了。

如果面试地点比较远，地理位置也比较复杂的，不妨先跑一趟，熟悉交通线路、地形、甚至事先搞清楚洗手间的位置，这样你就知道面试的具体地点，同时也了解路上所需的时间。如果路程较远，宁可早到 30 分钟甚至一个小时。但早到后不宜提早进入办公室，最好不要提前 10 分钟以上出现在面谈地点，否则聘用者很可能因为手头的事情没处理完而觉得很不方便。当然，如果事先通知了许多人来面试，早到者可提前面试或是在空闲的会议室等候，那就另当别论了。

但招聘人员是允许迟到的，对此不要介意，也不要太介意面试人员的礼仪、素养。如果他们有不妥之处，你应尽量表现得大度开朗一些，这样往往能使坏事变好事。否则，不满情绪流于言表，面露愠色，招聘人员对你的第一印象就会大打折扣，甚至导致满盘皆输。因为面试也是一种对人际磨合能力的考查，得体、周到的表现，自然是有百利而无一害的。

2．等候面试

到了办公区，最好径直走向面试单位，而不要四处闲逛；走进公司之前，口香糖和香烟都收起来；要把手机关机或置于静音，避免面试时手机突然响起造成尴尬局面，同时也分散你的精力，影响你的成绩。进入面试单位，若有前台，则开门见山说明来意，经指导到指定区域落座等候。若无前台，则找工作人员求助，这时要注意使用“你好”、“谢谢”等文明用语。如果没有等候室，在面试门外等候，当办公室门打开时应有礼貌地说声：“打扰了”，然后向考官表明自己是来参加应聘的，绝不可贸然闯入。

等候面试期间可自带一些试题重温。也有的公司会发放公司的介绍材料，这时应仔细阅读以先期了解其情况。也可自带一些试题重温。注意不要来回走动显得浮躁不安，也不要与别的接受面试者聊天，因为他们可能是你未来的同事，甚至决定你能否称职的人，你的谈话对周围的影响是你难以把握的，这也许会导致你应聘失败。更不要随便在公司内走动，或观看其他工作人员的工作。

重要提示

等候面试时要坚决杜绝的事情：旁若无人地大声说话或笑闹、吃口香糖、抽香烟、接听电话。

8.2.2 进入面试

面试是应聘单位与求职者最直接的对话。面试可以反映应聘者的修养和素质，流露个性和品质。掌握面试中的技巧，有助于求职成功，获得理想职位。

1．把握进门的时机

如果没有人通知，即使前面一个人已经面试结束，也应该在门外耐心等待，不要擅自走进面试房间。当自己的名字被喊到时，应有力地答一声“是”，然后再敲门进入。敲两三下是较为标准的，敲门时千万不可敲得太用劲，以里面的招聘人员听得见的力度敲门即可。听到招聘人员说：“请进”后再进入房间。开门关门尽量要轻，进门后不要用后手随手将门关上，应转过身去正对着门，用手轻轻将门合上。回过身来将上半身前倾 30° 左右，向面试官鞠躬行礼，面带微笑称呼一声“老师好”或“您好”，要彬彬有礼、大方得体，不要过分殷勤、拘谨或过分谦让。当招聘者没有请你坐下时，切忌急于落座，请你坐下时应道声“谢谢”，然后等待询问开始。

2．面试中的语言

语言艺术是一门综合艺术，包含着丰富的内涵。一个语言艺术造诣较深的人需要具备多方面的素质，如具有较高理论水平，广博的知识、扎实的语言功底。如果说外部形象是面试的第一张名片，那么语言就是第二张名片，它客观反映了一个人的文化素质和内涵修养。谦虚、诚恳、自然、亲和、自信的谈话态度会让你在任何场合都受到欢迎，动人的公关语言、艺术性的口才将帮助你获得成功。面试时要在现有的语言水平上，尽可能地发挥口才作用，力争对所提出的问题对答如流、恰到好处、妙语连珠、耐人寻味，又不夸夸其谈、夸大其词。

（1）自我介绍

自我介绍通常是面试的开始，也是很好的表现机会。在进行自我介绍时应把握以下几个要点：①突出个人的优点和特长，并要有相当的可信度。特别是具有实际管理经验的要突出自己在这方面的优势，最好是通过叙述自己做过的项目这样的方式来表明自己在这方面的优势，语言要概括、简洁、有力，不要拖泥带水，轻重不分。重复的语言虽然有其强调的作用，但也可能使考官产生厌烦情绪，因此重申的内容，应该是浓缩的精华，要突出你与众不同的个性和特长，给考官留下几许难忘的记忆；②展示个性，使个人形象鲜明，可以适当引用别人的言论，如老师、朋友等的评论来支持自己的描述；③坚持以事实说话，少用虚词、感叹词之类的词语；④符合常规，介绍的内容和层次应合理、有序地展开。要注意语言逻辑，介绍时应层次分明、重点突出，使自己的优势很自然地逐步显露；⑤尽量不要用简称、方言、土语和口头语，以免对方难以听懂。当不能回答某一问题时，应如实告诉对方，而不要含糊其辞和胡吹乱侃，会导致失败。

重要提示

面试要避免与面试官套近乎、言而无物、假扮完美。

（2）回答问题

在应聘中对招聘者的问题要一一回答。要口齿清晰，声音大小适度；答句完整，不可犹豫，不用口头禅。切忌把面谈当作是你或他唱独角戏的场所，更不能打断招聘者的提问，以免给人以急躁、随意、鲁莽的坏印象。当不能回答某一问题时，应如实告诉对方，不要不懂装懂，考官都是专家，不懂装懂的回答不仅不能侥幸得分，考官甚至会因此对你的人品产生怀疑。

重要提示

尊重对手：在面试中的集体面试和小组讨论环节中，即使小组中有人的观点错误或很幼稚，也要尊重自己的对手，不要对对方显示出蔑视或不屑。

3．面试中的形体语言

除了讲话以外，无声胜有声的形体语言也是重要的公关手段，通过举止、姿态、神情、动作来传递信息，它们在交谈中往往起着有声语言无法比拟的效果，是职业形象的更高境界。形体语言对面试成败非常关键，有时一个眼神或者一个手势都会影响到整体评分。比如面部表情的适当微笑，就显现出一个人的乐观、豁达、自信；举止大方得体、青春活泼，能反映出大学生风华正茂，有知识、有修养的独有魅力，好的形体语言可以在考官眼中形成一道绚丽的风景，增强求职竞争能力。

（1）微笑

微笑是自信的第一步，也能为求职者消除紧张。面试时要面带微笑，亲切和蔼、谦虚虔诚、有问必答。面带微笑会增进与面试官的沟通，会百分之百地提高求职者的外部形象，改善求职者与面试官的关系。带着赏心悦目的面部表情，应聘者的成功率将远高于那些目不斜视、笑不露齿的人。不要板着面孔，苦着一张脸，否则不能给人以最佳的印象。听对方说话时，要不时点头，表示自己听明白了，或者正在注意听。同时也要不时面带微笑，当然也不宜笑得太僵硬，一切都要顺其自然。表情呆板、动作大大咧咧、扭扭捏捏、娇揉造作，都属于美的缺陷，会对自然的美产生破坏作用。

重要提示

面试过程中要始终面带笑容，谦恭和气。表现出热情、开朗、大方、乐观的精神状态，轻松自然、镇定自若；不卑不亢。

（2）手势

恰当的手势，能够加大对某个问题形容的力度，这是很自然的，但面试中切忌手势太多分散人的注意力。交谈很投机时，可适当地配合一些手势讲解，但不要频繁耸肩，手舞足蹈。有些求职者由于紧张，双手不知道该放哪儿，而有些人过于兴奋，在侃侃而谈时舞动双手，这些都不可取。太多小动作是不成熟的表现，而抓耳挠腮、用手捂嘴说话更是紧张、不专心交谈的表现。很多人都有为表示亲切而拍对方肩膀的习惯，但对面试官而言，这是非常失礼的。

与面试官的初次见面，握手这种手与手的礼貌接触是建立第一印象的重要开始，不少企业把握手作为考察一个应聘者是否专业、自信的依据。所以，在面试官的手朝你伸过来之后就握住它，要保证你的整个手臂呈L型，有力地摇两下，然后把手自然地放下。握手应该坚实有力，有“感染力”。双眼要直视对方，自信地说出你的名字，即使你是位女士，也要表示出坚定的态度。但是不要太使劲，不要使劲摇晃，更不要用两只手，而且应保持手部的是干燥、温暖。

（3）坐姿

坐姿也有讲究，良好的坐姿是给面试官留下好印象的关键要素之一。坐椅子时最好坐满三分之二，上身挺直，这样显得精神抖擞；保持轻松自如的姿势，身体要略向前倾。不要弓着腰，也不要把腰挺得很直，这样反倒会给人留下死板的印象，应该很自然地将腰伸直，并拢双膝，把手自然地放在上面。有两种坐姿不可取：一是紧贴着椅背坐，显得太放松；二是只坐在椅边，显得太紧张。这两种坐法都不利于面试的进行。要表现出精力和热忱，松懈的姿势会让人感到你疲惫不堪或漫不经心。切忌跷二郎腿并不停抖动，两臂不要交叉在胸前，更不能把手放在邻座椅背上，或有玩笔、摸头、伸舌头等小动作，这样容易给别人留下轻浮傲慢、有失庄重的印象。

（4）目光

面试一开始就要留心自己的身体语言，特别是自己的眼神，对面试官应全神贯注，目光始终聚焦在面试人员身上，展现出自信及对对方的尊重。眼睛是心灵的窗户，恰当的眼神能体现出智慧、自信以及对公司的向往和热情。注意眼神的交流，这不仅是相互尊重的表示，也可以更好地获取一些信息，与面试官的动作达成默契。正确的眼神表达应该是：礼貌地正视对方，注视的部位最好是考官的鼻眼三角区（社交区），目光平和而有神，专注而不呆板。如果有几个面试官在场，说话的时候要适当用目光扫视一下其他人，以示尊重。回答问题前，可以把视线投在对方背面墙上，约两三秒钟做思考，但不宜过长，开口回答问题时，应该把视线收回来，并切记要避免眼神游离不定。

8.2.3 结束面试

求职面试犹如奏乐演唱，需要讲求结束的技巧，虎头蛇尾很可能前功尽弃或丢掉即将到手的机会。不少求职者面试开始表现不俗，甚至成为“意中人”，但是在结束时的“不拘小节”露出破绽，致使“煮熟的鸭子飞了”。因此求职过程中必须时刻牢记善始善终。

面试即将结束时，如果对方没表示和你联系，可以询问对方什么时候作出最后决定，好让自己有一个心理准备，或者询问是否可以在一段时间内来电话询问。不过，一个有礼貌的公司，无论你成功与否，一定会给你一个答复。不要不敢问及有关未来工作的问题，但不可急于问有关薪水、休假、福利情况，这类事情通常是第二次面试时才讨论涉及的。

不要在面试官结束谈话前表现出浮躁不安、急欲离去的样子，你应该知道在什么时候告辞，有些接见者会以起身表示面谈的结束，另一些则用“同你谈话我感到很愉快”或“感谢你前来面谈”这样的辞令结束谈话。应聘者应一面慢慢起立，一面以眼神正视对方，趁机作最后的表白，以显示自己的满腔热忱，并打好招呼。比如说：“谢谢您给我一个应聘的机会，如果能有幸进入贵单位服务，我必定全力以赴。”然后欠身行礼，说声“再见”，轻轻把门关上退出。走出时，如果之前有秘书或接待员接待过你的话，也应一并向他们致谢告辞。

重要提示

告别话语要说得真诚，发自内心，才能让招聘者“留有余地”，产生“回味”。

8.3 面试后礼仪

许多大学生求职者只留意面试时的细节，而忽略了面试后的礼仪。实际上，面试结束并不意味着求职过程的完结，求职者不应该翘首以待聘用通知的到来，还有事情要做。

为了加深招聘人员对你的印象，增大求职成功的可能性，对想抓住每个工作机会的人来说，面试后的两三天内，最好给主考官打个电话或写封信表示感谢。

1．打电话

面试后的一两天之内，可在合适的时间内给主考官打个电话表示感谢。电话感谢内容要简短，最好不要超过 3 分钟，电话里不要询问面试结果。因为这个电话仅仅是为了表现你的礼貌和让对方加深对你的印象而已。

2．写面试感谢信

主考官对应聘者的记忆是短暂的。感谢信是你最好的勾起他回忆的机会，并能彰显你与其他求职者的不同。面试感谢信包括电子邮件和书面感谢信两种方式。

如果平时是通过电子邮件和公司联系的话，那么在面试结束后，发一封电子感谢信是既方便又得体的方式。

但大多的情况下还是写书面感谢信，特别是在面试的公司非常传统的情况下，更应如此。书面感谢信最好用白色的 A4 纸，字的颜色要求是黑色，信的内容要简洁，最好不要超过一页纸。在书写方式上有手写和打字两种，打印出来的感谢信较为标准化，表示你熟悉商业环境和运作模式，但有时难免给人留下千篇一律的印象。如果想与众不同，或是想对某位给予你特别帮助的主考官表示感谢，手写则是最好的方式，这个前提是你的字写得要比较正规而且容易辨认。

一个标准的感谢信应包括如下一些内容：首先在信的起始处写明上次面试的时间、地点、应聘的职位和面试官的名字。如果信是写给面试官本人的，可以不写面试官的名字。感谢面试官为你提供了面试的机会，可以适当地夸奖面试官。例如：面试官哪一点给你留下了深刻的印象，但是不要显得与面试官套近乎。对职位的看法可以简短地写一两句，但不宜过多。再简短地说明一下自己与职位要求相吻合的才能。最后真诚地说明你非常希望得到这个职位，你正在等回音。

要注意的是，感谢信的内容不要太多，最好只有二三百字。最好再随信附上一张照片

（最好与简历上的同版）效果更佳，加深面试官对你的印象。

阅读材料

感 谢 信

尊敬的××先生：

您好！我是××月××日（今天）上午到贵公司应聘××××的××。非常感谢您给了我这次笔试、面试机会！让我有向您学习与交流的机会。

通过这次面试，我对贵公司有了更加深刻的认识，同时也很高兴有一次与您沟通的机会。在投身于社会之际，为了找到符合自己专业和兴趣的工作，将自己所学的知识真正应用到实际生活中，我希望加入贵公司，如果能够成为贵公司的一分子，我相信我一定在自己的岗位上尽职尽责、踏踏实实地贡献自己的一份力量。我对贵公司的前途十分有信心，希望有机会和您共同工作，为公司的发展共同努力。

期待您的回音！再一次感谢您。希望有机会与您再谈。

应聘者：××

××××年××月××日

3．询问结果

一般面试后，主考官都会许诺一个通知的时间，如果通知时间到了还没收到答复的话，那么就应该主动给招聘单位或主考官打个电话，询问一下结果是否出来，询问自己是否被录用。这其中有两个礼仪细节必须要注意：什么时候问？怎么问？

（1）什么时候询问结果

从礼仪角度来说，打电话最得体的时间应该是对方方便的时间。除工作繁忙、休息、用餐、生理疲倦，都可以认为是方便的时间。因为询问面试结果是公事，所以当然必须是在正常工作日的时间段内打电话。

工作繁忙时间：一般是周一上午和周五下午，因为这两个时间段很多单位都有开例会的习惯。即使不开例会，因为周一早上是新的一周的开始，往往还处于适应期，而且还有工作上的事宜需要安排；周五下午又要面临着周末，所以从心理上自然会“排斥”给他添麻烦的事情。还有就是每天刚上班的一个小时和下班前的一个小时。这个时间段内不是要忙着安排一天的工作就是没法再集中精力处理公事，询问结果应尽量避开这些时间。

（2）如何询问

在电话里，同样的一句话，问候方式的不同，虽不至于有不同的结果，最起码会给人不同的印象：或有礼貌，或显唐突。所以在通话的过程中，自始至终都要尊重自己的通话对象，待人以礼，表现得有礼、有节。

接通电话后，首先说一声：“您好!”接下来要自报家门，让对方知道自己是谁。自报家门的内容应该包括：自己的全名、何时去面试的何职位。这样，以便对方能及时知道你是谁。

在电话中要表明自己对贵公司的向往和愿意为公司的发展作贡献。如果碰上要找的人不在，需要接听电话的人代找，态度同样要文明而有礼貌，并且要使用“请”、“麻烦”、“劳驾”、“谢谢”之类的词语。留言或转告，都不是询问面试结果的首选方式，可以打听要找的人什么时间在，然后到时候再打。如果边打边吃东西，对方会感觉得到你是不用心和他通话，还能指望别人对你有好印象吗?通话也要注意控制音量。不管打还是接电话话筒和嘴都要保持 3 厘米左右的距离，声音宁小勿大。用电话谈话，必须完全依靠声音，电话声音就是唯一的使者，你必须通过它给对方一个良好的印象。所以，传到电话那端的必须是一个清晰、生动、中肯、让人感兴趣的声音。首先音量要适中，还要注意发音和咬字准确。

打电话询问的时间长度要有所控制，基本的要求是宁短勿长。其实，就询问本身来说，两三分钟的时间足能解决。所以，除直接询问结果之外，“表白”的内容长度也要有所控制，不要没完没了地说。

注意倾听的方式。打电话时要认真倾听对方讲话，重要内容要边听边记。同时，还要礼貌地呼应对方，适度附和、重复对方话中的要点，不能只是说“是”或“好”，要让对方感到你在认真听他讲话，但也不要轻易打断对方的谈话。作为打电话的一方，通话终止时，本着尊重对方的原则，结束通话的时候，不妨让对方先挂电话。当通话因故暂时中断后，你就要立刻主动给对方拨过去，不能不了了之，或等着对方打来。

如果知道自己没被录用，就应请教一下原因，此时你的情绪要保持稳定。同时，冷静地、仍然热情地请教一下未被录用的原因，可以说“对不起，我想请教一下我没有被录用的原因，我好再努力”。谦虚有可能赢得对方的尊重，同时有可能给你带来下一次的面试机会。

需要说明的是，打电话询问面试结果，最多打 3 次电话询问也就可以了。因为即使再研究，经过前后 3 个电话询问的周期，再复杂的研究程序也早该最后确定了，而且 3 次的电话询问，也会对你有足够的印象了。如果想聘用你就会直接告诉你或及时和你联系。再多的电话，反而会适得其反，甚至会给人“骚扰”、“无聊”的感觉，感谢信也是如此。

4．接收录取通知

作为一个求职者，在经过数日的奔波、多次的面试之后，终于“修成了正果”得到了被录用的消息。这时，你可能会庆幸自己数月的辛苦和努力没有白费，甚至还会欣喜若狂、大筵宾朋、一醉方休。

收到心仪的公司的录用通知是一件喜事，值得好好放松一下。但同时还有一件事情要求你能认真地面对：了解公司、了解工作。在正式报到之前，先对所要服务的公司有所了解，这样在开展工作的时候就会顺畅很多。了解公司的方法很多，包括在面试时带回的公司简介、刊物，或企业形象方面的资料、企业网站等，有条件或可能的话进行实地全面考察最好。这会使你对公司的整体情况和营运有所掌握，会对你的新工作、新环境带来很大帮助。

5．整理心情做好再次冲刺准备

在一家公司面试结束后，你就完成了一个阶段，但只是完成一个阶段而已，没有收到录用通知就不算成功。如果你同时在向几家公司求职的话，那就要整理好心情，全心投入到第二家的面试的状态中，因为前面一家还没得到结果 ，还不能确定能否被录用，所以千万不要放弃任何一个机会。

应聘中很少有人一次就成功的，当你在一次竞争中失败了，那也没必要气馁。机会不只一次，当应聘失败后，关键是要总结经验教训，找出自己失败的原因，然后针对自己的不足，找出更好的应对方法，然后重新做准备，总有一次你会取得成功。

小　　结

本章首先从心理、简历、物品、形象 4 个方面介绍了求职前的准备工作，然后用较多的篇幅介绍了最常见的求职方式——面试，其中主要包含面试前的准备和到达指定地点、面试中的语言和形体以及面试后的感谢和询问结果等内容。

本章重点介绍了求职应聘面试前的心理调适及面试时的面谈礼仪内容，旨在通过应聘礼仪知识的学习进一步提高求职能力。

思考与练习

1. 面试前要做哪些准备工作?
2. 面试时回答问题应注意什么?

活动与探索

1. 为自己设计一份有特色的求职简历。
2. 结合所学专业的职业特点，为自己设计一个符合面试礼仪的形象。

第 9 章　办公室礼仪

办公室是日常工作的地方，最能体现一个人是否具备良好的素质和个人修养。良好的礼仪不仅能树立个人和组织的良好形象，也会关系到一个人的个人前程和事业发展。

名言警句

人只有献身于社会，才能找出那短暂而有风险的生命的意义。

——【美】爱因斯坦

9.1 工作态度

个人的工作表现，与能力有关，同时也与个人的性格有关。例如，偏执、专横或者盲从。如果说能力与性格短时间内难以改变的话，人们对待本职工作的态度却是可以改变的，并且态度的变化会在工作实践中对能力的提高与性格的改变产生潜移默化的影响。选择积极的工作态度，你会发现自己的工作表现会越来越出色。

9.1.1 强烈的责任心

对待自己的本职工作，要兢兢业业、尽职尽责，勇挑重担，不推脱责任，不拈轻怕重。这是基础，也是对待事业最起码的要求。尤其是刚踏入社会的大学毕业生，更要对工作充满热忱，满腔热情，认真负责，否则就会偏离方向。

9.1.2 健康的进取心

要始终保持一种追求更卓越的表现、努力学习和提高、把事情做得更完善的精神动力，不消极，不甘落后。但是也不要把进取心理解为野心，以至于造成同事之间勾心斗角。工作能否出色，关键在于是否积极进取，这是必要的精神动力。

9.1.3 宽容的心

凡事要就事论事，同事间互相团结，在意见不一致的情况下要学会宽容、求同存异，坚持原则但不斤斤计较。减少摩擦、减少抱怨会使你在人际关系上游刃有余，便于加强同事之间的合作与赢得上司的信任。

9.1.4 感恩的心

要认识到企业提供的岗位就是自己施展才艺的舞台，要心存感激并且珍惜；同事之间的互相配合与帮助是自己履行岗位职责的必要保障，要感谢同事的合作；家人的支持与付出是自己做好工作的坚实后盾，要感激并保持家庭和谐。有了感恩的心态，减少了偏执与孤傲，消除了不平之心，处理好了家庭关系，做好工作就是水到渠成的事了。

9.2 办公室妆容与着装

妆容与着装直接反映一个人的精神面貌、文化素养和审美水平，也直接反映着一个单位或企业的形象和文化。不可小视办公室仪容与仪表要求与生活、休闲等场合的区别，办公室妆容与着装具有职业、干练、与环境和工作内容协调的特点。搭配得当的仪容仪表可提高工作效率，增添职业魅力。

9.2.1 办公室妆容

首先要保持脸部和头发的清洁，男职员应每天刮胡子，如果条件允许可天天洗发，保持头发清爽洁净。女职员忌浓妆艳抹，清新的淡妆能使人充满自信，增添魅力。忌使用过浓的香水、佩戴过多的首饰。

9.2.2 办公室着装

办公室着装礼仪越来越被人们所关注。因为服装无声地诠释了人们所在的行业的职业态度，使着装者有一种职业的自豪感、责任感，是敬业、乐业在服饰上的具体表现。规范穿着职业服装的要求是整洁、合体、规范。

1．整洁

整洁是着装的基本要求。这并不是要求衣着华丽鲜亮，一味地追求品牌，而是要做到干净平整，朴素大方。保持着装整洁，主要是靠“四勤”。一是勤换。衣服常换常新，适时更换，不仅自己感觉更有精神、更加自信，而且能让别人产生一种视觉上的变化，给人一种向上的感觉。二是勤洗。干净是对着装最起码的要求。有的人认为自己衣服脏那么一点无伤大雅，其实这种观点是不对的。脏兮兮的衣服不仅暴露了自己的懒惰，也会“污染”别人的视觉，让人觉得不舒服，是对身边人的不尊重。三是勤熨。“人老怕皱，衣服怕褶。”衣物不怕旧，就怕不保养，要坚持做到衬衣熨烫平整，裤子熨出裤缝，始终保持笔挺有型。四是勤检查。每天出门前要对自己的着装进行认真的检查，衣扣、裤扣是否扣好，裤带、鞋带是否系好，衣服上是否有污点、脏物等，发现问题及时处理。

2．合体

合体就是追求着装与人体特点的统一。服装只有与人体相适合，衣服的色彩、式样、比例等均相宜于人体的“高、矮、胖、瘦”，显得自然而协调，才能真正穿出艺术，穿出风采。因此，过肥或过紧的衬衫，过大或过小的裤腿，过高的“高跟鞋”以及不得当的颜色搭配等，都会影响人的形象。还要注重服装和人体的互补，巧妙利用服装的特点，弥补自己体形上的缺点。在这方面若不注意，则有可能使自己的缺点更为明显，让人感觉很不协调。如身材较瘦者不宜选用直条纹的服装，这样会使人显得更加单薄；身材较胖者不宜选用横条纹的服装，这样会使人显得更加笨拙。

3．规范

礼仪最重要的一个特点就是讲究规范。具体到着装，遵循那些约定俗成的规矩和惯例也非常重要。例如，男职员最好要穿深色西装套装、白衬衫，打素色领带，配深色皮鞋，必须牢牢把握“三个三”的要求。一是“三色原则”，即身上服装的颜色搭配不能超过三色，包括外套、衬衣、领带、皮鞋和袜子；二是“三一定律”，即腰带、皮鞋、袜子要保持一色（通常以黑色为佳），如果带有公文包，颜色也应一致；三是“三大禁忌”，即一忌西装袖口的商标不拆，二忌在正式场合没穿西装也打领带，三忌穿尼龙丝袜和白色袜子。同时，还要注意着装的严肃性。如穿西装就应该打领带，领带长度以到皮带处为宜，如果穿有马夹或毛衣，则须把领带放在里面，领带夹一般夹在衬衣的第四、第五粒纽扣之间。如果是三粒扣的西装，可以只系第一粒纽扣，也可以系上面两粒纽扣，但切忌只系下面一粒纽扣，而将上面两粒纽扣敞开。在办公室内，如天气热，可以将西装上衣脱下来，只穿着长袖衬衫办公。脱下来的衣服应挂衣架上或搭在椅背上。

女职员最适宜的着装是职业套装。选择合身的短外套，既可以搭配裙子穿，也可以搭配长裤来穿。衬衫则易选择与外套和谐自然的，不太夸张的款式。穿长筒或连裤式肉色丝袜，配黑色高跟皮鞋或半高根皮鞋，有跟的皮鞋更能令女性体态优美。女职员不适合穿过于暴露或紧身的服装，例如，穿着具有很强透视效果的服装、高开衩裙、紧身裤或“热裤”等。

重要提示

女职员只有在穿长裤子的情况下才可以穿短丝袜，穿裙子或短裤配短丝袜非常不雅观；夏天最好不要穿露趾的凉鞋，更不适合在办公室内穿凉拖；秋冬的靴子不能太长。

9.3 办公室一般礼仪

遵守办公室一般礼仪和制度是保证工作正常进行的重要前提。

9.3.1 守时

上班时间要按时报到，遵守午餐、上班、下班时间，不迟到早退，否则会给公司留下一个懒散、没有时间观念的印象。另外，要严格遵守上班时间，一般不能在上班时间随便出去办私事。国外一个著名企业老板，针对商务白领归纳出 13 条戒律，其中一条就是没有守时的习惯，经常迟到早退。

9.3.2 整洁

办公室的桌椅及其他办公设施，都需要保持干净、整洁、井井有条。常用物品要各就各位，不要随手乱扔。尽量不在办公桌上放自己的私人物品，如孩子的照片、恋人的信物、备用的化妆品，个人的收藏品等。对柜内物品经常进行清埋、整顿，保持清洁整齐。

从办公桌的状态可以看到当事人的状态，会整理自己桌面的人，做起事来肯定也是干净爽快。他们为了更有效地完成工作，桌面上只摆放目前正在进行的工作文件；在休息前应做好下一项工作的准备；因用餐或去洗手间暂时离开座位时，应将文件覆盖起来；下班后文件或是资料应该收放在抽屉或文件柜中。

随着办公室改革的推进，有的公司已废弃掉了个人的专用办公桌，而是用共享的大型办公桌，为了下一个使用者，我们对共享的办公桌应更加爱惜。

9.3.3 礼貌

在办公室里对上司和同事们都要讲究礼貌，不能由于大家天天见面就将问候省略掉了。同事之间不能称兄弟道弟或乱叫外号，而应以姓名相称。对上司和前辈则可以用“先生”或其职务来称呼，最好不要与他们在公共场合开玩笑。

对外来办事人员，可视其性别、年龄、职务，称呼“先生”、“小姐”、“经理”等。除礼貌称呼外，还应热情接待，真诚相助，办完公事后应礼貌相送。

要注意在办公室里不要随便打扰别人。当你已经将手头的活儿干完时，一定不要打扰别人，更不要与没有干完活的人交谈，这样做是不礼貌的。

主动帮助别人。当看到同事有需要帮忙的事情，一定要热心地帮助解决。

微笑是一种礼貌也是一种修养。微笑会创造良好的人际关系，更会使你赢得信任和机会。

尊重一起工作的女性同事，在工作中要讲男女平等，一切按照社交中的女士优先原则去作未必会让女同事高兴。

去别的办公室拜访同样要注意礼貌问题。一般需要事先联系，准时赴约，经过许可，方可入内。在别的办公室里，没有主人的提议，不能随便脱下外套，也不要随意解扣子、卷袖子、松腰带。未经同意，不要将衣服、公文包放到桌子和椅子上。公文包很重的话，则放到腿上或身边的地上。不要乱动别人的东西。在别的办公室停留的时间不宜太久，初次造访以停留 20 分钟左右为准。

9.3.4 公私分明

一个好的员工的重要标志就是公私分明，这意味着在工作时就是工作，不接打私事电话，不干私活，如打毛衣、写家信、会晤私交等。不在办公室玩扑克、下棋等。即使有的公司允许用公用电话谈私事，也应该尽量收敛一些，不要在电话里与自己的家人、孩子、恋人等说个没完，这样让人感觉不舒服，有损于你的敬业形象。

爱惜办公室公共用品。办公室的公用物品是办公时用的，不能随便带回家去，也不能浪费。

9.3.5 不诿过

遇到问题，要首先报告给顶头上司，切莫诿过或越级上告。如果有些小的事情办错了，当上司询问起来时，如果这事与自己有关，即使别的同事都有一些责任，你也可以直接向大家解释或道歉，如果是自己做错了事，更要勇于承担责任，绝不可以诿过于别人。

重要提示

在国外，如果在老板面前打同事们的小报告，常会被当作不务正业，弄不好会丢掉自己的饭碗。

9.4 上下级相处的礼仪

与上司保持良好的关系，这是下属能顺利开展工作的重要条件，也是保持自己身心愉快、事业长进的重要因素。

9.4.1 尊重

从工作的角度看，领导就是领导，下属就是下属，领导与被领导的关系是为了更好地做好工作而形成的，而非完全依据年龄大小、阅历深浅。所以，下属要尊重领导，服从领导，维护领导的尊严。遇到领导要主动打招呼，遇到自己难以决断的事要向领导请示，以争取得到领导的支持。

上级应率先垂范，以身作则。“己所不欲，勿施于人”，做到对下属关心爱护，同时又严格管理和要求。上级要尊重下属的人格，尊重下属的劳动，重视下属的建议，不要对具体工作干涉过多，不要忘记集思广益。

9.4.2 平等

平等是上下级相处的基本要求。职务上有高低不同，而这仅仅是分工的不同，在人格尊严上，上下级之间是完全平等的。

作为领导，在与下属接触中，应本着谦虚谨慎的态度，在工作决策前要不耻下问，真诚地采纳下级有益的建议。

下级在人格上与领导者是平等的，要不卑不亢。平时保持适当的距离，不可动辄称兄道弟。工作上应勤奋积极，成为领导者的参谋和助手，并经常主动向领导者学习，提高自己的工作能力。还应注意，对不同的领导要做到在人格上一样尊重，在工作上一样支持，在组织上一样服从，不搞亲疏有别。

9.4.3 沟通

一般来说，上下级之间主观上都希望建立良好的关系，希望消除误会和隔阂。现实生活中，往往有上下不合彼此争斗的状况，其主要原因在于上下级关系的沟通不及时，不主动。作为上级应主动营造良好的交流环境，采取灵活多样的沟通方式。

下级在接受下发的任务时，要多问，以确保对任务信息的正确接收和理解，可采用倾听、询问、商讨问题等形式。

有时候一个眼神的交流，一次开诚布公的交谈，往往会使得你与上级的关系获得出乎意料的进展。学会与上级交流的手段和技巧，不仅会使你与上级之间的信息交流通畅，也会有利于建立和谐的人际关系，进而提升你在上级眼中的地位。

9.5 同事相处礼仪

同事互相尊重、彼此信任，是一种相互支持、相互配合的协作关系。遵循同事相处的礼仪，会创造和谐办公环境，增加职场魅力指数。

1. 多看多做少说

首先，初入新环境，人生地不熟，要多看少说。因为不了解情况，轻易对一些事情发表评论，很容易因所言不符实际，误解别人而导致矛盾或受人轻视。其次，要有自知之明，对现实不要期待太高。不要认为自己很能干，什么都懂，从而指手画脚；也不要老觉得自己怀才不遇，似乎自己的才识得不到赏识，从而对新的职业环境感到不满。再次，要学会待人处世的艺术，要尽快熟悉周围的同事，要真诚待人，关心他人，尽量克服使人讨厌的性格和习惯，也不要斤斤计较，小里小气。

2. 尊重

在单位与同事相处要尊重同事之间的距离感。要巧妙地运用回避之术。首先是尊重他人的空间感。对正在办公的同事，无论他在看什么，或在写什么，只要他不主动和你聊，你最好回避不问，忌刻意追问，刨根究底。如“谁来的信？”、“写什么东西呀？”其次是不可轻易翻动同事的东西。如同事不在，而你又确实急需找东西，事后要主动说明并致以歉意。再次对同事的私事要采取不干预态度。每个人都有不愿为别人知道的隐私。因此，对同事的个人（或家庭）私事，不宜打听和干预，如陌生人找同事谈话，最好尽量避让，而不要“旁听”、“偷听”。同事的信件，不应留意发信人地址；同事的电话，无需去揣摩；对异性之间的聊天，更无必要去凑热闹。但如同事个人或家庭遇到了困难和麻烦，应主动询问要否需要帮助，如果他不希望你介入，就不必多次提及；如需你帮助，则应义不容辞地去做好。

3. 一视同仁

同事由于个体不同，因而存在性别、性格、年龄、阅历、能力、家庭和文化水平等各方面的差异。但在交往中我们还是要注意一视同仁。如对上司和对一般同事一视同仁；对年长者和对年轻者一样关心；对一线职工和对后勤服务职工同等看待；对志同道合者和对与已有分歧者和平共处；在工作方面，同事之间应相互协作；在贡献方面，提倡彼此竞争；在荣誉方面，应当礼让谦恭。一视同仁还必须做到一如既往，而不是“贵贱不明”时，一视同仁，了解情况后，亲疏有别；也不能同甘苦时，一视同仁，升迁分开后另眼相待。

4. 忌飞短流长

与同事交谈时，应避开敏感话题、敏感时期和敏感人物，应有分寸，多谈些内容高雅之事，背后谈论他人或窥探别人隐私都是一种不光彩的、有害的行为。经常说别人是非给对方听的人，哪一天连对方都会成了他批评的对象，因此慢慢地大家都会对他敬而远之。有些人很喜欢捕风捉影地说些他人的谣言，甚至将一件小事慢慢添油加醋使整个事件严重起来。或许这个谣言传到当事者耳中，会成为一个天大的笑话抑或一粒悲剧的种子。这么一来，人际关系当然会出现一条很深的裂痕了。如果从他人口中听到闲言闲语时，绝不可以附和他，而应该不加任何评论，左耳进右耳出，培养成熟的个性。

9.6 办公室禁忌

要塑造成功的职场人生，就需懂得掌握说话的分寸。而办公室的谈论禁忌，主要包括以下几个方面。

9.6.1 忌谈薪金等问题

办公室文化中，员工习惯对自己的收入保密。询问薪水多少如同询问女士年龄一样，属禁忌话题。很多公司不喜欢下属之间打听薪水，因为同事之间工资往往有不小差别，所以发薪时老板有意单线联系，不公开数额，并叮嘱不让他人知道。同工不同酬是老板常用的手法，用好了，是奖优罚劣的一大法宝，但它是把双刃剑，用不好，就容易引发员工之间的矛盾，而且最终会掉转刀口朝上，矛头直指老板，这当然是其所不想见的，所以对“包打听”之类的人需要格外防备。

9.6.2 忌背后谈论老板和同事

不谈论老板和同事的是是非非，不谈道听途说的事情。每个人都有优点和缺点，无论在习惯上，还是性格、脾气、品德上。每个人都会犯错，干一些傻事、蠢事，而任何人对自己的保护意识是相当强的，在办公室谈的一些是是非非会在某一天因为“世上没有不透风的墙”而被同事知道，出现这种情况时，将会非常糟糕。

忌在背后说领导和同事的坏话。这样会给别人一种印象：你也会在别人那里说我的坏话！一旦这样的看法形成，你就成了别人眼里的“小人”。不在背后谈论领导和同事体现你是一个正面看问题的人，也有利于彼此之间的团结。

9.6.3 忌谈公司的任何机密

任何人都有一种表现或称为卖弄欲，喜欢把自己知道的一些秘密说出来以显得自己高明，殊不知其结果是害人害己。企业一般或明或暗地都有自己的机密，如客户信息、供应商信息、技术信息（新产品、新技术、新工艺、新设备等）、私下交易等，泄露这些机密会导致严重的后果。

9.6.4 忌讲粗话

在平时的工作中，会听到一些男同事喜欢说一些粗话，说话时把粗话当成语气词、标点符号，不夹点粗话好像显示不出其“粗俗”的一面！还有一些人不管旁边是否有异性，经常说一些“黄段子”，也是非常不合适的。

9.6.5 忌抱怨

不要经常愤愤不平。这个世界可以说没有绝对公平、公正的事，所以受到一些委屈、遇到不公平公正地对待甚至被冤枉了，都是很正常的，没有必要在办公室大肆抱怨！抱怨解决不了任何问题，只会把自己的形象给破坏掉！也不要在办公室里表现出一个“愤青”的形象，心平气和地对待自己所遇到的一切，想办法去解决、改善它才是上上之策！

重要提示

在办公室“多听少说”是至理名言，谈论有关工作上的事怎么谈都不过分。但闲聊一定要注意分寸，多说一些好听的、正面的、肯定的话。

小　　结

本章的第一部分——工作态度，主要讲述了怎样选择积极的工作态度，使自己在工作中更加出色；之后重点介绍了办公室的礼仪和禁忌；最后又单独介绍了与同事相处和与上司相处过程中需要注意的礼仪问题。

思考与练习

1. 办公室的一般礼仪有哪些?
2. 与上级相处应注意什么?

活动与探索

1. 假如你是外企公司职员，如果办公室有人主动跟你搭讪讨论工资，你会怎样对待?
2. 遇到棘手的问题可以越级去见别的上司吗?

第10章 通信礼仪

当今是信息社会时代，信息是资源，信息是财富，信息是生命。谁掌握了信息，谁就掌握了主动权。电话、传真、电子邮件、手机等通信工具为我们获取信息、传递信息和使用信息提供了越来越多的选择。

本章主要介绍使用电话、传真、电子邮件、手机等相关礼仪。

名言警句

谁掌握了信息，控制了风格，谁就能拥有整个世界。

——【美】阿尔文·托夫勒

10.1 电话礼仪

现代社会是一个快节奏、高效率的社会。电话已成为现代社会主要通信工具之一。电话具有传递迅速、使用方便、失真度小和效率高的优点，因此人们对许多事务的处理是借助电话来完成的。美国《电话综述》中介绍，一个人一生中平均有 8 760 个小时在打电话，所以电话通信又是一种重要的社会交往方式。但是，如果缺乏使用电话的常识与素养，不懂得打电话接电话的礼仪，那么电话所传递的信息就可能产生障碍。

10.1.1 电话中的语言

电话中的信息传递和交换主要靠语言来完成。语言包含着非常丰富的内容：尊重还是轻视，信任还是怀疑，快乐还是悲伤，都能从中得知。日本著名企业家松下幸之助曾说过："不管是在公司，还是在家里，通过这个人打电话的方式，就基本可以判断其教养的水准。我每天除了收到好多预约演讲的信件，还接到很多委托演讲的电话。我凭着电话里的说话方式，就能判断其教养如何，凭对方在电话里的第一句话，就可以基本决定我是去讲，还是不去。"由此可看出电话中的语言具有非常重要的作用，电话语言要求礼貌、简洁、清晰和富有情感。

1．礼貌

要将电话的另一端当成坐在对面正在交谈的人，给予充分的尊重与重视。在电话中应使用礼貌用语，如“您”、“请”、“谢谢”、“对不起”、“请稍后”、“再见”等；语气要柔和耐心，彬彬有礼温文尔雅。办公电话不仅关乎个人的素质与修养，同时也体现着单位的管理水平和企业文化。

2．简洁

简洁就是一种力量，特别在当今这个讲究效率和速度的年代，时间对于每一个人都很紧迫。随意占用对方的电话线路和工作时间是不为对方考虑的失礼行为。对于许多人来说，尤其是销售、服务等行业的工作人员，每天接打电话的数量都不在少数，那么，这时的语言表达就必须简洁。做到这一点有一个小窍门，那就是每次打电话之前，将自己要表达的核心内容写一个提纲，然后在打电话时自己会胸有成竹，简单明了；而如果没有这个提纲，想起什么就说什么，就会让对方觉得你的思路不清，说话啰嗦唠叨，打电话的效果自然大大减弱。接电话也是一样的道理，要简单明了，节省时间，提高效率。

阅读材料

林肯的演讲

林肯还没当总统之前，有一次被邀请到一个学术会议上发表讲话，可是在他前面安排了另外两个教授先讲，这两个教授的讲话空洞无物，又特别冗长，等他们讲完，台下的与会者已经被折磨得疲惫不堪。终于等到林肯上讲台，他望了一下台下，用力敲了敲桌子，然后提高嗓门，说了一句话：“绅士的演讲，应该要像女士的超短裙一样——越短越好。我的演讲完了。”台下顿时爆发了雷鸣般的掌声。这一句话堪称古今中外演讲历史上的典范，任何时候都令人深思。

3．清晰

电话中的语言，发音要标准，吐词要清晰，语速要适中。语速太慢往往让人觉得缺乏激情而有怠慢之嫌，语速太快容易造成对方听不清楚。一般情况下，语速保持在120～140字/分钟比较合适。当然，如果能够根据对方的语速而调整自己的语速，这样效果更好。说话声音不要太大也不要太小，说话语调过高，语气过重，会使对方感到尖刻、严厉、生硬、冷淡、刚而不柔；语气太轻，语调太低，会使对方感到无精打采，有气无力；语调过长又显得懒散拖拉；语调过短又显得不负责任。

4．情感

在电话里，交谈对方看不到彼此表情，但是听得到带着微笑的声音。因此，带有微笑的声音是非常甜美动听的，也是极具感染力的。在声音中寓于情感，比如：热情、快乐、温暖，可以让对方感受到友好和真诚。

热　情

成功学大师拿破仑·希尔花了25年的时间，分析和研究了全世界500名各行业顶尖的成功人士的成功原因，最后归纳出17条成功定律，其中热情排在最前面。可见，保持热情的重要性。热情一定是由内而外的自然流露的，只有那些从心里热爱自己的工作的人，心中才会有一团火焰，这团熊熊燃烧的火焰会使充满热情的人魅力四射，从而具有非凡的影响力。

10.1.2 打电话礼仪

打电话是一门艺术，如何打电话，是我们现代人的一门必修课。打电话的人作为主动行为者，应该考虑被动接听者的感受。

1．时间选择

时间选择包括选择打电话的时间和电话交谈所持续的时间长短。除了紧急要事之外，一般不在早上7:00以前、三餐时或晚上10:30以后打电话，同时还应注意到各个国家和地区的时差。给单位打电话，应避开刚上班时及快下班时两个时间，因为接电话的人容易缺乏耐心。最好是细心地积累、分析对方通常接电话的时间段并记住它。

电话交谈所持续的时间以3～5分钟为宜。如果不是预约电话，时间须5分钟以上的，那么就应首先说出自己要办的事或大意，并征询对方是否方便；若对方此时不方便，就请对方另约时间或另选谈话方式。

2．做好准备

打电话前要考虑好通话的大致内容，如怕打电话时遗漏，则应事先记下几点以备忘。另外在电话机旁应备有常用的电话号码表和作电话记录的笔和纸。

3．自报家门

无论是正式的电话业务，还是一般交往中的不太正式的通话，自报家门都是必需的，这是对对方的尊重，即使是非常熟悉的人，也应该主动报出自己的姓名，因为接电话方往往不容易通过声音准确无误地确定打电话人的身份。另外，自报家门还包含着另外一层礼仪内涵，那就是，直接将你的身份告诉对方，即是向对方提供了选择与你通话或拒绝与你通话的权利。

比如，电话拨通后，应先说一声“您好！”然后问一声，“这里是×××单位吗？”得到明确答复后，再自报家门“我是××单位××”，然后报出自己要找的人的姓名，“麻烦您找××小姐听电话，谢谢！”不要不报家门就“开门见山”起来，让对方摸不着头脑。

4．拨错号码

如果电话号码拨错了，应向对方表示歉意，说声“对不起，我拨错号了。”切不可无礼地直接挂断电话。

5．请人接听

拜托对方请其他人来听电话，语气要诚恳，态度要友好。对方帮忙去找人时，打电话的人应手握话筒等待，不能放下话筒去做其他事情。

如果对方告知“××不在”时，你切不可“咔嗒”一下就挂断电话。事情不是很紧急而且自己还有其他的联系方式的情况下，可以直接用“对不起，打扰了，再见”等话语结束通话。

在比较紧急的情况下请教对方其他的可能联系方式或联系时间，可以说：“请问我什么时候再打来比较合适？”或“我有紧急的事情，要找王经理，不知道有没有其他的联系方式？”不管对方是否为你提供了其他的联系方式，都应该礼貌地说：“再见”。

如要留言，最好是用礼貌的方式请求对方转告。要说清楚自己的姓名、单位名称、电话号码、回电时间、转告的内容等。在对方记录下这些内容后，千万不要忘记问：“对不起，请问您怎么称呼？”对方告知后要用笔记录下来，以备查找。

6．通话中断

在通话时，若电话中途中断，按礼节应由打电话者再拨一次，拨通以后稍作解释，再继续中断的话题。因为打电话者是主动者，接电话者是被动者。

7．结束通话

电话结束时，一般以拨打电话一方先结束谈话，然后以“再见”结束通话。

10.1.3 接电话礼仪

接电话的态度不仅反映着个人的涵养和风度，更体现着一个组织的文明和礼貌。

1．适时接听

电话最好在铃声响三声之内接起。如果立即拿起，会让对方觉得唐突；但响铃超过三声以后再接听，是缺乏效率的表现，势必给来电者留下公司管理不善的第一印象，同时也会让对方不耐烦，变得焦急。如果因为客观原因，如电话机不在身边，或一时走不开，不能及时接听，就应该在拿起话筒后先向对方表示自己的歉意并作出适当的解释，如“很抱歉，让你久等了”等。

如果是在家里接听电话，尽管没有必要像在单位里那样及时，但尽快去接听是对对方的尊重，也是一个人的基本礼貌。如果铃响五声以上才去接听，也应向对方表示歉意。老朋友之间尽管没有必要做出郑重其事的道歉，但向对方解释一下延误的原因也是必要的。

2．规范问候

在工作场合，接听电话时，首先应问候，然后自报家门。对外接待应报出单位名称，若接内线电话应报出部门名称。比如：“您好，××公司”、“你好，××大学××学院”或“你好，销售部办公室，我是××。”自报家门是让对方知道有没有打错电话，万一打错电话就可以少费口舌。规范的电话用语不仅体现出对对方的尊重，而且也反映出本单位的高效率和严管理。

在家里接听电话与工作单位接听电话有所不同，在家里，关键是要让对方感到亲切友好，而这种亲切友好主要是通过接听电话人的语调、语气来体现的，过于规范化的电话反而会让人觉得“公事公办”的冷淡。

3．认真倾听

接电话时要认真倾听对方的电话内容。在听电话时，应注意不时说些“是”、“好”之类的话语，让对方感到你在认真地听，不要轻易打断对方的说话。

4．热情代转

如对方不是找你，而是请某某听电话，那么你应礼貌地对对方说“请稍候!”如找不到听电话的人，你可以自动的提供一些帮助，如“需要我转告吗？”或“有话要我记录吗？”

例如，对方找的是你上司，刚好又不在，你最好说：“对不起，××经理不在。请问您是哪一位？需要我留话吗？”而不要先问对方是谁，然后再告诉他经理不在，以免给人造成实际上经理是在的，而不愿接他电话的误会。

重要提示

当对方要找的人不在或不能接听电话时，在询问对方姓名前，先告知他要找的人不在，以免发生误会。

5．做好记录

对方如果要求电话记录，你应马上拿过纸和笔进行记录。电话记录一般包括以下内容：谁来的电话，找谁，来电内容，来电原因，来电提到的地点，来电提到的时间。对数字或有关重要内容可重复一遍进行核对。通话完毕后，写上电话记录的时间及何人所记，及时交给有关人员。

6．接错拨电话

接到错打的电话，人们很容易忽略了礼貌问题，甚至很粗鲁，这是因为人们认为错打的电话与自己没有关系。但事实上，并非错打的电话都必定与自己没有关系，有时，对方也恰恰是与自己有重要关系的人。因此，接听电话时，最好每一个电话都讲究礼貌，保持良好的接听态度。千万不要说：“乱打电话，怎么搞的！”而且对对方的道歉你一样要说：“没关系。”

7．善于听辨

在办公室工作的人员，应该有意识地训练自己的听辨能力。假如对方是老顾客，经常打电话来，一开口就能听出他或她的声音，那么可以用合适的称谓问好：“您好，王经理。”这样一来，会给对方留下特别受到重视的感觉，增强对方对你的好感。

8．礼貌挂断

当对方向你说“再见”时，别忘了你也应该说“再见”。通话完毕后不要仓促地直接挂断电话，甚至对方话音没落，就挂断电话。如对方是长辈、上级、外宾或女性，要听到对方放下话筒后你再挂电话。挂电话时应小心轻放，声音不要太响，以免让人产生粗鲁无礼之感。

10.2 手机与短信礼仪

无论是在社交场所还是工作场合，不顾场合地使用手机接听电话、收发短信，已经成为礼仪的最大威胁之一，手机和短信礼仪越来越受到关注。在国外，如澳大利亚电讯的各营业厅就采取了向顾客提供“手机礼节”宣传册的方式，宣传手机礼仪。

10.2.1 手机礼仪

中国已成为世界第一大手机用户国，手机几乎已成为每个社会人必不可少的通信工具，如图 10-1 所示。有礼地使用手机成为亟待普及的社会公德。

图 10-1 手机礼仪

1．放置位置

在一切公共场合，手机在没有使用时，都要放在合乎礼仪的常规位置。不要在不使用的时候拿在手里或是挂在上衣口袋外。放置手机的常规位置有：一是随身携带的公文包里，这种位置最正规；二是上衣的内袋里；也可以放在不起眼的地方，如手袋里，但不要放在桌子上，特别是不要对着对面正在聊天的客户。

2．使用场合

开车、乘坐飞机时禁止使用手机。

在会议、谈判、聚餐时；在图书馆、教室、音乐厅、电影院、医院等公共场所，最好的方式还是把手机关掉，起码也要调到静音或震动状态。这样既显示出对别人的尊重，又不会打断发话者的思路。

在办公室、楼梯、电梯、路口、人行道等公共场合，不可以旁若无人地使用手机，而应该把自己的声音尽可能地压低一下，而绝不能大声说话。

当与朋友面对面聊天时，不要正对着朋友拨打手机。

3．尊重对方

给对方打手机时，最好避开休息和用餐时间。给对方打电话时要考虑到，这个时间方便接听电话吗？并且做好对方不方便接听的准备。通话时，注意从听筒里听到的回音来鉴别对方所处的环境。如果很静，应想到对方在会议上，当听到噪声时，对方就很可能在室外，有了初步的鉴别，对能否顺利通话就有了准备。但不论在什么情况下，是否通话还是由对方来决定为好，所以“现在通话方便吗？”通常是拨打手机的第一句问话。其实，在没有事先约定和不熟悉对方的前提下，我们很难知道对方什么时候方便接听电话。所以，在有其他联络方式时，还是尽量不拨打对方手机好些。

另外对待打错电话的人要有风度，不要粗暴地挂断。

案例分析

课堂上的手机礼仪

上课前，其他同学都在自习，静静地等待老师的到来，而张峰的手机用手机扬声器大声地播放音乐，全班同学都投去好奇的目光，但他自己却没有发现，还沉浸在音乐世界中，直到有坐在附近的同学提示他，他才关掉外放，插上耳机继续听。

等到上课时间到了，张峰还没有开始好好听课，继续听音乐，这时候老师发现了，来到他身前制止了他，张峰才很不情愿地收起了手机，开始好好听课。

课程进行到一半，老师的手机响了，老师的手机也没有调到震动或者静音。而且他并没有挂掉手机或者先离开教室，再接来电，而是直接在讲台上接起了电话，虽然他的声音很小，并告诉对方自己在上课，然后很快挂掉了电话，跟大家道歉后，继续上课。

分析：这个案例中出现了哪些不文明使用手机的行为？我们应该怎么做？

10.2.2 短信礼仪

手机短信因其简洁方便成为人们待人处事和商业活动的重要方式，收发短信也有应遵循的礼仪，如图 10-2 所示。

1．内容健康

在短信的内容选择和编辑上，应该和通话文明一样重视。因为短信是通过你的手机发送，这意味着你赞同至少不否认短信的内容，也同时反映了你的品位和水准。所以不要编辑或转发不健康的短信，特别是一些带有讽刺公众人物的短信，更不应该转发。收到无聊、不健康的短信应立刻删除，不要传播。

2．编辑规范

编发短信用词用语要规范准确、表意清晰，规范礼貌。

图 10-2　手机短信礼仪

3．必要署名

短信内容后要留姓名，以便接收方知晓发送人。短信署名既是对对方的尊重，也是达到目的的必要手段。如果是比较重要的事情，不署名更会造成不必要的损失。

4．及时整理

接到短信应及时整理，将重要短信移至收藏夹，不用的短信应及时删除，避免保密内容被无意间泄露或传播。

5．使用场合

不要在别人能注视到你的时候查看短信。一边和别人说话，一边查看手机短信，也是对别人不尊重的表现。

在需要保持安静的公共场所，或在与人交谈时，请将短信接收提示音调至静音或振动状态。

有些重要电话可以先用短信预约。当要给身份高或重要的人打电话，知道对方很忙，可以先发短信“有事找，是否方便给您打电话？”如果对方没有回短信，一定不是很方便，可在以后再拨打电话。

如果事先已经与对方约好参加某个会议或活动，为了怕对方忘记，最好事先再提醒一下。提醒时适宜用短信而不要直接打电话。因为打电话似乎有不信任对方之感，而短信就显得比较亲切。

10.3 传真礼仪

目前，在商务交往中，经常需要将某些重要的文件、资料、图表即刻送达身在异地的交往对象手中。传统的邮寄书信的联络方式，已难于满足这一方面的要求。在此背景之下，传真便应运而生，并且迅速广泛地被人们所利用（见图 10-3）。

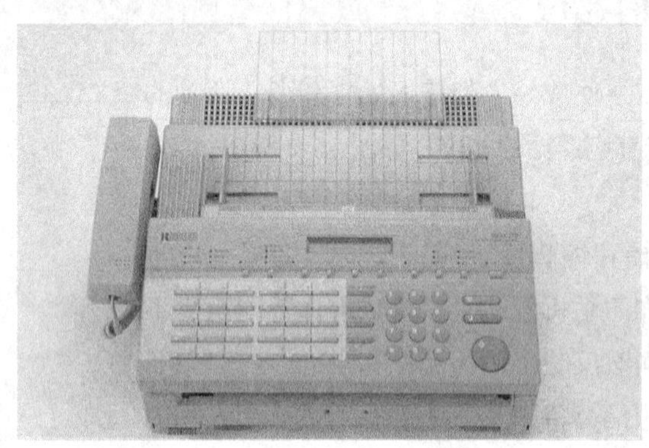

图 10-3　传真

10.3.1　传真简介

传真，又叫做传真电报。它是利用光电效应，通过安装在普通电话网络上的传真机，对外发送或是接收外来的文件、书信、资料、图表、照片真迹的一种现代化的通信联络的方式。现在，在国内外的商界单位中，传真机早已普及成为不可或缺的办公设备之一。

利用传真通信的主要优点是，操作简便，传送速度非常之迅速，而且可以将包括一切复杂图案在内的真迹传送出去。它的缺点主要是，发送的自动性能较差，需要专人在旁边进行操作，并且有些时候，它的清晰度难以确保。

10.3.2　发传真

在发送传真时，必须在具体的操作上力求标准而规范。不然，也会令其效果受到一定程度的影响。

1．完整

在发送传真时，应检查是否注明了本公司的名称、发送人姓名、发送时间以及自己的联络电话。同样地，应为对方写明收传真人的姓名、所在公司、部门等信息。所有的注释均应写在传真内容的上方。在发送传真时即便已经给予了口头说明，也应该在传真上注明以上内容，这是良好的工作习惯，对双方的文件管理都非常有利。

有些正式的传真要求有封面。封面页一般较为正式。有的公司使用“填空式”或封面专用纸。发急件时应在封面页注明，因为有的大公司定时分批发送公函和信件，如不标明急件，就容易被耽误。其上注明传送者与接收者双方的公司名称、人员姓名、日期、总页数等，这样接收的人可以一目了然。

重要提示

书写传真件时，在语气和行文风格上，应做到清楚、简洁且有礼貌。传真信件时必须用书写的礼仪，如称呼、签字、敬语等均不可缺少，尤其是信尾签字不可忽略，这不仅是礼貌问题，而且只有签字才代表这封信函是发信者同意的。

2．清晰

发送传真时应尽量使用清晰的原件，避免发送后出现内容看不清楚的情况。另外，必须按规定程序操作，并以提高清晰度为要旨。

3．保密

公共传真机保密性不高。任何刚好经过传真机旁边的人都可以轻易看见传真纸上的内容，所以传真件完全保密难度较高。因此，任何涉及比较隐私和秘密的事，最好不用传真机传达。未经事先得到许可，不应传送太长的文件或保密性强的材料。由于传真机所用纸张的质量一般不高，印出的字迹可能不太清楚，要长久保存请将传真件复印。如果接收人需要原件备案，像一些需要主管人员亲笔签名的材料，如合同等，则应在传真后将原件用商业信函的方式寄送。

4．发送

传真机有手动和自动两种方式。手动方式需要接听传真电话的人给你传真开始的信号，在听到滴滴长音后再开始传真文档。而自动方式不需要对方人工操作，在拨通传真电话后，在几声正常电话回音之后，就会自动出现滴滴的长音，此后就开始传真文档。

5．询问

如有可能，在发传真前，应该先打电话询问对方现在是否方便接传真，并说明发送的部门和人员姓名。很多单位是公用一台传真机。如果不通知，信件就有可能会发到别人的手里，或许会因为别人收到，但是不知道是谁的信件而发生遗失。

如果没有得到对方的允许，不要将发送时间设定在下班后，这是非常不礼貌的行为。

如果传真机设定在自动接受的状态，发送方应尽快通过其他方式与收件人取得联系，确认其是否收到传真。

6．中断

当正在发传真时，由于某种原因，领导改变了主意要求马上中断传真，那么可以告知对方说："对不起，传真机突然卡住了，我待会儿再给您传过去，好吗？"如果处理不好，会让对方误认为你并没有诚意发传真，或者认为你并不重视这个传真，从而引起误会。

10.3.3 接传真

人们在使用传真设备时，最为看重的是它的时效性。因此在收到他人的传真后，应当在第一时间内即刻采用适当的方式告知对方，以免对方惦念不已。需要办理或转交、转送他人发来的传真时，千万不可拖延时间，避免因任何的疏漏造成传真丢失，耽误对方的要事。任何信息丢失都可能造成时间的延误甚至影响到合作业务的成败，这样的细节不可轻视。

如果对方不能准确说出要发送传真的部门和个人，不能说公司没有这个人，就挂断传真电话，粗暴地拒绝接收传真，这样做的后果不仅会破坏公司形象，还有可能拒绝了诚心想商务交往的对方，从而失去合作的机会。

当在接收传真时刚好有同事或朋友来找你，你可以对对方说："真不巧，我不得不先办完手头上的这件事。"或说："我能一会儿再联系你吗？"有些特殊的商务传真是不可以让他人看见的。

10.3.4 使用传真注意事项

1．合法

国家规定：任何单位或个人在使用自备的传真设备时，均须严格按照电信部门的有关要求，认真履行必要的使用的手续，否则即为非法之举。安装、使用的传真设备，必须配有电信部门正式颁发的批文和进网许可证。如果想安装、使用自国外直接带入的传真设备，必须首先前往国家所指定的部门进行登记和检测，然后方可到电信部门办理使用手续。使用自备的传真设备期间，按照规定，每个月都必须到电信部门交纳使用费用。

2．得法

本人或本单位所用的传真机号码，应被正确无误地告知自己重要的交往对象。一般而言，在商用名片上，传真号码是必不可少的一项重要内容。

对于主要交往对象的传真号码，必须认真地记好，为了保证万无一失，在有必要在向对方发送传真前，最好先向对方通报一下。这样做既提醒了对方接收传真，又不至于发错传真。

单位所使用的传真设备，应当安排专人负责。无人在场而又有必要时，应使之自动处于接收状态。为了不影响工作，单位的传真机尽量不要同办公电话采用同一条线路。

3．依礼

在使用传真时，必须牢记要维护个人和所在单位的形象，必须处处不失礼数。语言要礼貌不要生硬，不能说："给我信号，我要发传真。"或者没有在传真上注明是给某某部门和某某人的情况下，说：“传真是给某某的。”不等对方记下了就挂了电话，对方会因为匆忙之中没有记牢而无从送达。

在发送传真时，一般不可缺少问候语与致谢语。发送文件、书信、资料时，更是要谨记这一条。

出差在外，有必要使用公众传真设备，即付费使用电信部门所设立在营业所内的传真机时，除了要办好手续、防止泄密之外，对于工作人员也须以礼相待。

10.4 电子邮件礼仪

当今社会已进入网络时代，电子邮件（E-mail）成为了最快捷的互通信息的有效手段。电子邮件礼仪也受到越来越多人的重视。

10.4.1 电子邮件

电子邮件（Electronic mail），简称 E-mail，标志为@，也被大家昵称为“伊妹儿”，又称电子信箱、电子邮政，它是一种用电子手段提供信息交换的通信方式，是 Internet 应用最广的服务：通过网络的电子邮件系统，以非常快速的方式（几秒钟之内可以发送到世界上任何你指定的目的地），与世界上任何一个角落的网络用户联系。

电子邮件可以是文字、图像、声音等各种方式。同时，用户可以得到大量免费的新闻、专题邮件，并实现轻松的信息搜索。这是任何传统的方式也无法相比的。正是由于电子邮件的使用简易、投递迅速、收费低廉，易于保存、全球畅通无阻等特性，使得电子邮件被广泛地应用，并极大地改变了人们的交流方式。

电子邮件还可以进行一对多的邮件传递，同一邮件可以一次发送给许多人。最重要的是，电子邮件是利用网络直接面向人与人之间信息交流的系统，它的数据发送和接收都是人，是人与人之间的联系，所以极大地满足了大量存在的人与人通信的需求。

10.4.2 电子邮件礼仪

在收发电子邮件时，应特别注意以下礼仪。

1．简洁

在编写电子邮件时，应注意简洁地、清楚地表达想说的意思。语言要简略、不要重复、不要闲聊，写完后检查一下有无拼写错误和不必要的话语。因为你的邮件后来很有可能变成打印出来的正式文件，或是贴在公告牌上。

2．礼貌

和写普通的信件一样，电子邮件中称呼、敬语必不可少，写好电子邮件后还要审查核定所用的字体和字号大小，太小的字号不仅收件人看起来费力，也显得粗心和不礼貌。写邮件时最好在主题栏写明主题，以便让收信人一看就知道来信的要旨。最好不要只发附件而将正文栏空白，除非是因各种原因出错后重发的邮件，否则不仅不礼貌，还容易被收件人当作垃圾邮件处理掉。

发送完毕后，可以通过电话等询问是否收到邮件，通知收件人及时接收阅读。收到邮件后，要注意尽快回复来信。如果暂时没有时间，就先简短回复，告诉对方你已经收到他的邮件，有时间再详细说明。

3．安全

在发送电子邮件时，要尽量保证邮件不携带计算机病毒。因此，如果没有反病毒软件实时监控，发送邮件前务必要用杀病毒程序杀毒，以免不小心把带有病毒的邮件发送给对方。

接收电子邮件时的安全问题很重要，来历不明的信件必须谨慎处理，如无法确认其安全性则最好删除。在删除怀疑有病毒的邮件后，要及时清空邮件的废件箱，否则，病毒还在你的计算机硬盘里，没有从硬盘上将其清除掉。

要注意网上的保密工作，不要将公司的账号或私人存款账号保存在邮件中。

慎重选择电子邮件的功能，避免带来不必要的干扰。

重要提示

许多邮箱容量有限，要定期及时清理邮件收件箱、发件箱、废件箱，确保有足够的邮箱容量空间。及时将一些有用的电子邮件地址记下来并存入通信簿中。

电子邮件有异地接收功能，不论你在何时何地上互联网，只要打开你的邮箱，就可以接收你的电子邮件。利用这个功能，可以将你的许多常用的资料放入你的邮箱备份，在你出差在外时如有需要就可以打开你的邮箱，从中复制使用，既方便又安全。但一些核心机密文件轻易不要使用此方法，使用也要加密，阅读时再解密。现在，笔记本电脑的使用已经很普遍了，携带也很方便，可以省去许多麻烦，但笔记本电脑也难免出现各种问题而无法工作，因此，有时为了保险起见，保存在电子邮件中仍是在外出旅行时确保重要资料能随时使用的一种方法。

小　　结

本章主要介绍了电话、手机、短信、传真、电子邮件等几种通信方式的礼仪，其中电话又分为电话语言、打电话礼仪和接电话礼仪三部分；手机和短信部分也分别列出了各自所需要注意的礼仪知识；传真分为简介、收传真、发传真和注意事项四部分；电子邮件中主要介绍了简介、礼貌、安全三个基本礼仪。

通信礼仪与生活和工作越来越紧密相关，礼貌有节的接打电话、接发传真、接发邮件、使用手机和短信给为你增添职场魅力。

思考与练习

1. 打电话时应注意哪些礼仪规范?
2. 收发传真的注意事项有哪些?

活动与探索

1. 与同学们讨论“网络礼仪的现实意义”。
2. 在公共场合使用手机有哪些礼仪?

第 11 章　推销礼仪

简单而言，推销是指推销人员通过帮助或说服等手段，促使顾客采取购买行为的活动过程。在一些商品经济发达的国家，“推销工作被认为是经营的命脉”、“熟悉经济环境及应付市场变化的好手”和“新产品的建议者和开发者”。随着我国改革开放的脚步，推销已越来越多地走进我们的工作和生活。

本章从推销人员的基本素质讲起，系统概述了推销的准备、技巧、语言等。

名言警句

推销就是热情、就是战斗、就是勤奋地工作、就是忍耐、就是执着的追求、就是时间的魔鬼、就是勇气。

——【日本】原一平

11.1　推销人员基本素质

推销人员指从事商品、服务推销工作的专业人员。现代产品技术错综复杂，现代顾客要求多种多样，现代推销工作要求越来越高。推销人员的素质与推销的效果紧密相关。

11.1.1　知识素质

推销的过程也是“知识”流通的过程。市场经济是一种高度社会化分工协作的经济，生产分工割断了生产过程与消费过程的直接联系，这要求市场这个纽带再把它们联结起来，而市场销售人员则是这种联系的媒介。

首先推销知识，然后推销产品，这是现代市场销售工作的一个主要特征。销售人员必须把产品的各种知识介绍给用户，让消费者了解生产者的意图。当然，要推销知识，必须先掌握知识。一名优秀的市场销售人员至少应掌握一般的科学文化常识、产品专业知识和推销技术知识这 3 大类基本知识。

掌握产品知识，熟悉推销产品的性能、规格、特点等，熟悉同本产品类似产品的情况，更好地向用户介绍产品，从而增强自己的推销信心和顾客的购买信心。

掌握科学文化知识和推销技术知识，是为了更好地了解自己的推销对象和推销环境，更透彻地了解人的本性、动机和行为模式，更有效地接近和说服顾客，提高推销效率。

11.1.2 身体素质

现代市场销售人员是企业的尖兵，必须具有良好的身体素质。知识再渊博，还是要身体力行。这里所讲的身体素质，是一个比较广义的综合性概念，既包括个人的体格、体质及其健康状况，又包括个人的举止、言谈及其仪表风范等。

就个人的体格和体质而言，要求市场销售人员经常锻炼身体，保持强健的体魄和旺盛的精力。现代企业市场销售工作流动性大，活动范围大，连续作业时间较长，如果没有良好的体质，根本就无法胜任这项具有挑战性的工作。

个人的举止、言谈和仪表风范，必须遵守推销人员的礼仪和行为规范。市场销售人员就是企业的外交家，要代表企业与各类社会公众打交道，必须讲究一定的企业外交礼仪和风范。良好的个人气质和推销行为会促进推销工作，有助于增强推销人员的说服力。所谓的“推销自己”关键意义就在于此。一般说来，企业在选拔和培养市场销售人员的时候，都应该充分考虑这些因素。国外有些企业还制定了一系列的选拔标准，要求非常严格。不仅要进行“体检”而且要进行“面试”，目的就在于全面地考查其身体素质条件。

11.1.3 心理素质

良好的心理素质是现代企业市场销售人员所必须具备的又一个基本条件。销售人员每天与人打交道，要经受无数次的挫折与打击，要应付形形色色的推销对象，必须加强心理训练，培养正确的推销态度。

首先要有推销信心。没有信心，则一事无成。如果你自己都不相信自己，也就很难指望别人会相信你。当然，信心首先来自于知识，包括知人、知物、知事、知情、知己和知彼等，而不是盲目的自信。

爱心是力量的源泉和成功的保证。只有热爱生活和工作的人才会信心百倍，勇敢地去面对一切。

耐心非常重要。“百问不烦，百选不厌”这句话说起来容易，做起来比较困难。

热心万不可少。真诚待客，热情服务，这正是推销精神的一大支柱。

此外，还有良心、恒心、虚心等。总之，现代企业市场营销人员应该培养热情、开放、大方、得体的推销心态，成为一名出色的企业外交官。

阅读材料

推销员的必备素质

1. 诚实

一些不诚实的推销员可能会一时得意，但是从长远的角度来看，只有诚实才能永葆他的推销力。

2. 机敏

一个推销员“为了判断与解决”各种大大小小的问题，必须保持机敏与伶俐，并保持灵敏的市场嗅觉，把握市场行情，重视搜集、整理经济信息，分析经济动态和产品淡、旺季周期，从而有针对性地进行采购和推销。

3. 勇气

推销是必须经得起孤独与不断挑战的工作，没有勇气你就无法在这一行奋起直前。那些积攒了多年经验的推销能手，偶尔也会产生退缩或是放弃的念头。但是，他们绝不会让那些意念成为事实，因为他们有无比的勇气。

4. 勤勉

勤勉也就是全力投入，有着常人难比的耐力。纵使在失意或是业绩下跌的时候，推销员还是要奋力直冲，绝不撤退，直至完成目标。

5. 自信

一个拥有自信的推销员，也就拥有了成功的一半。

6. 关心他人

那些讨厌别人的推销员，肯定无法从事推销这个行业。每一位成功的推销员，都招人喜爱且亲切而富于同情心。

7. 态度和蔼

一个和蔼可亲、开朗爽直的推销员，会激发顾客购买商品的兴趣。相反，一个愁容满面、情绪低落的推销员很容易让顾客反感。

8. 随和豁达，有较强的亲和力

这类推销员天生对别人感兴趣，喜欢与人交往，容易发现他人的优点，富于同情心，待人真诚。

9. 沉着稳重

这类推销员身上蕴含很大的能量，具有与人深入沟通的能力，一旦遇到兴趣相投的人就可能成为至交，与客户关系非常牢固，业绩量也会持续而稳定攀升。

11.1.4 道德素质

超级推销员都是有道德的人。良好的道德素养也是现代企业市场营销人员必备的一个基本条件。这主要包括两个方面：一是对企业的忠诚；二是对顾客的诚实。

首先要忠诚于国家和企业的利益，避免私下交易或出卖国家、企业的利益。即使离职去别的企业或自己创业，也不能故意损害原来企业的利益。

不诚实的推销员绝不可能成就大事业，要设身处地为顾客着想，真心诚意为顾客服务，和顾客交朋友，实行顾客固定化策略，发展顾客关系，顾客是企业及其市场销售人员的最重要的资源。恪守职业道德，坚持实事求是，介绍产品必须诚心诚意，不可欺瞒哄骗。切记，欺骗顾客就是欺骗自己。

11.2 推销的准备

推销的成败与推销前的准备密切相关，认真而翔实地准备工作，可保证推销顺利完成。推销的准备主要包括了解客户、预约见面、了解产品和个人仪表准备等。

11.2.1 了解客户

了解客户是推销的第一步。客户的相关资料包括：姓名、性别、年龄、职业、身份、教育背景、生活水平、购买能力、社交范围、业余生活等。通过对客户相关资料的掌握，可以对客户的喜好、憎恶做出正确的判断，从而选择有针对性的促销手段和方式。

1．顾客类型

心理学家将顾客从心理上划分为内向、随和、刚强、神经质、虚荣、好斗、顽固、怀疑、沉默共 9 种类型。熟悉了解每一类顾客的性格与心理特征，可以在推销过程中对症下药，因人施计。一位顾客也许是几类的综合，也许是介于两类之间，在推销过程中需要灵活对待。

2．寻找顾客

对于大多数商品来说，80∶20 定律都是成立的。也就是说商品 80%的销售额是来自这种商品所拥有的顾客中的 20%，能够顺利地找到这 20%的顾客可以达到事半功倍的效果。然而，要在芸芸众生中确定你要拜访的顾客确实是一件困难的工作，但这件工作却非做不可。

（1）圈定范围

对于个人消费品来说，推销员应根据产品各层次的特点来分析这种产品主要满足哪些顾客的需求。确定其顾客群分布在社会哪个层面上，进而根据这些顾客总体的特点，这样粗放地拟定出推销场所和时间。如某种化妆品，按其档次及特点判断出适用于职业女性，故而应在晚间上门推销；如果是工业品，则要确定产品是满足哪一类型工厂的需要。

（2）潜在顾客

寻找潜在顾客可以通过以下几种方法。

①客户利用法，对过去往来的顾客应设法保留，利用以往曾有往来的顾客来寻找、确定新的顾客，这种方法叫做客户利用法。②社会关系法，即通过同学、朋友、亲戚等社会关系来寻找可能的客户。一般说来，通过这种方法联系到的客户初访成功率应较高。③人名录

法，即细心研究你能找到的同学录、行业、团体、工会名录；电话簿、户籍名册等，从中找到潜在顾客。④家谱式介绍法，即如果顾客对你的产品满意并与推销员之间保持良好的人际关系，那么你不妨请他将产品介绍给他的亲朋好友。

（3）顾客分类

一般说来，顾客可分为具有明显的购买意图和购买能力、一定程度的购买可能、对是否会购买尚有疑问这样 3 类。挑选出重点推销对象，会使销售活动效果有明显改善。总的说来，营销工作的重点应放前两类上。

11.2.2　预约见面

推销人员应注意选择最恰当的时间，而不要突然地、不合时宜地对顾客进行拜访。对顾客的拜访以安排在相对比较空闲的时间为宜，最好是节假日的下午或平日的晚饭之后。因为在这段时间里，客户一般都有接待来客的思想准备。应尽量避免在顾客进餐时间进行拜访。如果拜访对象有午睡习惯，就不要在午后进行拜访。晚上拜访的时间不宜太晚，尤其不要在对方就寝前去拜访。同时拜访地点的确定不能只考虑自己方便，应遵循以别人为主、兼顾自己的原则。

推销员常用的约见客户方法有以下几种。

1．面约

面约即销售人员与客户当面约定再见面的时间、地点、方式等。

2．函约

函约即销售人员利用各种信函约见客户。

3．电约

电约即销售人员利用各种现代化的通信手段与客户约见。如电话、电服、电传等。

4．托约

托约即销售人员拜托他人代为约见，如留函代转等。

5．广约

广约即利用大众传播媒体把约见目的、内容、要求与时间、地点等广而告之。届时在约定地点与客户见面。

阅读材料

在销售实践中接近客户常用的几种方法

1. 介绍接近法，是指销售人员自己介绍或由第三者介绍而接近推销对象的方法。介绍的主要方式有口头介绍和书面介绍。

2. 产品接近法，也称实物接近法。是指销售人员直接利用介绍产品的卖点而引起客户的注意和兴趣，从而接近客户的方法。

3. 利益接近法，是指销售人员通过简要说明产品的利益而引起客户的注意和兴趣，从而转入面谈的接近方法。利益接近法的主要方式是陈述和提问，告诉购买要推销的产品给其带来的好处。

4. 问题接近法，是指直接向客户提问来引起客户的兴趣的接近方法。

11.2.3 了解产品

有人说，没有比推销员对自己产品不熟悉更容易使本来想购买的顾客逃之夭夭的了。我们不能要求顾客是商品专家，但推销员一定要成为自己所推销商品的专家。了解自己的产品应做到如下几点。

1. 了解产品的特点与功能

事实证明，一个仅仅推销具体产品的推销员与推销产品功能的推销员的销售其差别是非常大的。人们购买的最根本的目的是为满足其某种需求，而正是商品的功能使需要得以满足成为可能。

根据美国心理学家马斯洛的需求理论，可把顾客的需求层次分为生理的需要、安全的需要、爱与归属的需要和获得尊重的需要。因此，一位优秀的推销员应该能够正确地认识自己的产品，了解它最能满足哪一个层次的需求。如有可能应该开发出它的多层次性特征，以便根据将来面对的各种不同需求可以应对自如。

2. 透彻掌握产品的方方面面

作为一名推销员，一定要有能力解决顾客的任何一个疑虑，这就要求推销员对于产品的专业数据不仅要心中有数，而且要能对答如流。这一点对于面向生产企业工作的推销员来说尤为重要，你一定要让客户感觉到他的面前的人不仅是一名推销员，更是一位这一类产品的专家。这样一来你所讲的一切都意义非凡了。如果你推销的产品是高档耐用品，那么掌握各种专业数据也是必不可少的；同时对于产品的一些并不具体、并非显而易见的特点的了解也是至关重要的。一些感觉上的模糊可能导致顾客认识上的错误，进而使顾客对产品产生误解。

3. 判断产品类型

商品可分为理性商品、中性商品和感性商品。一般说来，汽车、房屋、钢琴、空调等高档耐用品以及生产资料均为理性产品。对于这一类产品人们购买时多持谨慎态度，购买所花时间也较长，购买时要充分考虑商品的特性、效用、价格、付款方式以及售后服务。理性商品的价格一般来说比较高，人们购买的次数也较少。

而大多数日常用品，如食品等为感性商品。这些商品价格比较低，人们购买的频率高，对于商品的合理性、效用性、付款方式等不会过多考虑，购买所用时间较少，有时会在冲动心理下购买。还有一类产品是介于理性产品与感性商品之间的，我们称之为中性商品，如皮箱、手提包等价格中档，购买次数不太多的商品。

对于不同类型的商品，推销员所采用的推销技巧也应是不同的。具体说来，对于理性商品，推销员不能光凭三寸不烂之舌，还要依靠专业数据。这时的推销员还应该是技术员和咨询员，让所掌握的专业数据显示威力。而对于感性商品，推销员最好是用感情来推销，这时推销员个人的魅力就显得尤为重要了。对于中性商品也许你会感到手足无措，不妨采用一个最简单的办法，中性商品中价格较高的，可以采用偏向于理性产品的推销方法；价格较低的，不妨试试感性产品的推销法。

11.2.4 注重自身形象

营销界有这样一句话："推销产品先要推销自己。"所以自身形象对推销员来说是极其重要的。所谓的自身形象包括营销员的衣着打扮、举止和礼仪等。一个穿戴整洁、举止有礼的推销员容易赢得客户的信任和好感。而一个衣冠不整、举止粗鲁的推销员却会给客户留下糟糕的印象。因此，要想成为优秀的推销员，就要注重塑造良好的个人形象。

1．推销员着装原则

推销员要按时间、场合、事件的不同，来分别穿戴不同的服装。要根据你的客户来选择与他们同一档次的服装，不能过高或过低。切记要以身体为主，服装为辅。如果让服装反客为主，你本身就会变得无足轻重，在客户的印象里也只有你的服装而没有你。正如法国著名的时装设计大师夏娜尔所说："一个女人如果打扮不当，您会注意她的穿着。要是她穿得无懈可击，您就注意这个她本身。"

2．男性销售代表的衣着规范及仪表

西装：深色，最好为深蓝色，如果有经济能力最好选购高档一些的西装。

衬衣：白色，注重领子、袖口清洁，并熨烫平整。应至少准备 3 件以上。

领带：以中色为主，不要太花或太暗，最好准备 5 条以上。

长裤：选用与上衣色彩质地相衬的面料，裤长以盖住鞋面为准。

便装：中性色彩，干净整齐，无油污。

皮鞋：最好为黑色系带式，且要把皮鞋面擦亮，皮鞋底边擦干净。

短袜：最好为黑色，袜筒长短合适。

身体：要求无异味，可适当选用好一些的男式香水，但切忌香气过于浓烈。

头发：头发要梳理整齐，不要挡住额头，更不要有头皮屑。

眼部：检查有没有眼屎、眼袋、黑眼圈和红血丝。

嘴：不要有烟气、异味、口臭，出门前可多吃口香糖。

胡子：胡须必须刮干净。

手：不留长指甲，指甲无污泥，手心干爽洁净。

3．女性销售代表的衣着规范及仪表

头发：整洁，无头皮屑，不宜焗染过于个性的颜色。

眼部：不要有渗出的眼线、睫毛液，无眼袋、黑眼圈。

嘴唇：可涂唇膏或唇彩，且保持口气清香。

服装：西装套裙或套装，色泽以中性为好。不可穿着过于性感或暴露的服装，款式以简洁大方为好。

鞋子：黑色半高跟淑女鞋，保持鞋面的光亮和鞋边的干净。

袜子：高筒连裤丝袜，色泽以肉色为好。

首饰：不可太过醒目和珠光宝气，最好不要佩戴3件以上的首饰。

身体：不可有异味，选择淡雅的香水。

淡妆：一定要化妆，否则是对客户的不尊敬。但以淡妆为好，不可浓妆艳抹。

11.3 推销的语言艺术

推销语言必须既有科学性，又有艺术性。没有科学性，推销语言就没有说服力；没有艺术性，推销语言就不能打动人心。推销的语言艺术就在于对顾客产生一种魔力，使顾客在不知不觉中被吸引，自觉自愿地购买推销员所推荐的产品。

11.3.1 第一句话

无数事实证明，能否真正吸引顾客的注意力，第一句话是十分重要的。如果第一句话不能有效地引起顾客的兴趣，那么就很难继续谈下去。第一句话一定要能打动人心，否则就不能吸引顾客。为此需要刻意营造一个怡人的语言环境。可以利用人们的从众心理引发顾客的购买动机；可以通过适度的赞扬满足顾客内心潜在的自尊需求，使之产生是自己人的认同感和亲近感；可以从实惠、便宜、安全等功利角度激发顾客的兴趣乃至购买欲望。

最合适的开场白

下面是不同的推销员上门推销与消费者说的第一句话。

推销员甲的第一句话是："家里有高级食品搅拌器吗?"

推销员乙的第一句话是："我想来问一下，你们是否愿意购买一个新型的食品搅拌器。"

推销员丙的第一句话是："您需要一个高级食品搅拌器吗?"

分析：本案例中，谁的开场白最合适、效果最好？为什么？

11.3.2 问候语

寒暄在行销谈判中的作用是十分重要的。但并不是任意的寒暄都能起到这种使用。不恰当的寒暄很可能会弄巧成拙。而寒暄的恰当与不恰当的关键在于话题的选择。什么样的话题是恰当的寒暄话题呢？经验者认为，凡是能引起对方兴致的话题都适于作寒暄的话题。

寒暄是正式行销谈判的前奏，它的“调子”定得如何，直接影响着整个行销谈判的过程。

因此，对寒暄决不能轻而视之。首先应有主动热情、诚实友善的态度。寒暄时选择合适的方式、合适的话句是非常必要的，但这合适的方式、语句的表示，还有赖于主动热情、诚实友善的态度。只有把这三者有机地结合起来，寒暄的目的才能达到。另外做任何事情都有个“度”，寒暄也不例外。恰当适度的寒暄有益于行销谈判，但切忌没完没了，时间过长（当然，对方有聊的兴致时例外）。有经验的推销员，总是善于从寒暄中找到契机，因势利导，“言归正传”。

11.3.3 巧施赞美

赞美一个人的优点，维护其期望，虽价廉却很实用。因为喜欢赞美是人的天性，所以赞美是现代交际所不可缺少的技巧。几句适度的赞美，能像润滑剂一样使对方产生亲和心理，为交际沟通提供前提——心理上的亲和，是别人接受你意见的开始，也是转变态度的开始。适当地赞美对方，满足对方的自尊心和虚荣心，可使之产生一种优越感，处于喜悦之中，从而分散其注意力，解除其戒备心理。这是推销活动中常用的一种行之有效的方法。

巧施赞美，贵在一个“巧”字。世人都喜欢恭维，但恭维应因人而异，用不同的方式讲不同的恭维话。赞美和恭维应掌握分寸，不要弄巧成拙。适度得体的恭维应建立在理解他人，鼓励他人，尊重他人的正常心理需要以及为人际交往创造一种和谐友好的气氛基础之上。

11.3.4 巧妙施问

有经验的推销员总能以顾客的需求出发，通过一系列有针对性的问题，诱发其购买欲，从而使其一步步舒舒服服地完成购买活动。所以，推销员在促使顾客作出购买决定之前，应有步骤地向顾客提出一些问题，从而引导其购买。

引导顾客成交的提问方式有多种，大体上可分为主导式、征询式、含蓄式、应答式和限定式等几种。

主导式提问：把你的主导思想说出来，在这句话末尾用提问的方式把你引导成交的意图传递给顾客。

征询式提问：以征求意见或请教的方式提出问题进行引导，给人较为亲切的感觉。

含蓄式提问：把引导推销成交的意图隐藏于提问中，含而不露。

应答式提问：每当顾客对产品表示了某种有利的主观见解时你要立即应答，把他的见解肯定下来，一步步地促使他下决心。

限定式提问：在一个问题中提示两个答案可供选择，两个答案都是肯定的。

11.3.5 循循善诱

不可否认，每个人都有自己的欲望，一个人在不同时期又有着不同的欲望。而人们的欲望总是不易被别人察觉，推销员只有通过自己的头脑和嘴巴，使这种欲望被层层剥露，才能利用它达到推销的目的。如果推销员巧妙地运用语言艺术，循循善诱，就会激发顾客的购买欲望，使其产生拥有这种商品的感情冲动，促使并引导顾客采取购买行动。

推销员在推销介绍中，无论是向顾客传递推销信息，还是向顾客讲解商品知识，都应紧紧围绕顾客的实际需要。运用口才，以自己的情感、行为影响顾客，抓住顾客的心理、情绪和意志变化，诱发和激励顾客的购买动机，再促使其购买动机向现实需求转化，然后趁热打铁，引导顾客作出购买决策，达到刺激需求的目的。

从情感方面看，大凡熟练的推销员都能使自己的讲解引人入胜、饶有趣味，富于感染力并培育出和谐的推销气氛。在这种气氛的衬托下，很容易把握顾客的心态，诱发顾客的购买动机。

在行为方面，主要是利用各种现代化的宣传工具，竭力用形象化的推销介绍方法去渲染推销气氛，打动顾客的恻隐之心，激发他们的购买欲望。

11.3.6 摆脱尴尬

我们在行销的过程中，总会遇到千变万化的情况，作为一名专业的推销员要沉着冷静，有“卒然临之而不惊，无故加之而不怒”的大将风度，并能机智灵活化不利因素为有利因素。这就是说，要能随机应变。

1. 借题发挥应变法

这里所说的借题发挥，是指推销员在介绍商品的过程中，借发生的问题来表达自己真正的想法。例如，有位推销员当着一大群顾客推销一种钢化玻璃酒杯，他在进行完商品说明之后，便向顾客做商品示范。这一示范就是，把一只钢化玻璃酒杯扔在地上而不会破碎。可是他碰巧拿的是一只质量没过关的杯子。只见他猛的一扔，酒杯碎了。这样的事在他整个推销酒杯的过程中是前所未有的，大大出乎他的意料。他心里很吃惊，但没流露出来。而顾客呢，则是目瞪口呆，因为他们本已相信了推销员的推销说明，只不过想亲眼看看得到一个证明而已，结果，却出现了这样的一个尴尬的场面。然而，仅过 3 秒钟，就听推销员不紧不慢地说：“你们看，像这样的杯子，我就不会卖给你们。”顾客笑了，沉默的气氛变得活跃了。接着，这位推销员又扔了 5 只杯子，个个掉在地上完整无损。推销员的随机应变能力博得了顾客的好感，5 个完整无损的酒杯赢得了顾客的信任。推销员很快推销出几十打酒杯。试想，如果推销员不能随机应变，顾客肯定会拂袖而去。

2. 幽默诙谐应变法

所谓幽默诙谐法，就是在推销的过程中，如果遇到意外的变故，可用幽默诙谐的方法来摆脱窘境。例如，美国有一家大百货商店，门口竖着一块广告牌，上面写着：“无货不备，如有缺货，愿罚 10 万。”有个法国人很想得到这 10 万元，便去见经理。他开口就问：“潜水艇在什么地方？”经理把他领到 22 层楼，那儿真有一艘潜水艇。法国人又说：“我还要看看飞船。”经理将他带到了第九层。只见一只飞船停放在那里。法国人并不罢休，问道“可有肚脐眼生在脚下面的人？”；你以为这样一问，经理肯定被难住了。谁知，经理却不动声色，平淡地对旁边的店员说：“你来一个倒立给这位先生看看！”这位经理明知那个法国人是有意刁难他，但他却能随机应变，以幽默的方法接待了这位顾客。如此一来，既可不损失 10 万元，又给顾客留下了深刻的印象。

3．巧用语境应变法

语境，就是使用语言的环境，它包括行销谈判的时间、地点、社会环境、自然环境等。在推销过程中，如果你能巧妙地利用语境，就能收到意想不到的效果。

4．应付周旋应变法

假如你正在与一位新顾客洽谈生意，突然，一位老顾客打来了电话，他告诉你说，撤销以前答应你的购买许诺。不用说，这时，你肯定有着双重的压力，既想跟老主顾挽回败局，又怕在新顾客那里泄露推销失利的信息。面对此种局面，如果你惊慌失措，或对着电话与老主顾大叫大嚷，叱责他言而无信，那就是太愚蠢了。结果只能是留不住老主顾，又赶跑了新顾客，鸡飞蛋打。我想，聪明的你绝不会这么做。你肯定会客气地对老主顾说："这没关系，不过，我现在正在与一位朋友谈要紧事，我们明天见面再详细谈谈你看怎样？"这的确是一种理智而聪明的做法，我们称之为"应付周旋法。"这种做法的高明之处在于：左右逢源。通常情况下，听你这样一说，老主顾是不会跟你在电话中继续纠缠的，他会答应你的请求。如此一来，你就又有了一个跟他谈判、以期维持原有交易的机会；而另一方面，新顾客不仅会为你重视他而高兴，也会为你因他而拒绝一次约会而感到歉意，这非常有益于你与他达成交易，真是一举两得。

11.4 推销的技巧

推销是一门学问。恰当、得体的技巧可以帮助推销员实现推销目的，获得成功。

11.4.1 重视第一印象

珍惜最初的 6 秒钟。人与人初次见面，在最初的 6 秒钟内就能对彼此做出评价。这种印象主要来自于人的眼睛，而无需通过语言。在此意义上说，你有 6 秒钟的时间来给顾客创造良好的第一印象。所以，你要格外珍惜这最初的 6 秒钟。在这 6 秒钟里，请你学会用眼睛说话 。人们常说："眼睛是心灵的窗户"。这是再恰当不过的比喻。有时，有声语言无法表述出来的内心世界，也能从人的眼睛里显示出来。

人总是先看外表，形象关系到给客户留下的第一印象。作为推销员，如果不注重仪表，那么客户就会对你和你要推销的产品失去兴趣。美国营销大师法兰克·贝格说过："外表的魅力可以让你处处受欢迎，不修边幅的营销员给人留下第一印象时就失去了主动。"因此，优秀的推销员都十分注意自己的仪表，以期给客户留下最好的第一印象。

11.4.2 带上微笑

微笑是与人交流最好的方式，也是个人礼仪的最佳体现，对于推销员来说，更为重要。

微笑无需成本，却创造出许多价值，以微笑迎接客户，给客户一个好心情，这样与客户洽谈才更容易成功。

11.4.3 举止有礼

行为举止是一种无声的语言，是一个人性格、修养的外在体现，它会直接影响到客户的观感和评价。因此，推销员在客户面前一定要做到举止高雅，坐、立、行、走都要大方得体。

首先是守时守约。一般说来，推销员若与顾客约定了拜访时间，就一定要严格遵守，如期而至，不要迟到，更不能无故失约。如果有紧急的事情，或者遇到了交通阻塞，立刻通知你要会见的客户。如果打不了电话，请别人替你通知一下。如果是对方要晚点到，你可以充分利用剩余的时间。例如，坐在一个离约会地点不远的地方，整理一下文件资料。

另外要讲究敲门的艺术。要用食指敲门，力度适中，间隔有序敲三下，等待回音。如无应声，可再稍加力度，再敲三下，如有应声，再侧身站立于右门框一侧，待门开时再向前迈半步，与主人相对，经允许后进屋。

谈话时间不宜过长。起身告辞时，要向主人表示感谢。出门后，回身主动伸手与主人握别，说："请留步。"待主人留步后，走几步，再回首挥手致意。

11.4.4 学会倾听

卡耐基认为：倾听是一种典型的攻心战略。一个不懂得倾听，只是滔滔不绝、夸夸其谈的推销员不仅无法得知客户的各种信息，还会引起客户的反感，导致推销失败。认真倾听客户讲话，是赢得客户的一种非常有效的办法。每一位推销员都应学会少说多听，这是获得成功的捷径。

11.4.5 言谈有礼

推销是说服的艺术。推销员必须学会面对不同销售市场和销售对象。这就对推销员的语言提出了要求，不仅要"善谈"，更主要的还要有"礼节"，言谈的有礼与否往往决定了推销的业绩。

11.4.6 信守承诺

从心理活动分析，推销开始时，顾客一般是消极的。因此，推销员在任何推销场合，都必须做到诚信。用真诚、热情的态度，向顾客提供真实的信息。情真意切的语言可以缩短推销员与顾客间的情感距离，消除顾客对推销员固有的戒备心理。做到一是一、二是二，不花言巧语，不故弄玄虚，真正做到童叟无欺。

推销活动中，信守承诺，是与真诚相辅相成的。"言必信，行必果"是推销员必备的品格。推销员说话必须信而有据、一言九鼎。在利益和信誉发生抵触时，也要舍财力保信誉。因为财力往往是一时眼前小利，信誉才是战略性的长远大利。

"轻诺者，必轻信"，因而推销员必须慎重承诺。为了"重诺"，必须力戒"轻诺"。一定要"三思而后诺"，有强烈的"一诺千金"的意识。

11.4.7 化难为易

信任需要时间的考验。特别是原本互不相识的双方，要使对方信任自己，其难度之大、考验之深，可想而知。因此，在推销活动中"分段处理"要比"一次解决"来得实际、有效。在推销活动中，推销员应将顾客一时难以解决的大问题——买还是不买，转换成一连串的、对于顾客来说易于解决的小问题，各个击破，环环相扣，从而顺利达成交易。

"分段处理"在推销活动中的作用很大，它能使顾客转换头脑中所考虑的对象，产生一种希望交易尽早成交的愿望。所以，推销员在开始推销时，一开始就要做好充分的准备，向顾客做有意识地肯定和暗示，一步一个脚印地顺着顾客的话推销，一环套一环，从而推销成功。

11.4.8 欲擒故纵

人们对事物的态度，是越朦胧越想寻求其清晰；胃口吊得越高，其购买欲望就越强。人的天性似乎在于追求那些自己心目中追求已久的东西，一旦难以得到，就更觉得渴望和向往。有经验的推销员就善于抓住人们的这一天性，成功地运用"欲擒故纵"的方法，让顾客了解到他们购买商品是自己想要买，而不是别人要我买，而且一旦买到，还对自己的努力表示赞赏。

欲擒故纵法是大部分商场老将惯用的手法，然而并不是"放之四海而皆准"的真理，使用时务必注意，对待顾客一定要诚恳老实，千万不要故弄玄虚。

小　结

本章首先介绍了推销员应该具备的素质，并从知识、身体、心理、道德 4 个方面深入解析；第二部分介绍了推销的准备，主要涉及顾客、产品和自我形象 3 方面的内容；第三部分列举了 6 种语言艺术以及 8 个推销员应注意的技巧。

推销的技巧和语言在推销活动中至关重要。推销员在进行推销时，必须灵活机智地使用多种方法，针对不同的顾客和不同的情况采用不同的方式和语言艺术，有的放矢，投其所好，供其所需，才能创造辉煌的推销业绩。

思考与练习

1. 推销人员的素质有哪些要求？

2. 了解产品主要包括哪些内容？

活动与探索

1. 选择生活中的一个常用物品，做一份推销方案。
2. 假如你是一名推销员，遇到尴尬该怎样摆脱？

第 12 章　商务仪式礼仪

仪式是指在一定场合举行的具有专门程序规范化的活动。简而言之，仪式是一种典礼的秩序形式。

本章主要介绍商务活动中常见的签字仪式、剪彩仪式和庆典仪式。

名言警句

商务礼仪是企业及管理者在商务场合中的脸面，如果不注意礼仪，就会失去脸面。

——【日本】松下幸之助

12.1　签字仪式礼仪

签字仪式，通常是指订立合同、协议的各方在合同、协议正式签署时所举行的仪式。举行签字仪式，不仅是对谈判成果的一种公开化、固定化，而且也是有关各方对自己履行合同、协议所做出的一种正式承诺。签字仪式是一种隆重的活动，礼仪规范较严格。

12.1.1　签字仪式准备

签字仪式关系重大，东道主为签字仪式应做好充分的准备工作。一般应从以下 4 个方面着手。

1．准备待签文本

仪式前准备好待签合同文本的翻译、校对、定稿、印刷、装订和盖章等全套工作。同时要准备好签字用的文具、代表双方组织的旗帜或标志牌等物品。

2．确定出席人员

双方要事先商定好签字人。其人选要视文件的性质来确定，可由最高负责人签字，也可由具体部门负责人签字，但双方签字人的身份应该对等且与待签文件性质相符。事先还要安排好助签人员，并洽谈好签字的有关细节。其他出席签字仪式的，基本上应是双方参加会谈的全体人员。如一方要求某些未参加谈判的人员出席签字仪式，应事先征求对方的意见，取得对方同意。一般礼貌的做法是，出席签字仪式的双方人数大体相等。有时为表示对本次商务谈判的重视或对谈判结果的庆贺，双方更高一级的领导人也可出面参加签字仪式，级别一般也是对等的。

3．选择签字场所

签字仪式举行的场所，一般视参加签字仪式的人员规格、人数多少及协议中的商务内容的重要程度等因素来确定。多选择在客人所住的宾馆、饭店，或东道主的会客厅、洽谈室等场所。有时为了扩大影响，也可商定在某个新闻发布中心或著名会议、会客场所举行。无论选择在什么场所举行，都应取得对方的同意，否则就是失礼的行为。

4．排列会场位次

各国安排的签字仪式不尽相同。我国的惯例是采用并列式，如图 12-1 所示（1）签字桌；（2）双方国旗；（3）客方签字人；（4）主方签字人；（5）客方助签人；（6）主方助签人；（7）客方参加签字仪式的人员；（8）主方参加签字仪式的人。在签字厅内设置一张长方桌，作为签字桌，桌后放两把椅子，供双方签字人入席就座。主方签字人座位位于签字桌左侧，客方签字人的座位位于签字桌的右侧。双方的助签人员分别站立于各方签字的外侧，其任务是帮助翻开待签文本，并向签字人指明签字处。双方其他参加签字仪式的人员则应分别按一定的顺序排列于各方签字人员之后。

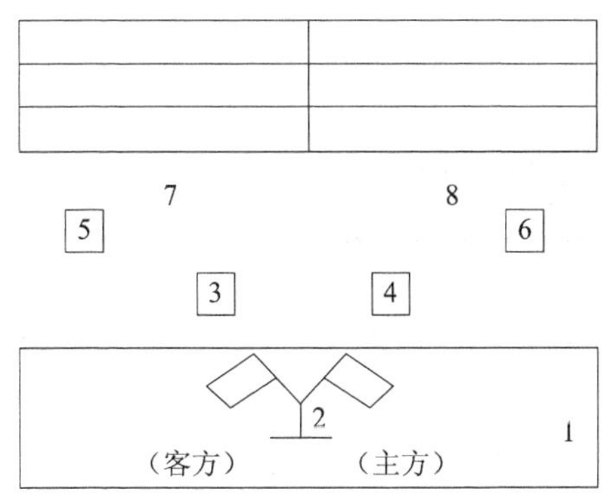

图 12-1 并列式签字仪式

另一种较常用排列方法是相对式，如图 12-2 所示（1）客方签字席位；（2）主方签字人席位；（3）客方国旗；（4）主方国旗；（5）参加签字人员。相对式签字仪式的排座，与并列式签字仪式的排座基本相同。二者之间的主要差别，只是相对式排座将双边参加签字仪式的随员席移至签字人的对面，签字桌可以是一张，也可以是两张。

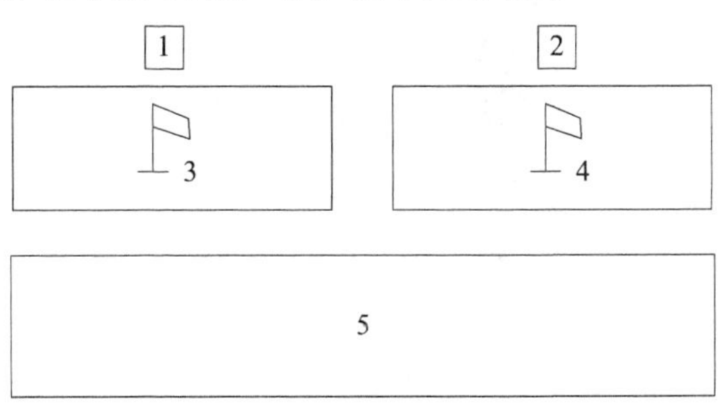

图 12-2 相对式签字仪式

12.1.2 签字仪式程序

在具体操作签字仪式时，可以依据下述基本程序进行运作。

1．宣布开始

此时，有关各方人员应先后步入签字厅，在各自即定的位置上正式就位。

2．签署文件

通常的做法是，首先签署应由己方所保存的文本，然后再签署应由他方所保存的文本。依照礼仪规范，每一位签字人在己方所保留的文本上签字时，应当名列首位。因此，每一位签字人均须首先签署将由己方所保存的文本，然后再交由他方签字人签署。此种做法，通常称为“轮换制”。它的含义是：在文本签名的具体排列顺序上，应轮流使有关各方均有机会居于首位一次，以示各方完全平等。

3．交换文本

在交换文本时，各方签字人应热烈握手，互致祝贺，有时会互换方才用过的签字笔，以示纪念。全场人员应热烈鼓掌，以表示祝贺之意。

4．留念庆贺

一般在交换文本后合影留念，有时可安排礼宾人员为所有来宾送上香槟酒，双方干杯以示庆贺。之后，有秩序地退场。

12.2 剪彩仪式礼仪

剪彩仪式是指商界的有关单位，为了庆祝公司的成立、公司的周年庆典、企业的开工、宾馆的落成、商店的开张、银行的开业、大型建筑物的启用、道路或航道的开通、展销会或展览会的开幕等而举行的一项隆重的礼仪性程序，如图 12-3 所示。

图 12-3 剪彩 1

12.2.1 剪彩的由来

剪彩的由来有两种说法。一种说法是，剪彩起源于西欧，另一种说法是，剪彩起源于美国。

1. 起源于西欧

在古代，西欧造船业比较发达，新船下水往往吸引成千上万的观众。为了防止人群拥向新船而发生意外事故，主持人在新船下水前，在离船体较远的地方，用绳索设置一道“防线”。等新船下水典礼就绪后，主持人就剪断绳索让观众参观。后来绳索改为彩带，人们就给它起了“剪彩”的名称。

2. 起源于美国

1912 年，在美国的一个乡间小镇上，有家商店的店主独具慧眼，从一次偶然发生的事故中得到启迪，以它为模式开一代风气之先，为商家创立了一种崭新的庆贺仪式——剪彩仪式。

当时，这家商店即将开业，店主为了阻止闻讯之后蜂拥而至的顾客在正式营业前耐不住性子，争先恐后地闯入店内，将用以优惠顾客的便宜货争购一空，而使守时而来的人们得不到公平的待遇，便随便找来一条布带子拴在门框上。谁曾料到这项临时性的措施竟然更加激发起了挤在店门之外的人们的好奇心，促使他们更想早一点进入店内，对行将出售的商品先睹为快。

事也凑巧，正当店门之外的人们的好奇心上升到极点，显得有些迫不及待的时候，店主的小女儿牵着一条小狗突然从店里跑了出来，那条“不谙世事”的可爱小狗若无其事地将拴在店门上的布带子碰落在地。店外不明真相的人们误以为这是该店为了开张志喜所搞的“新把戏”，于是立即一拥而入，大肆抢购。让店主转怒为喜的是，他的这家小店在开业之日的生意居然红火得令人难以想象。

向来有些迷信的他便追根溯源地对此进行了一番“反思”，最后他认定，自己的好运气全是由那条被小女儿的小狗碰落在地的布带子所带来的。因此，此后在他旗下的几家“连锁店”陆续开业时，他便将错就错地如法加以炮制。久而久之，他的小女儿和小狗无意之中的“发明创造”，经过他和后人不断地“提炼升华”，逐渐成为一整套的仪式。它先是在全美，后是在全世界广为流传开来。在流传的过程中，它自己也被人们赋予了一个极其响亮的名称——剪彩。沿袭下来，就成了今天盛行的“剪彩”仪式。

12.2.2 剪彩仪式准备

剪彩仪式的准备必须一丝不苟，例如场地的布置、环境的卫生、灯光与音响的准备、嘉宾与媒体的邀请、人员的培训等，必须认真细致，精益求精。

1. 物品准备

剪彩仪式上所需使用的某些特殊用具，诸如红色缎带、新剪刀、托盘以及红色地毯等，需与剪彩主题相适应，认真地进行选择与准备。

2. 邀请剪彩者

剪彩者，即在剪彩仪式上持剪刀剪彩之人。在剪彩仪式上担任剪彩，是一种很高的荣誉。剪彩仪式档次的高低，往往也同剪彩者的身份密切相关。因此，在选定剪彩的人员时，最重要的是要把剪彩者选好。

根据惯例，剪彩者可以是一个人，也可以是几个人，但是一般不应多于 5 人。通常，剪彩者多由上级领导、合作伙伴、社会名流、员工代表或客户代表所担任。

确定剪彩者名单，必须是在剪彩仪式正式举行之前。名单一经确定，应由举办剪彩仪式的单位领导亲自出面或委派代表专程前往邀请。在一般情况下，确定剪彩者时，必须尊重对方个人意见，切勿勉强对方。需要由数人同时担任剪彩者时，应分别告知每位剪彩者届时他将与何人同担此任。这样做，是对剪彩者的一种尊重。千万不要“临阵磨枪”，在剪彩开始前方才强拉硬拽，临时找人凑数。

若剪彩者仅为一人，则其剪彩时居中而立即可。若剪彩者不止一人时，则其同时上场剪彩时位次的尊卑就必须予以重视。一般的规矩是：中间高于两侧，右侧高于左侧，距离中间站立者愈远位次便愈低，即主剪者应居于中央的位置。

重要提示

剪彩者的位次“右侧高于左侧”，这是一项国际惯例，剪彩仪式理当遵守。

3．助剪者培训

助剪者，指的是剪彩者剪彩的一系列过程中从旁为其提供帮助的人员。一般而言，助剪者多由东道主一方的女职员担任。现在通常聘请专业的礼仪小姐。

具体而言，在剪彩仪式上服务的礼仪小姐，又可以细分为迎宾者、引导者、服务者、拉彩者、捧花者、托盘者等多种角色。迎宾者的任务，是在活动现场负责迎来送往。引导者的任务，是在进行剪彩时负责带领剪彩者登台或退场。服务者的任务，是为来宾尤其是剪彩者提供饮料，安排休息之处。拉彩者的任务，是在剪彩时展开、拉直红色缎带。捧花者的任务则在剪彩时手托花团。托盘者的任务，则是为剪彩者提供剪刀、手套等剪彩用品。在一般情况下，迎宾者与服务者应不止一人。引导者既可以是一个人，也可以为每位剪彩者各配一名。拉彩者通常应为两人。捧花者的人数则需要视花团的具体数目而定，一般应为一花一人。托盘者可以为一人，也可以为每位剪彩者各配一人。人员确定以后，要进行必要的分工和演练。

4．媒体宣传

剪彩仪式前，可邀请相关媒体参加仪式，要善于运用各种媒介广泛宣传，提高影响力和知名度。

12.2.3 剪彩仪式程序

一般来说，剪彩仪式程序宜紧凑，忌拖沓，在所耗时间上愈短愈好。短则一刻钟即可，长则至多不宜超过 40 分钟。

1．来宾就位

在剪彩仪式上，通常只为剪彩者、来宾和本单位的负责人安排坐席。在剪彩仪式开始时，即应敬请大家在已排好顺序的座位上就座。一般情况下，剪彩者应就座于前排。若其不止一人时，则应使之按照剪彩时的具体顺序就座。

2．宣布仪式开始

在主持人宣布仪式开始后，乐队应演奏音乐，现场可燃放鞭炮，全体到场者应热烈鼓掌。此后，主持人应向全体到场者介绍到场的重要来宾。

3．发言

发言者依次应为东道主单位的代表、上级主管部门的代表、地方政府的代表、合作单位的代表，等等。其内容应言简意赅，每人发言不超过 3 分钟，重点应分别为介绍、道谢与致贺等。

4．剪彩

主持人宣布建材开始，此刻，全场应热烈鼓掌，必要时还可以奏乐或者燃放鞭炮。

礼仪小姐即应率先登场。在上场时，礼仪小姐应排成一行。从两侧同时登台，或是从右侧登台均可。登台之后，拉彩者与捧花者应当站成一行，拉彩者处于两端拉直红色缎带，捧花者各自双手手捧一朵花团。托盘者要站立在拉彩者与捧花者身后一米左右，并且自成一行。

在剪彩者登台时，宜从右侧出场，引导者应在其左前方进行引导，使之各就各位。当剪彩者均已到达既定位置之后，托盘者应前行一步，到达前者的右后侧，以便为其递上剪刀、手套。

剪彩者若不止一人，则其登台时也应列成一行，并且使主剪者行进在前。在主持人向全体到场者介绍剪彩者时，后者应面含微笑向大家欠身或点头致意。

剪彩者行至既定位置之后，应向拉彩者、捧花者含笑致意。当托盘者递上剪刀、手套，也应微笑着向对方道谢。

在正式剪彩前，剪彩者应首先向拉彩者、捧花者示意，待其有所准备后，集中精力，右手手持剪刀，表情庄重地将红色缎带一刀剪断。若多名剪彩者同时剪彩时，其他剪彩者应注意主剪者动作，与其主动协调一致，力争大家同时将红色缎带剪断。

按照惯例，剪彩以后，红色花团应准确无误地落入托盘者手中的托盘里，而切勿使之坠地。为此，需要捧花者与托盘者的合作。剪彩者在剪彩成功后，可以右手举起剪刀，面向全体到场者致意。然后放下剪刀、手套于托盘之内，举手鼓掌。接下来，可依次与主人握手道喜，并列队在引导者的引导下退场。退场时，一般宜从右侧下台。

待剪彩者退场后，其他礼仪小姐方可列队由右侧退场。

不管是剪彩者还是助剪者在上下场时，都要注意井然有序、步履稳健、神态自然。在剪彩过程中，更是要表现得不卑不亢、落落大方。

有时为使剪彩仪式简洁方便，可固定捧花，减少礼仪小姐，如图 12-4 所示。

5．参观

剪彩之后，主人应陪同来宾参观。仪式至此宣告结束。随后东道主单位可向来宾赠送纪念性礼品。

图 12-4 剪彩 2

阅读材料

剪彩者礼仪

剪彩者礼仪指的是在剪彩仪式中持剪刀剪彩的人员应遵守的礼仪。

剪彩者是剪彩仪式的主角，一定要注意仪容仪表。剪彩者一般都具有极高的威望，深受大家尊敬和信任。剪彩者的仪容仪表直接关系到剪彩仪式的效果和企业的形象。因此，作为剪彩者，既要有荣誉感，也要有责任感。衣着服饰要大方、整洁、挺括，容貌适当修饰，看上去容光焕发，充满活力，以求给人一种精干和文明的印象。

剪彩者必须注意剪彩中的仪态举止。剪彩过程中，要使自己保持一种稳重的姿态、洒脱的风度和优雅的举止。当主持人宣布开始剪彩时，剪彩者要面带微笑，步履稳健地走向剪彩礼仪小姐扯起的彩带。当礼仪小姐用托盘呈上剪彩用的剪刀时，可用微笑来表示谢意并随即拿起剪刀。剪彩者要向扯彩带的礼仪小姐微笑致意，然后，聚精会神、严肃认真地把彩带一刀剪断。如果同时有几位剪彩者共同剪彩时，处在外端的剪彩者应用眼睛余光注视处于中间位置的剪彩者的剪彩动作，力争同时剪断彩带。同时，还应和礼仪小姐配合，注意让彩球落入托盘内，然后把剪刀也放回托盘内。有的剪彩者将彩带一刀剪断后，举剪向众人微笑示意，也是一种礼仪举止，但示意一下即可，不可久停。

在剪彩仪式的过程中，剪彩者言谈举止要有节制。剪彩仪式开始前，可以和举办单位领导、来宾及共同剪彩者随意交谈。当宣布剪彩仪式开始后，即应中断谈笑，全神贯注地听主持人讲话。如继续谈笑或向别人打招呼，则是有失礼仪的表现。剪彩完毕，应转身向四周的人们鼓掌致意。这时可与主人进行礼节性谈话，或同其他剪彩者进行赞赏性谈话。但时间都不宜过长。在这种场合，无休止地高谈阔论或旁若无人地纵情谈笑，都是不合礼仪的。

剪彩之后的参观或聚会时要虚心、认真。参观时，要耐心听取主办单位介绍，对其所取得的成就应给予肯定和赞许。聚会时，要谦虚谨慎，言谈举止应彬彬有礼。

12.3 庆典仪式礼仪

庆典，是各种庆祝仪式的总称，比如开业仪式、周年庆典、奠基仪式、落成仪式等。庆典应本着“热烈、隆重、节约、缜密”的原则进行。

庆典内容通常分为邀请嘉宾、确定场所、会场布置、庆典程序等。庆典的程序大致相同，可分为以下 4 个步骤。

首先宣布庆典开始，可奏国歌、升国旗，也可鸣礼炮等。

第二项，主方讲话，主要介绍嘉宾、庆典目的等。

第三项，客方讲话，宣读贺词等。

第四项，庆典结束合影留念，参观或演出等余兴活动。

小　结

本章主要介绍了商务仪式礼仪中的签字、剪彩和庆典 3 种主要的仪式礼仪，按照仪式进行的顺序详细地介绍了每个步骤应该注意的礼仪细节和注意事项，有助于增长仪式知识，了解相关仪式程序，指导实际操作。

思考与练习

剪彩者的挑选有哪些标准?

活动与探索

与同学们搜集近年来我国重大签字仪式活动的资料，总结我国签字仪式礼仪有哪些?

第 13 章　舞会礼仪

舞会是现代社交的重要场合，它能促进交往、增进友谊。舞会的气氛固然轻松随意，但种种礼仪却不可忽视。掌握舞会的基本行为规范及常识有益于提高社交能力。

名言警句

观其舞，知其德。

——《礼记》

13.1　舞会礼仪基本原则与规范

13.1.1　注重形象

参加舞会时，依礼必须先期进行必要的、合乎惯例的个人形象修饰。

1．舞会妆容

在妆容方面，舞会的参加者均应沐浴，并梳理适当的发型。男士务必要剃须，女士在穿短袖或无袖装时必须剃去腋毛。

参加舞会前，有条件的人都要根据个人的情况，进行适度的化妆。男士化妆的重点通常是美发、护肤、祛味。女士化妆的重点则主要是美容和美发。与家居妆、上班妆相比，因舞会大都举行于晚间，舞者肯定会受到灯光的照射，故舞会妆允许相对化妆浓烈一些。但若非参加化妆舞会，化舞会妆时仍须讲究美观、自然，切勿搞得怪诞神秘，令人咋舌。

2．舞会服装

参加舞会，一般可根据个人的气质，选穿自己称心如意的服装。当然，在选择时，女伴以穿裙装为好，这样起舞时就会有飞旋的飘动感；男伴一般以选穿西装为好，这样显得庄重、文明。有条件的可配耳环、胸针、胸花、项链、长短手套、彩发带、绸带、小花来装饰打扮。舞会着装也可根据个人爱好自行选择，但必须注意服装整洁、大方。不能穿背心、短裤，拖鞋进入舞厅，这样显得不文明，不礼貌。

参加交谊舞比赛的服装要求比较高，选手们的服装一上场就会给评判者一个较深的印象。所以，所有参赛的选手必须注意对服装的选择，一般要讲究色彩华丽、质地高贵、设计考究，服装首先挑选的就是色彩，第二才看款式。因为好的色彩会引人注目，再加之新颖的款式，在舞蹈中会为你增添光彩。如服装色彩不能吸引人，就会使你在比赛中失去光泽感，而款式陈旧的服装又会让你的舞姿逊色。例如，在舞蹈的旋转动作中，如果女伴裙装下摆不够大，无法展现在旋转中裙摆飘动的魅力感。因此，不当的款式就影响了比赛的效果；体型较胖的舞者不宜穿红色；身材较瘦的舞者不宜选择黑色。

另外，舞服还必须根据所参赛的舞种要求范围来进行选择。因为色彩具有强烈的表达作用，适应不同舞种的特点，色彩艳丽的服装会使你显得华美夺目。女装款式设计上，主要以上身收腰和贴身为佳。这样的服装上部紧凑，下部宽松、下摆宽大飘逸，起舞时则显得动感强烈。

重要提示

参加舞会时务必注意个人口腔卫生，认真清除口臭，并禁食气味刺激的食物；外伤患者、感冒患者以及其他传染病患者，应自觉地不要参加舞会。

13.1.2 举止有礼

一般而言，舞会中的灯光比较朦胧，通常只能看清形态，但仍要随时注意保持优美的坐姿或仪态。当单身去赴舞会时，应听从舞会主人给以安排舞伴。

跳舞时，不要讨论或争辩一件事情，不要晃动肩膀，也不可因音乐、气氛的感染而表现得太过随意，尤其是不要闭上眼睛。另外，除非是一对被公认的情侣，不然不要在跳舞时把面颊靠在对方肩上。

如有乐队演奏，一曲舞毕，跳舞者应首先面向乐队立正鼓掌，以示感谢。此后，方可离去。在一般情况下，男士应当将自己所请的女士送回其原来的休息之处，道谢告别之后，才能再去邀请其他女士跳舞。

无论是参加朋友的私人舞会，还是正式的大型舞会，遵守时间是首要的礼仪，要准时到达。至于什么时间离开舞会较为合适，朋友的私人舞会最好要坚持到舞会结束后再离去，这也是对朋友的支持。如果要提早离开舞会，仅悄悄的向主人招呼一声即可，千万不可在大众面前言明要早走之意，以免破坏其他人的玩兴，而使主人难以控制场中的气氛。

13.1.3 舞姿规范

参加舞会时重在参与。一个人的舞姿不必美不胜收，舞技也不必无可挑剔，但是他在跳舞时所作所为，却必须尽量达到合乎规范的标准，而且还必须文明大方。

1．舞姿标准

跳舞步入舞池时，必须按女先男后原则，由女士选择跳舞的具体方位。而在跳舞的具体过程中进行合作时，则应由男士带领在先，女士配合于后。

不论男女在跳舞之时，身体都应保持平衡，步法切勿零碎、杂乱。在需要前进或后退的时候，迈出的脚步、身体的重心、力量的分配一定要认真、准确，并且要注意移动自如。不要贸然跳自己不熟悉的舞步。

跳舞时，要掌握运步方向的技巧。在变换各种方向时，均应以自己左脚或右脚的前脚掌为轴心进行转动。跳舞时所有人的行动方向，都必须按照逆时针方向进行，唯有如此，方能确保舞池的正常秩序，不至于发生跳舞者互相碰撞拥挤的状况。

2．舞姿文明

在舞场上跳舞时，每个人的舞姿均应符合文明规范。跳舞时的具体动作，要与届时演奏的舞曲协调一致。在任何时候，都不要自我创作，乱跳一气。尤其是不允许有意采用夸张、怪异、粗野甚至色情的动作去吸引他人的注意。

跳舞时要注意与其他舞者保持适当的距离，以防相互影响。万一不慎碰撞或踩踏到别人，应当自觉地向对方道歉。若他人因此而向自己道歉，则需大度地向对方表示“没关系”。

不论自己与舞伴是何种关系，两个人在一起合作跳舞时，除必要的以手相互持握外，身体的其他部位都要保持大约一拳左右的间隔。万一碰到了双方身体的其他部位，应立即为自己的不慎向对方说一声“对不起”。男士不能借机对女士又拉又抱，女士则不宜主动贴向男士。

除交谈之外，在跳舞时切勿长时间地紧盯舞伴的双眼。

13.1.4 邀舞礼仪

无论是邀请舞伴还是拒绝邀请，都应做到彬彬有礼，细致有节。

1．邀请舞伴

舞曲奏响以后，男方要大方地走到女方面前邀请，如果女方的家人同在，则应先向女方的亲属点头致意，并征得他们的同意后，走到女方面前立正，微欠身致意说：“小姐，可以请您跳舞吗？”有时还要向陪伴女方的男士征求说“先生，我可以请这位小姐共舞吗？”得到允许后，再与女方走进舞池共舞，如图 13-1 所示。

图 13-1　邀请舞伴

一般情况下，女士不需主动邀请男士跳舞。但特殊情况下，需要请长者或者贵宾时，则可以不失身份地表达：“先生，请您赏光”。或：“我能有幸请您吗？”

依照规范，结伴而来的一对男女，只要一同跳第一支舞曲就可以了。从第二支曲子开始，大家应该有意识地交换舞伴，以认识更多的朋友。

2．拒绝邀请

舞会是通过跳舞交友、会友的场合，所以在舞会上女士不要轻易拒绝他人的邀请。女士可以拒绝个别“感觉不佳”的男士的邀请，但要注意分寸和礼貌用语，要委婉地表达。

女士如不愿意与前来邀请的男士跳舞，应当婉言谢绝，而不能蛮横无礼或露出轻视别人的表情。一旦拒绝某位男士的邀请，这曲舞就不要再接受另一男士的邀请，以免对前者的自尊心造成伤害。

当女士拒绝一位男士的邀请后，如果这位男士再次前来邀请，并无不礼貌的举止和表现，女士便不应再次拒绝邀请，在无特殊情况下应与其共舞，这是舞会礼仪所要求的。

如果女士已接受某位男士的邀请，对再来邀请者应表示歉意。如果自己愿意同他跳舞，可以告诉他下曲再与之共舞。

如果两位男士同时邀请一位女士跳舞，最礼貌的做法是同时礼貌拒绝两位邀请者，也可以先同其中一位跳舞，并对另一位男士礼貌地说：“对不起，下一曲与您跳好吗？”

如果与男友坐在一起，此时有人邀舞，礼貌上必须征得男友的同意。

13.1.5 舞会交际

舞会多以交际为主，故此舞会也称交谊舞会。参加舞会时，不能只为跳舞尽兴，而忘却了本应进行的交际活动。

1．叙旧

在舞会碰上了老朋友、老熟人，除了要争取邀请对方或其同伴共舞一曲之外，还要尽量抽时间找对方叙旧，致以必要的问候，并且传递适当的信息。千万不要在舞会上表现得“喜新厌旧”，为了结交新朋友，而对旧交不屑一顾。

2．交友

在舞会上结交新朋友，通常有 3 种方法可行。其一，主动把自己介绍给对方。其二，请主人或其他与双方熟悉的人士代为介绍。其三，通过邀请舞伴的方式直接或间接地认识对方。

与互不相识的舞伴跳舞时，可略作交谈。其内容以称道对方的舞技、表扬乐队的演奏等为佳。有时，也可以进行简短的自我介绍。但不宜打探对方的个人隐私或贬低他人的舞技。

在舞会上结识新友之后，一般不宜长时间深谈。可在此后适当的时间，主动打电话联络对方，以便进一步推进双方关系。无论如何，都不要在跳舞时伺机向对方提出单独约会的请求，更不能风风火火，急不可耐地向其表白“一见钟情”的爱慕之意。

13.2 国际标准交谊舞

国际标准交谊舞，简称国标舞，又称“体育舞蹈”，原名叫做“社交舞”，英文为“Ballroom Dancing”，为欧洲贵族在宫廷举行的交谊舞会。法国革命后，Ballroom Dancing 流传民间至今。第二次世界大战后，美国人将该舞蹈传播到全球各地，并形成一股跳舞热潮，至今不衰。

13.2.1 国际标准舞起源与发展

国际标准舞起源于古代土风舞，经历了对舞、圈舞、行列舞、集体舞等的演变过程，并与欧洲贵族在宫廷举行的交谊舞会结合，成为流传广泛的社交舞。法国大革命后民间开始流行。第二次世界大战后，美国人将该舞蹈散播到全球各地。

经历一百多年的发展，“社交舞”从“社交”发展为“竞技”，将单一的舞种发展为摩登舞、拉丁舞两大系列的 10 个舞种，并在 1904 年成立了“英国皇家舞蹈教师协会”。这个组织将当时欧美流行的舞姿、舞步、方向等整理成统一标准，制定了有关舞蹈理论、技巧、音乐、服装等竞技的标准，公布为“国际标准交谊舞舞厅舞”（简称“国标舞”），为世界各国所遵循，英国的黑池（黑池，Blackpool，英国西北部海滨城市，以举办国标舞闻名世界）甚至成了“国标舞”的圣地。目前，世界各国将国际标准舞易名为“体育舞蹈”，欲将舞蹈运动纳入体育运动项目。拥有 74 个会员国的“国际舞蹈运动总会（International Dance Sport Federation）”于 1997 年 9 月 4 日正式成为国际奥林匹克委员会会员，2000 年成为悉尼奥运会表演项目，2008 年成为正式比赛项目。

国际标准交谊舞 20 世纪 30 年代传入中国，在 20 世纪 80 年代发展较快，先后与日、美、英等国家进行了交流活动。中国的体育舞蹈正在迅速发展，各省市纷纷成立体育舞蹈机构，积极培训体育舞蹈人才，每年派出大批选手到国外学习、比赛。1987 年中国举办了首届全国国际标准交谊舞比赛。1991 年举行了首届全国体育舞蹈锦标赛。在全民健身的热潮中，交谊舞、国标舞越来越受到广大热爱舞蹈的朋友的推崇和喜爱，并努力将体育舞蹈推广到中国的每一个角落。

13.2.2 国际标准交谊舞种类

国际标准交谊舞（下面简称国标舞），分为摩登舞、拉丁舞两大系列的 10 个舞种。

1．摩登舞

摩登舞为国标舞的一种，分为华尔兹、探戈、狐步、快步及维也纳华尔兹 5 种步伐。特点是由贴身握抱的姿势开始，沿着舞程线（舞程线是指舞蹈运行的动向，必须沿逆时针方向围绕着舞池中央作连续发展式运动）逆时针方向绕场行进。步法规范严谨，上体和胯部保持相对稳定挺拔，完成各种前进、后退、横向、旋转、造型等舞步动作。

摩登舞舞姿优美，具有端庄典雅的风度。曲调大多抒情优美，旋律感强。服饰雍容华贵，一般男士着燕尾服，女士着过膝蓬松长裙，如图 13-2 所示。

2．拉丁舞

国标舞中的拉丁舞包括：桑巴、伦巴、斗牛、恰恰、牛仔等。特点是舞伴之间可贴身，可分离。各自在固定范围内辐射式地变换方向角度，展现舞姿。步法灵活多变，各舞种通过对胯部及身体摆动不同的技术要求，完成各种舞步，表现各种风格。

拉丁舞舞姿妩媚潇洒，婀娜多姿。风格生动活泼，热情奔放。曲调缠绵浪漫，活泼热烈，节奏感强。着装浪漫洒脱，着装上，男士着上短下长的紧身或宽松装，女士着紧身短裙，显露女性曲线的美，如图 13-3 所示。

图 13-2　摩登舞

图 13-3　拉丁舞

13.2.3　国际标准交谊舞竞赛规程

国标舞比赛分团体赛和个人赛两种，按预赛（淘汰赛）、复赛（选拔赛）、半决赛（资格赛）、决赛（名次赛）的程序进行。团体赛由每个参赛单位的 8 对男女运动员组成，按顺序进行比赛。个人赛分职业组和业余组，分别进行不同要求的比赛。对比赛舞种也有不同规定。比赛场地长 23 米，宽 15 米。比赛按音乐节奏配合、身体基本姿势、舞蹈动作、旋律的掌握以及对音乐的理解、舞步等方面评定运动员的成绩。体育舞蹈的音乐不超过 4 分 30 秒。视比赛规模设 5～9 名裁判员，按国际评判标准规定的基本技术、音乐表现力、舞蹈风格、舞蹈编排、临场表现、赛场效果等 6 个方面进行评分。

小　　结

本章首先介绍了国际标准交谊舞的起源发展、种类以及竞赛规程；之后重点介绍了舞会礼仪，其中包括舞会形象、举止有礼、舞姿规范、邀舞和交际几个主要方面的内容。

通过对本章的学习，读者可了解国标舞的基本知识，并掌握舞会的基本礼仪。

思考与练习

参加舞会邀舞的礼仪有哪些？

活动与探索

舞会时有哪些方式可以礼貌地结识新朋友？

第 14 章 涉外礼仪

随着世界一体化进程的加快和我国改革开放的深入，国与国之间的交往日渐频繁，国人与外宾交往的机会也越来越多。作为一名中国人，秉承礼仪之邦的传统，不仅要了解本国的优秀礼仪文化，还要了解国际通行的礼仪规范。并以礼仪为桥梁，展示中华民族的风采，维护自身形象和国家尊严。

本章介绍涉外礼仪通则，掌握这些通则就能够在各种涉外场合拥有恰当的言行举止。

名言警句

海内存知己，天涯若比邻。

——唐 王勃

14.1 涉外礼仪基本原则与规范

涉外礼仪是涉外交际礼仪的简称。即在对外交际中，用以维护自身形象、对交往对象表示尊敬与友好的约定俗成的习惯做法。

与外国人交往，必须了解和掌握涉外交往的基本原则，它既是对国际交往惯例的基本概括，又对参与涉外交际的中国人具有普遍的指导意义。了解这些基础礼仪是涉外交往修养的集中体现。

14.1.1 维护形象

在国际交往之中，人们普遍对交往对象的个人形象倍加关注，并且都十分重视遵照规范、得体的方式塑造、维护自己的个人形象。因为个人形象不仅仅代表个人，同时还代表着国家和民族。

个人形象在构成上主要包括 6 个方面，它们也称个人形象六要素。

1．仪容

仪容，是指一个人个人形体的基本外观。在正常情况下，它尤其以其面部容貌更为引人注目。要注重仪容，就要力争做到仪容美，并且为此进行必要的美化和修饰。在国际交往中，通常要求男子不蓄须，不使鼻毛、耳毛外露，不留长发；女子则不剃光头，不剃眉毛，不宜暴露腋毛，不宜化妆过浓；任何人不能刺字、纹身等，这些实际上都是有关个人仪容的约定俗成的规范。

2．表情

表情，通常主要是指一个人的面部表情。它包括眼神、笑容及其面部肌肉的综合运动等。每个人的表情从本质上讲，是其内心思想、情感的最真实、最自然的流露。与语言相比，一个人的表情往往会“此时无声胜有声”，能够更准确地传达出其真情实感。在国际交往中，最适当的表情应当是亲切、热情、友好、自然的。不论是表情过度夸张，还是表情过于沉重，抑或面无任何表情，都是不应该的。

3．举止

举止，指的是人们的肢体动作。在心理学上，人的举止动作称为“形体语言”，它被认为能够同样真实、准确地反映人的心理活动。因此在涉外交往中，每个人都要有意识地对自己的举止动作多加检点。要坚决改正剔牙齿、抠脚丫一类的不文明的举止动作，要认真纠正诸如对人指指点点、对着他人抖动不止一类的失敬于人的举止动作，更要努力学习那些文明、优雅的举止动作，真正做到“站有站相，坐有坐相”。

4．服饰

服饰，是对人们穿着的服装和佩戴的首饰的统称。一个人在服饰方面所作出的选择，不仅表现着他个人的审美品位，而且也充分反映着其个人修养。当你见到一位身穿背心、短裤、拖鞋出入于公共场合，甚至前去拜会外宾的先生，难道你会觉得他懂得尊重别人吗？在涉外交往中，对服饰不加以重视，将会影响自己的个人形象。

5．谈吐

谈吐，即一个人的言谈话语。常言道：“言为心声”。一个人的谈吐，在人际交往中，除了可以传达其思想、情感之外，还具有表达对待交往对象的态度的作用。因此，在对外交往中，对于谈吐尤其需要加以注意。比方说，与外国朋友进行交谈时，一定要遵照国际惯例，自觉地调低音量。同时，还应使用规范的尊称、谦词、敬语与礼貌语。另外，还应尊重外国人普遍有的不喜欢谈论个人隐私、不喜欢评判他人的所作所为、不喜欢在自己讲话时被别人插嘴打断的习惯。

6．待人接物

所谓待人接物，具体是指与他人相处时的表现，亦即为人处世的态度。它体现着一个人的精神境界，并表现于人际交往的各个方面。一个人即使个人修养再好，但如果不懂得待人接物，那么也将难以在人际交往中获得成功。重视待人接物，不光要善于运用常规的技巧，最重要的是要善于理解人、体谅人、关心人、尊重人。孔子早就讲过：“礼者，敬人也”，可见敬人是礼仪的核心，也是待人接物的主旨之所在。

14.1.2 不卑不亢

不卑不亢，是涉外礼仪的一项基本原则。它的主要要求是：每一个人在参与国际交往时，都必须意识到自己在外国人的眼里，是代表着自己的国家，代表着自己的民族，代表着自己的所在单位，因此，其言行应当从容得体，堂堂正正，在外国人面前既不应该表现得畏惧自卑，低三下四，也不应该表现得自大狂傲，放肆嚣张。

不卑不亢首先表现在尊重自己。在涉外交往中，应以自尊、自爱、自信为基础，在外国人面前表现得豁达开朗，乐观坦诚，从容不迫，落落大方，理直气壮，气宇轩昂。既要谨慎，但又不拘谨；既要主动，但又不盲动；既要自我约束，但又不手足无措，畏首畏尾。在任何情况下，都要坚持自立、自强，努力以本人的实际行动在外国人面前充分地展现“中华民族站立起来了”的精神风貌。其次在坚持自尊的同时，必须注意尊重他人，即尊重一切平等待我的外国友人。主要表现为以礼待人，平等待人，友善待人，尊重对方的风俗习惯，虚心学习对方的一切长处等方面。要反对傲慢自大，盛气凌人，自以为是，目空一切，唯我独尊。

14.1.3 求同存异

所谓“求同存异”是指在涉外交往中为了减少不必要的麻烦，避免误会，最为可行的做法，是既对交往对象所在国的礼仪与习俗有所了解并予以尊重，更要对国际上所通行的礼仪惯例认真地加以遵守。

对于中外礼仪与习俗的差异性，应当予以承认。在涉外交往中，对于类似的差异性，尤其是我国与交往对象所在国之间的礼仪与习俗的差异性，最重要的是要了解，而不是要评判是非，鉴定优劣。具体的做法是涉外交往中基本上采用本国礼仪的同时，适当地采用一些交往对象所在国现行的礼仪。

14.1.4 入乡随俗

“入乡随俗”，是涉外礼仪的基本原则之一，它的含义主要是：在涉外交往中，要真正做到尊重交往对象，首先就必须尊重对方所独有的风俗习惯。

世界上的各个国家、各个地区、各个民族，在其历史发展的具体进程中，形成了各自的宗教、语言、文化、风俗和习惯，并且存在着不同程度的差异。这种“十里不同风，百里不同俗”的局面，是不以人的主观意志为转移的，也是世间任何人都难以强求统一的。因此在涉外交往中注意尊重外国友人所特有的习俗，容易增进中外双方之间的理解和沟通，有助于更好地、恰如其分地向外国友人表达我方的亲善友好之意。

14.1.5 信守时约

在国际社会里，人们十分重视交往对象的信誉，讲究“言必信，行必果”，信守约定就是与此相关的一条重要的国际惯例。它的含义是：人们在国际交往中，必须严肃而认真地遵守自己的所有正式承诺，说话必须算数，许诺必须兑现，约会必须如约而至。在一切与时间有关的约定中，必须一丝不苟，唯有如此，方能取信于人。

这就要求我们在涉外交往中，许诺必须谨慎；对于自己已经作出的约定，务必要认真地加以遵守。万一由于难以抗拒的因素，致使自己单方面失约，或是有约难行，需要尽早向有关各方进行通报，如实地解释，并且还要郑重其事向对方致以歉意，并且按照规定和惯例，主动承担因此而给对方所造成的损失。

14.1.6 热情有度

在涉外交往时，务必要做到热情有度。它的含义是要人们在参与国际交往，直接同外国人打交道时，不仅待人要热情而友好，更要把握好待人热情友好的具体分寸。否则就会事与愿违，过犹不及。

1．关心有度

与中国人彼此之间所倡导的“关心他人比关心自己为重”有别，外国人大都崇尚个性独立，以我为尊，喜欢自由。因此，外国人一般都不希望外人对其过于关心，否则便会视之为碍手碍脚，多管闲事。

2．批评有度

简单地讲，批评有度就是不提倡对外国人“犯言直谏”，亦即对其日常行为“不纠正”。外国人大都讲究独善其身，反对外人干涉自己的私生活。加之各国习俗不同，对同一事物的判断便大相径庭，所以在涉外活动中没有必要对外国人的所作所为加以判断，并当面指出其对错。只要对方的所作所为不危及人身安全，不触犯法律，不有悖伦理道德，不有辱我方的国格人格，一般均可听其自便。

3．交往有度

国外崇尚自由民主，外国人大都认为“君子之交淡如水”，不惯于与交往对象走动过勤、过多。在涉及钱财之时，尤其讲究划清界限，即便家人、至交也概莫能外。

4．距离有度

在涉外交往中，人与人之间的正常距离大致可以划分为以下四种，它们各自适用不同的情况。

其一是私人距离，其距离小于 0.5 米。它仅适用于家人、恋人与至交。因此有人称其为“亲密距离”。

其二是社交距离，其距离为大于 0.5 米，小于 1.5 米。它适合于一般性的交际应酬，故也称“常规距离”。

其三是礼仪距离。其距离为大于 1.5 米，小于 3 米 。它适用于会议、演讲、庆典、仪式以及接见，意在向交往对象表示敬意，所以又称“敬人距离”。

其四是公共距离。其距离在 3 米开外，适用于在公共场所同陌生人相处。它也被叫做“有距离的距离”。

5．举止有度

要在涉外交往中真正做到“举止有度”，要注意以下两个方面。 一是不要随便采用某些意在显示热情的动作。二是不要采用不文明、不礼貌的动作。

14.1.7 谦虚适当

谦虚适当原则的基本含意是：在国际交往中涉及自我评价时，虽然不应该自吹自擂，自我标榜，一味地抬高自己，但是也绝对没有必要妄自菲薄、自我贬低、自轻自贱，过度地对外国人表示谦虚、客套是不合适的。

案例分析

表　　扬

一位英国老妇到中国旅游，对接待她的导游小姐评价极好，认为她服务态度好，口语水平也很高，便夸奖导游小姐说“你的英语讲得好极了！”导游小姐按照中国人的习惯，谦虚地回应到“我的英语说得不好！”老妇听了很生气，心想“英语是我的母语，难道我都不知道英语该怎么讲？”她越想越气，第二天坚决要求旅行社给她换导游。这件事在旅游界引起极大地反映。

分析：导游小姐的回答合适吗？如果是你该怎样处理？

14.1.8 尊重隐私

所谓尊重隐私，主要是提倡在国际交往中主动尊重每一位交往对象的个人隐私，不询问其个人秘密，不打探其不愿公开的私人事宜。目前，在国际社会里，尊重隐私与否，已被公认为一个人在待人接物方面有无个人教养的基本标志。在涉外交往中，尊重隐私具体表现为下述“八不问”。

1．不问收入支出

收入与支出问题，实际上与个人的能力相关，并事关个人颜面。交谈时一旦涉及此点，便让交谈之人没有平等与尊严可言。

2．不问年龄大小

在国际社会里，人们普遍将本人的年龄视为“核心机密”，并且讳言年老。西方的白领丽人们，特别讲究这一点。

3．不问恋爱婚姻

谈论婚恋问题，在国外不仅被视为无聊，而且还有可能被视为成心令人难堪，或是对交谈对象进行“性骚扰”。

4．不问身体健康

每个人的身体状况与健康状况，均为其立足于社会的重要“资本”，所以不会轻易将实情告之于人。

5．不问家庭住址

家庭被外国人看作私人领地，故此对外绝不公开。即便私宅电话的号码，也通常不会对外界公开。

6．不问个人经历

外国人主张“英雄莫问出处”，反之则往往会被看做居心不良，或缺少教养。

7．不问信仰政见

在国际社会里，国与国、人与人之间都提倡“超意识形态合作”，所以对交往对象的信仰政见不应冒昧地打探。

8．不问所忙何事

“所忙何事”在外国人心中绝对属于个人自由。向其询问此点，肯定会被视为“没话找话”。

14.1.9 女士优先

女士优先，是国际社会尤其是西方国家里所通行的交际惯例之一。它是指在一切社会场合里，每一名有教养的成年男子都要积极主动地用实际行动去表示自己对妇女的尊敬之意，并应想方设法在具体行动上为妇女排忧解难。外国人普遍认为，一名男子如果不对“女士优先”身体力行，便是没有教养的粗汉莽夫。女士优先主要表现在以下方面。

1．尊重女士

与女士交谈时，一律要使用尊称。涉及具体内容时，谈话也不应令在场的妇女难堪。排定礼仪序列时，应将女士列在男子之前。

2．照顾女士

在一切社交活动中，男子均应细心地照顾女士：就座时，应请其选择上座；用餐时，应优先考虑其口味。

3．关心女士

外出之际，男子要为女士携带重物。出入房间时，男子要为女士开门、关门。在女士面前，任何时候都不允许男子吸烟。

4．保护女士

在一切艰难、危险的条件下，男子均应竭尽其全力保护妇女。通过危险路段时，男子应走在前列。在马路上行走时，男子则应行走于外侧。任何危险之事，男子均应主动承担。

14.1.10 以右为尊

正式的国际交往中，依照国际惯例，将多人进行并排排列时，最基本的规则是右高左低，即以右为上，以左为下；以右为尊，以左为卑。大到政治磋商、商务往来、文化交流，小到私人接触、社交应酬，但凡有必要确定并排列时的具体位置的主次尊卑，“以右为尊”都是普遍适用的。

14.2 迎送与礼宾接待

迎来送往是常见的社交礼节。在国际交往中，对外国来访的客人，通常视其身份和访问性质以及两国关系等因素，安排相应的迎送活动。

各国对外国国家元首、政府首脑的正式访问，往往都举行隆重的迎送仪式。对军方领导人的访问，也举行一定的欢迎仪式，如安排检阅仪仗队等。对其他人员的访问，一般不举行欢迎仪式。然而，对应邀前来访问者，无论是官方人士、专业代表团还是民间团体、知名人士，在他们抵达、离开时以及参观期间，均安排相应身份人员迎送、陪同。

14.2.1　确定迎送规格

对来宾的迎送规格各国做法不尽一致。确定迎送规格，主要依据来访者的身份和访问目的，适当考虑两国关系，同时要兼顾国际惯例，综合平衡。主要迎送人通常都要同来宾的身份相当，但由于各种原因（例如国家体制不同，临时身体不适等），不可能完全对等。遇此情况，可灵活变通，由职位相当的人士，或由副职出面。总之，主人身份总要与客人相差不大，同客人对口、对等为宜。当事人不能出面时，无论作何种处理，应从礼貌出发，向对方作出解释。其他迎送人员不宜过多。也有从发展两国关系或当前政治需要出发，破格接待，安排较大的迎送场面。然而，为避免造成厚此薄彼的印象，非有特殊需要，一般都按常规办理。

14.2.2　拟定接待方案

涉外接待工作一般由一个组织的秘书部门或公关部门承担，有的组织因为对外交往工作任务重并且频繁，因此，往往在秘书部门或公关部门之外，专门成立一个外事工作机构，专门负责迎送外宾，拟定接待方案等。

涉外接待一般有下述几种类型。

1．政府来访接待

政府来访接待包括各国中央政府、地方政府、议会、政党代表团来访的接待。最高级别的涉外接待是接待外国元首进行的国事访问。

2．经贸外事接待

经贸外事接待一般是指对外招商引资、外经外贸活动中对外宾的接待。

3．外国专家接待

外国专家接待是指接待一些单位聘任的长期外国技术代表或专业人士，如大学的外籍教师，正进行引进项目建设单位的外国技术顾问等。

4．民间来访外事接待

民间来访外事接待主要是指外国友好人士来访安排的接待。

5．外国游客接待

外国游客接待主要是指慕名前来参观、游览、度假的外国客人的接待工作。

接待方案应按来访类型的不同而拟定不同的规格。

14.2.3　接待

接待工作要根据客人身份，对等安排相应规格。在可能情况下，在安排车辆、住宿、饮食等，要按客人的喜好与习惯准备。

1．迎接

必须准确掌握来宾乘坐飞机（火车、船舶）的到达时间，及早通知全体迎送人员和有关单位。如有变化，应及时通知。迎接人员应在飞机（火车、船舶）抵达之前到达机场（车站、码头）。

如安排献花，必须用鲜花，并注意保持花束整洁、鲜艳，忌用菊花、杜鹃花、石竹花、黄色花朵。有的国家习惯送花环，或者送一、二枝名贵的兰花、玫瑰花等。通常由儿童或女青年在参加迎送的主要领导人与客人握手之后，将花献上。有的国家由女主人向女宾献花。

客人与迎接人员见面时，互相介绍。通常先将前来欢迎的人员介绍给来宾，可由礼宾交际工作人员或其他接待人员介绍，也可以由欢迎人员中身份最高者介绍。客人初到，一般较拘谨，主人宜主动与客人寒暄。

客人抵达后，从机场到住地，以及访问结束，由住地到机场，有的安排主人陪同乘车，也有不陪同乘车的。如果主人陪车，应请客人坐在主人的右侧。如是三排座的轿车，译员坐在主人前面的加座上；如是二排座，译员坐在司机旁边。上车时，最好客人从右侧门上车，主人从左侧门上车，避免从客人座前穿过。遇客人先上车，坐到了主人的位置上，则不必请客人挪动位置。

2．商定日程

外宾到达后，稍事休息后，就可以向其通报活动安排，征求其意见；重要活动安排应由接待负责人出面与客人商谈妥后再正式确定。

3．会见

客人到达后，应安排本组织负责人与之见面。重要客人来访，还可请上级机关领导人出面接见。会见时，主人应先于客人到达会见地点，并在门口迎接客人；会见完毕，主人应起身送客人出门或上车，并握手告别。

4．宴请

根据需要确定宴请菜单、桌数和席次。正式宴请，须按照对等原则确定以谁的名义宴请，并安排相应陪同人员。

5．参观

要在接待计划中预先明确参观场所、参观路线、参观项目以及陪同人员。

6．礼品

根据客人情况及接待需要，确定礼品、纪念品的规格、种类和价值。礼品一般宜注重纪念意义，而不必追求高价奢华。

7．保卫

安排必要力量做好客人的安全保卫工作，不使客人受到不必要的烦扰。

8．送别

在外宾临上飞机、轮船或火车之前，送行人员应按一定顺序同外宾一一握手话别。飞机起飞或轮船、火车开动之后，送行人员应向外宾挥手致意。直至飞机、轮船或火车在视野里消失，送行人员方可离去。

重要提示

在涉外接待中，根据客人所在国家或地区的风俗习惯安排其饮食起居是惯例。

14.3 西方风俗

西方国家与中国在文化背景、礼仪传统和行为习惯等方面存在较大的差异。我们在涉外交往中，必须对其有所了解和掌握，才能入乡随俗，建立良好的关系。

14.3.1 西方的称谓

在涉外交往中，应严格遵循国际上通行的称谓习惯，不能有疏忽大意。涉外称呼一定要符合礼仪要求，否则容易伤害对方感情，或者被对方认为缺乏礼貌。

1．社会称谓

在非正式的情况下，人们一般会以名字相称，有时候长辈甚至允许年轻人喊他们的名字。不过大部分的正式场合里，人们会采用适当的称谓。例如：先生、女士、博士、教授再加上姓来称呼人。经过介绍之后，对方可能会说："请叫我 Jim 就好了。"否则，还是以他的姓称呼他最为合适。

美国人会使用一些很正式的称谓来反映出他们欧洲背景的传统。英国人称呼他们的国王和皇后为殿下，美国人则称呼法官为阁下；美国人很尊敬地对国家元首说话时，会称他为总统先生；而很多教会提到教会的领导者时，则以牧师尊称。在日常生活中，先生或是夫人这样礼貌的称谓，表现出相当的尊重。但是美国人一般不会用职业或是职位的名称来称呼人。学生们可能会称呼他们的老师为哈德森先生（或女士），而不是哈德森老师。

2．亲属称谓

英语的亲属以家庭为中心，一代人为一个称谓板块，只区别男性、女性，却忽视配偶双方因性别不同而出现的称谓差异。显得男女平等。例如：英文"grandparents，grandfather，grandmother"，而中文"祖辈、爷爷、奶奶、外公、外婆"。再如，父母同辈中的称谓：英文"uncle"和"aunt"，而中文"伯伯、叔叔、舅舅、姑妈、姨妈" 等。还有，英文中的表示下辈的"nephew"和"niece"是不分侄甥的，表示同辈的"cousin"不分堂表、性别。

14.3.2 西方常用见面礼节

1．握手礼

握手礼起源于欧洲，现已流行世界，如图 14-1 所示。行握手礼时，一般由客人先伸手，双方有一人是女性时，女方先伸手。握手礼一般不戴手套，但十分尊贵的人和女性可以戴手套。

2．鞠躬礼

鞠躬礼为下级对上级或同级之间的礼节。行鞠躬礼一般要脱帽，上身前倾 15°，两眼注视受礼者，同时表示问候。

3．点头礼

点头礼为同级和平辈之间的礼节。一般是在路上相遇时，很随意地边行进边行礼。

4．举手注目礼

举手注目礼为军人的礼节。行礼时举右手，五指并拢，指尖接触帽檐右侧。手上臂与肩平齐。两眼注视受礼者，待对方答礼后将手放下。

5．吻手礼

吻手礼为欧美上层社会的礼节。和贵族妇女见面时，如果女方伸出手作下垂式，则要将手掌轻轻托起吻一下手背，如图 14-2 所示。如果女方不伸手，则不行吻手礼。

图 14-1　握手礼

图 14-2　吻手礼

6．亲吻礼

亲吻礼为上级对下级、长辈对晚辈、朋友之间、夫妻之间表示亲昵和爱抚的礼节。通常是在受礼者的脸上或面额上亲吻，如图 14-3 所示。

7．拥抱礼

拥抱礼如图 14-4 所示，是朋友、熟人表示亲密感情的礼节。拥抱一般和接吻礼同时进行。

图 14-3　亲吻礼

图 14-4　拥抱礼

14.4 出国礼仪

随着信息社会的快速发展和我国改革开放的深入，国与国之间的公务访问、商务活动、学术交流、观光旅游已越来越频繁。如何通过训练有素的礼仪行为，展现自己的良好修养以及国家形象，是每个人都应认真思考的问题。了解出国礼仪，并用行动很好地诠释，才能使出国行程更加顺畅。

14.4.1 出国手续办理

办理出国手续，不仅要遵循一般的礼仪规范，还要遵守必要的出境规矩及国际惯例。

1．护照

凡出国人员必须持有护照，以便接受检查，证明其国籍和身份。中国公民出入境所持护照分为：外交护照、公务护照、因公普通护照、因私普通护照等。外交护照、公务护照、因公普通护照由外交部或者外交部授权的地方外事部门颁发。因私普通护照、中华人民共和国出入境通行证等由公安部或者公安部授权的地方公安机关颁发。

2．签证

签证是一个主权国家官方机构对本国和外国公民出入国境或在本国停留、居住的许可证明。

护照办好后，还应申请所去国家和中途经停国家的签证。签证一般可做在护照上，也有的做在其他身份证件上。如前往未建交国家，往往做另纸签证（另纸签证是签证的一种形式，它和一般签注在护照上的签证具有同样的作用。所不同的是，在护照以外单独签注在一张专用纸上，但必须和护照同时使用）。签证的等级分为外交、公务和普通签证。入出国境的签证分为入境、入出境、出入境、过境签证。申请前往国签证，一般是向该国驻我国的使领馆申请办理。各国对我国公民进入该国，根据理由不同，有提交各种证件的不同规定，所以，出国人员拿到护照后，还要认真、实事求是地准备必要的申请材料，提交前往国使领馆、办理签证。

3．体检

走出国门，到一个水土气候跟自己生长生活完全不同的国度，身体健康极为重要，所以出国前要对自己的身体做一次全面检查，有针对性地加强体力锻炼，养精蓄锐，做好启程准备。体检的目的还在于领取黄皮书。目前，大部分国家不需要预防针证明书，即黄皮书。但若到一些世界卫生组织指定为疫区的国家，便要求接受预防针注射。因此，出国人员出发前应向外事部门询问清楚，并到指定医院注射疫苗，领取黄皮书。

4．置装

出国之前，应根据季节，前往国家的气候和自己出国的任务性质购置衣服。一般来说，凡出国人员都担负着公务活动任务，所以要定做适合对外活动穿着的西装，同时，要适当做一些适合旅游的便装。在制装、着装中，还要尊重东道主的要求和习惯，根据不同国度和场合准备不同的衣服。

5．机票

购买机票是出国成行的另一件大事。如果确定了出国日期，在护照、签证尚未办好前，为了按时出国，可预先到航空公司订票。订票前，首先要选择好出国路线和航班，为了节省费用、省时和安全，避免中转换飞机，要尽可能选择最近的路线和直航班机。或尽可能减少中转次数，必须中转换乘飞机时，要选好中转地点安排好衔接航班。中转地点要尽可能选择过往飞机较多的城市，这会给您提供较多的改乘其他航班的机会。一般说来，合适的衔接时间，以2～4小时为宜，以便有足够的时间去办理中转手续或误机后办理改航班的手续。

6．换汇

人民币是一种不能自由兑换成其他国家货币的货币。我国出国人员一般均携带自由外汇，如美元、日元、英镑。很多国家对外汇的管理很严格，有时限制外汇现钞的携带数量，入境时要登记，出境时要检查核对。在各国市场上，除某些国家有少数的外汇商店可直接使用自由外汇外，一般均使用本国货币。国际机场，大旅馆均设有外汇兑换处，将自由外汇兑换为当地通用货币，兑换时应根据实际需要，用多少就换多少，回国时已兑换的当地货币未用完，则应尽可能换回自由外汇。

7．保密

防止失密、泄密是出国人员应该遵守的纪律，任何人不得擅自携带国家机密文件、资料和其他物品出国。在公共场合或住室内不随便谈论国家秘密事项；写信打电话发电报不能涉及国家机密的内容，重要情况、保密程度高的事项需要向国内传递时，可通过我国的大使馆、领事馆保密途径向国内报告。在境外，常会遇到一些陌生人主动与我方人员接触，存在着进行套取秘密情报或危害人身安全方面活动的可能性。因此遇有身份不明的陌生人主动与我接触时，不要有问必答，不要透露工作单位，出国任务，政治面貌，下榻地址及同外交往单位人员名称等情况。国（境）外的娱乐场所情况十分复杂，有些娱乐场所是间谍情报机关主办或直接操纵的。如对方邀请去可疑的娱乐场所，可以“兴趣不同”，“工作紧张”或“劳累”等适当理由婉拒。

8．边检

在许多国家边防检查是由移民局或外侨警察局负责，我国由公安部主管。出入境人员接受边防检查前自行填写出入境登记卡。登记卡的项目：班机号，来自何处，姓名，出生日期和地点，职业，国籍，护照号码等，过境时将此卡连同本人的护照证件、签证等一并交边检站检验后，方可通行，边防检查对旅客及所携带的行李物品一般不做检查，但在特殊情况下，也可进行人身检查和行李物品的重点检查。中国公民只有所持护照而无前往国家或途经国家签证，边防检查站将不予放行。出入境时还要如实填写《旅客行李申请单》。如申报不实或隐匿不报、海关将依法处理。我国禁止进口的物品有：各种武器、弹药及爆炸物品；仿造货币及仿造的有价证券；对我国政治、经济、文化、道德有害的印刷品、音像制品；烈性毒药、各种毒品；带有危险性病菌、害虫的动植物及其制品；有碍人畜健康、来自疫区的能传播疾病的食品、药品等。我国禁止出口的物品有：列入禁止出境范围的所有物品；内容涉及国家秘密的手稿，印刷品，音像制品；珍贵文物，珍贵动植物及其标本，种子等。另外，海关还对一些物品规定限制数量进出口。近些年来，国际上劫机、爆炸事件增多，严重危害旅客的生命财产安全。为了保证飞机正常运行和旅客的安全，世界各国都加强了机场安全检查。通过安全检查，严禁将枪支、弹药、管制刀具、易燃、易爆、剧毒、放射性物品和其他危害飞行安全的危险品带上飞机或夹在行李物品中托运，一经发现，安全检查部门有权处理，对有劫机或其他犯罪嫌疑的人，安全检查部门将移交公安机关、警察机构处理。

14.4.2 出国礼仪常识

一般来说，出国都有相关组织或旅行社统一安排食宿和旅行事宜，但有一些礼仪常识需要出行者了解和掌握。

1．住宿

在国外居住，最好事先预订好房间，国外各航空公司都可以办理订旅馆房间手续。国外旅馆一般不供应开水，有的旅馆房间设有冰箱，摆有酒水等各种饮料，如果饮用则需付款，而且价格很高，有的旅馆饮料一拿出冰箱后则无法放回，自动记账。最好根据出访目的国的电压，自带电热杯。旅馆一般不允许在房间里洗大量衣物，送洗衣房洗衣物，要填好洗衣单，将要洗的衣物装入专门的洗衣袋，由服务员送洗衣房；如自己洗小件衣物，可在卫生间晾干。住在饭店里，切记不要睡在床上抽烟，不要在室内煮食，更不能使用电熨斗，为了避免发生火险，首先了解住所内安全门在哪里，并亲自看一看，确切了解从房间到安全门的路线，距离，途中的障碍物等。

2．用餐

国外饭馆、饮食店的种类很多，可供选择。在东南亚及欧美等各国中国餐馆很多。中国菜馆物美价廉，菜肴花样多，比较适合我出国人员口味。小吃店供应各种饮料以及三明治，热狗之类的小吃，有的还供应各种简单的冷、热菜，这种店经济方便，适合于简便午餐。熟食店出售烤鸡，烤牛羊肉，炸鱼虾等食物。顾客也可以在店内用餐。快餐店起源于美国，它以出售汉堡包而闻名。当前，快餐店在世界上几十个国家和地区，极为流行。

3. 乘车

国外出租汽车一般都有特殊标志，如有“TAXI”或“T”的牌子，有的是车身用特殊的颜色等。在机场、车站、旅馆及街道上均可乘出租汽车，出租汽车都有自动计费里程表，可按表上的价钱付款，并付一定的小费。国外城市的公共汽车、地铁非常发达，而且票价较便宜，在国外如无急事乘坐公共汽车或地铁最为经济实惠。

4. 小费

在国外，无论在机场、旅馆，还是乘出租汽车，在饭店吃饭，都要付小费。付小费要注意场合，讲究方法，做到顺乎自然，千万不要大呼小叫地说“喂喂，给您小费”，会把服务生吓跑。付小费的方式多种多样，可以把小费放在盘子下面，也可以在和招待员握手告别时放在他们手里，或把找回的零钱留下作小费。对机场车站旅馆的搬运工，则公开付小费。小费到底该付多少，不同国家、不同地区也不一样，应根据当地习惯和各种具体情况来决定。

5. 安全

出国人员必须保管好自己的护照，为防万一被盗丢失，事前应把护照的号码，签发日期记下来，以备补发时申报，材料齐全可以缩短等待补发的时间。此外，出国时还应携带备用的照片若干张。遗失机票，就不能及时登机，延误行程，因此，像保管好护照一样保管好机票，万一遗失或被窃时，应立即到机票航班所属的航空公司办事处报告登记，说明机票遗失情况及机票的号码，班机，行程，日期等，请予补发。出国旅行要时刻防止携带行李物品被盗，要做到物不离身，更不能交给陌生人代看。在候机室、候车室等防止行李箱、皮包等被人顺手牵羊；托运的行李箱内不能存放现金，贵重物品。外出时不要带太多的现金。如发现被扒或东西被抢，要马上大声呼吁，找警察联系。在国外一旦发生被扒被抢等问题，被盗，被抢财物一般不易找回。初到国外的人，由于不熟悉环境，又受语言、文字的限制，容易在街上迷路。为此预先要买一份当地的地图，外出时带在身边，同时要将所在饭店的地址、电话带在身上。

6. 细节

注意细节，可以提升个人的品位。在博物馆随意拍照，随地丢弃废物，过人行横道闯红灯，在公共场所大声喧哗，都是令人侧目的行为；守时是跟团旅行的第一要求，不要为了个人而耽误大家的时间；只享受该享受的，不应毫无节制地吃酒店的免费小食品或水果。

小　　结

本章开篇介绍了 8 项涉外礼仪基本原则与规范，然后介绍了迎送与礼宾接待，其中包括确定迎送规格、拟定接待方案和接待过程 3 个步骤的内容；第三部分重点介绍了西方风俗，包括西方称谓、常用见面礼两部分；最后介绍了出国礼仪，主要包括出国手续办理及出国礼仪常识。

通过对本章的学习，读者可了解涉外礼仪的相关规范、迎送接待礼仪，并了解西方常见的风俗，做一个文明的出行者。

思考与练习

1. 涉外交往中的基本原则有哪些?
2. 西方的称谓有哪些规范?

活动与探索

1. 假如你要代表学校接待美国来访的 30 人高校学生代表团，请拟定一份接待方案。
2. 与同学一起搜集有关出国礼仪的知识。

参考文献

[1] 翁海峰. 职业礼仪规范[M]. 北京：机械工业出版社，2009.
[2] 路小静. 礼仪规范教程[M]. 北京：人民邮电出版社，2008.
[3] 黄菊良. 大学生礼仪修养[M]. 上海：华东师范大学出版社，2007.
[4] 林友华. 社交礼仪[M]. 北京：高等教育出版社，2006.
[5] 惠亚爱. 沟通技巧[M]. 北京：人民邮电出版社，2008.
[6] 张岩松. 新型现代交际礼仪实用教程[M]. 北京：清华大学出版社，2008.
[7] 黄琳等. 电信服务礼仪[M]. 北京：人民邮电出版社，2006.
[8] 彭林. 中华传统礼仪概要[M]. 北京：高等教育出版社，2006.

读者意见反馈

亲爱的读者：

感谢您一直以来对人民邮电出版社的支持，您的信赖是我们进步的不竭动力。在使用本书的过程中，如果您有好的意见和建议，或者遇到了什么问题，我们真诚地希望您能抽出一点宝贵的时间，反馈给我们。打造高品质的教材是我们的不懈追求，您的意见是我们最可宝贵的财富。

地址：北京市丰台区成寿寺路 11 号人民邮电出版大厦 305 室

邮编：100164 电子邮件：wuenyu@ptpress.com.cn

电话：010-81055213

教材名称：大学生礼仪

ISBN：978-7-115-36186-8

个人资料

姓名：__________ 年龄：__________ 所在院校/专业：____________________

文化程度：____________ 通信地址：______________________________

联系电话：____________ 电子信箱：______________________________

您使用本书是作为：□指定教材 □选用教材 □辅导教材 □自学教材

您对本书封面设计的满意度：

□很满意 □满意 □一般 □不满意 改进建议 ____________________________

您对本书印刷质量的满意度：

□很满意 □满意 □一般 □不满意 改进建议 ____________________________

您对本书的总体满意度：

从语言角度 □很满意 □满意 □一般 □不满意 改进建议 __________________

从知识角度 □很满意 □满意 □一般 □不满意 改进建议 __________________

本书最令您满意的是：

□逻辑清晰 □内容充实 □讲解详尽 □实例丰富

您希望本书在哪些方面进行改进？（可附页）

____

____

____

教学资源支持

敬爱的老师：

为了配合课程的教学需要，助力教学活动的开展，人民邮电出版社致力于立体化教学资源的开发建设，老师可以登录人民邮电出版社教学服务与资源网（www.ptpedu.com.cn）查询并免费下载与本教材配套的教学资源，也可以与编辑联系（武恩玉，010-81055213，wuenyu@ptpress.com.cn）了解资源情况。